北京学学术文库
Beijing Studies Academic Library
北京学研究基地 组织编写

北京文脉

李建平 著

北京出版集团公司
文津出版社

图书在版编目（CIP）数据

北京文脉 / 李建平著. — 北京：文津出版社，2017.7
（北京学学术文库 / 张宝秀主编）
ISBN 978-7-80554-620-9

Ⅰ.①北… Ⅱ.①李… Ⅲ.①城市文化—文化史—研究—北京 Ⅳ.①K291

中国版本图书馆CIP数据核字（2017）第056559号

北京学学术文库
北京文脉
BEIJING WENMAI
李建平 著

*

北京出版集团公司
文 津 出 版 社 出版

（北京北三环中路6号）
邮政编码：100120

网　　址：www.bph.com.cn
北 京 出 版 集 团 公 司 总 发 行
新 华 书 店 经 销
天津画中画印刷有限公司印刷

*

787毫米×1092毫米　16开本　21.25 印张　300千字
2017年7月第1版　2022年11月第4次印刷
ISBN 978-7-80554-620-9
定价：58.00元
如有印装质量问题，由本社负责调换
质量监督电话：010-58572393

《北京学学术文库》编委会

顾　问：陶西平　单霁翔　张妙弟

主　任：李建平

副主任：张宝秀　安　东

编　委（按姓氏笔画排序）：

　　　　王玉伟　尹钧科　孔繁敏　刘　勇　安　东

　　　　李建平　张　勃　张　艳　张宝秀　张景秋

　　　　陈　飞　岳升阳　贺耀敏　秦红岭　高大伟

　　　　高立志　唐晓峰　韩光辉

总 序

《北京学学术文库》是由北京学研究基地推出的系列学术著作。

北京学是研究北京的学问,是以北京城乡地域综合体为研究对象的现代地方学,同时又属于首都学范畴,是一个交叉性、综合性、应用性学科。

北京学研究基地是由北京市哲学社会科学规划办公室和北京市教育委员会于2004年9月联合批准设立的首批北京市级哲学社会科学研究基地之一,是以成立于1998年1月的北京联合大学北京学研究所为核心,以历史学、地理学和民俗学为主体学科,以"立足北京、研究北京、服务北京"为宗旨,以"地域性、综合性、应用性、开放性"为特色,面向校内外、国内外开放的跨学科北京市级研究平台。2016年,北京学研究基地入选《光明日报》智库研究与发布中心、南京大学中国智库研究与评价中心联合发布的首届"中国智库索引(CTTI)来源智库(2017—2018)"名单。

北京学研究基地设有三个重点研究方向:一是北京文化遗产保护与利用研究;二是北京城市空间格局与发展动力研究;三是北京文化特征与文脉传承研究。北京学研究基地重视中观到微观层次的调查研究,时、空、人相结合,过去、现在、未来相结合,坚持研究北京、挖掘文化、传承文脉、服务发展,积极开展北京城市及周边区域发展的综合研究、应用研究和人才培养,努力为北京历史文化名城保护与发展,为首都北京强化全国政治中心、文化中心、国际交往中心、科技创

新中心的核心功能，深入实施人文北京、科技北京、绿色北京战略，努力建设成为国际一流的和谐宜居之都和世界级文化城市提供智力支持。

北京学研究基地与北京出版集团共同策划出版《北京学学术文库》，成立编委会，整合北京联合大学校内外专家学者的力量，围绕北京学研究基地的重点研究方向，以北京历史文化研究为主要内容，统筹策划、组织撰写、统一出版有一定规模和显示度的高水平系列学术著作，兼顾部分有较高学术价值或文献价值的文集等，旨在践行北京学学术宗旨，扩大北京学社会影响，充分发挥北京学研究基地的文化智库作用。

《北京学学术文库》系列著作由北京出版集团负责统一装帧设计，陆续安排出版。入选文库的每部著作都力求从地域文化的视角出发，基于历史、认识当下、把握未来，追寻发展规律和动力机制，研究资料丰富，研究思路有新意，学术论述充分深入，呈现形式图文并茂。《北京学学术文库》编委会欢迎有多年学术积累、研究北京历史文化的专家学者将自己的最新研究成果列入《北京学学术文库》出版计划；同时也支持在北京学研究领域已经出版过专著的专家学者将有关作品进一步补充、完善后"旧作新写"列入《北京学学术文库》出版。此外，编委会也鼓励研究北京历史文化专题的青年学者将研究成果（包括博士、硕士研究生毕业论文）经过认真梳理、升华以达到《北京学学术文库》要求而列入出版计划。

感谢社会各界对北京学研究和《北京学学术文库》的关心与支持！

《北京学学术文库》编委会

2017 年 3 月 30 日

目录

引言 …………………………………… 1

第一章　来龙寻脉　薪火相传 …………… 7
第一节　昆仑山脉与北京文脉 …………… 8
第二节　昆仑山与北干龙 ………………… 13
第三节　来龙与水脉 ……………………… 17
第四节　西山与人类活动 ………………… 19
第五节　辽金西山寻脉 …………………… 25
第六节　元大都城定潜龙 ………………… 34
第七节　明北京城正南正北寻龙脉 ……… 40
第八节　清北京城藏传佛教的注入与融合 ……… 44

第二章　象天法地　天上人间 …………… 47
第一节　天体认知 ………………………… 48
第二节　象天法地 ………………………… 49
第三节　天上人间 ………………………… 57
第四节　人间仙境 ………………………… 62
第五节　天人和谐 ………………………… 69
第六节　中华一统 ………………………… 72

第三章　一根轴线　城市脊梁 …………… 75
第一节　一根轴线　天地之和 …………… 76
第二节　旋律优美　中式审美 …………… 77
第三节　中轴建筑　从南到北 …………… 79

第四章　中正和谐　城市灵魂 …………… 117
第一节　大气、正义 ……………………… 118
第二节　"中正"文化理念 ………………… 120

第三节 "和谐"文化理念 …………………… 123

第五章　一座棋盘　整齐对称 ………… **127**

第一节 三颗棋子 …………………… 129
第二节 棋盘街道 …………………… 132
第三节 对称与平衡 ………………… 138
第四节 棋盘中内环 ………………… 143
第五节 五坛八庙 …………………… 145
第六节 紫禁城外八庙 ……………… 158
第七节 旧城与"五镇" ……………… 165
第八节 旧城与"五顶" ……………… 173

第六章　一条水脉　流向通州 ………… **181**

第一节 源自西山通惠河 …………… 184
第二节 玉泉与西郊园林 …………… 191
第三节 长河水系 …………………… 193
第四节 三海大河 …………………… 197
第五节 大通桥与"二闸" …………… 202
第六节 永通桥与石道碑 …………… 204
第七节 运通桥与张家湾 …………… 207
第八节 通州城历史与文化 ………… 209
第九节 北京城市副中心建设 ……… 213

第七章　一道长城　拱卫京城 ………… **217**

第一节 将军石与将军关 …………… 219
第二节 司马台与金山岭 …………… 220
第三节 慕田峪与箭扣 ……………… 221
第四节 居庸关与关沟 ……………… 224

第五节　八达岭与岔道城 ……………… 227
　　第六节　沿河城与紫荆关 ……………… 230
　　第七节　大境门与互市 ………………… 233

第八章　百年变迁　回归民权 ………… 237
　　第一节　动荡北京城 …………………… 238
　　第二节　克林德牌坊 …………………… 243
　　第三节　八国联军进北京 ……………… 244
　　第四节　劫后重生北京城 ……………… 246
　　第五节　开国大典 ……………………… 252
　　第六节　天安门广场改造 ……………… 254
　　第七节　十大建筑 ……………………… 257
　　第八节　长治久安 ……………………… 262
　　第九节　左右对称建筑 ………………… 265
　　第十节　零公里标志 …………………… 267

第九章　名城保护　利在千秋 ………… 269
　　第一节　历经破坏、改造的北京城 …… 271
　　第二节　保护观念的转变与提升 ……… 277
　　第三节　抓住机遇，利在千秋 ………… 282
　　第四节　做好旧城整体保护，建设"没有围墙的
　　　　　　活态博物馆" ………………… 284

第十章　迈向未来　绿色发展 ………… 289
　　第一节　用生态文明统领北京未来城市发展建设　290
　　第二节　建设美丽中国，首先要建设好美丽北京　291
　　第三节　加强城市通风廊道建设 ……… 303
　　第四节　推行绿色建筑 ………………… 308

第五节　强化绿色教育 …………………… 311
第六节　夏季雨水收集与利用 …………… 314
第七节　推进"三大文化带"建设 ………… 316

参考书目 ………………………………… 323
后　记 …………………………………… 325

引 言

北京有发展脉络吗？应该说有。因为人有人脉，城有城脉，何况北京是五朝古都，现在又是中国首都，肯定有自己的发展脉络。

中华文化博大精深。中医大夫给人看病是通过"望、闻、问、切"，其中"望"就是观察，看人的面相、手相、体相。据说观察这"三相"时除了看人面相、气色，大夫还要观察人的生理纹路，特别是看舌头的颜色、纹路。这是因为颜色、纹路与人的健康状况或者说阴阳平衡有着密切关系。再说"闻"，是闻人身体气味，特别是口腔、鼻腔传出的气味；"问"是通过询问以了解家族病史，人不舒服的感觉也就是病史；"切"是号脉，通过对人的脉搏跳动了解脉象，了解人体五脏六腑血脉的运行状况。通过"望、闻、问、切"四个步骤，大夫就可以弄清人的身体基本状况，而摸清人体脉络对治病或预防疾病具有重要意义。一座城市也是一样，要了解一座城市，也要了解其发展脉络。只有了解其发展脉络，才能知道这座城市从哪里来，要到哪里去。城市是人类集中活动的区域，由此了解人的活动，特别是城市人的生活、文化活动以及发明创造是厘清城市文脉的重要依据。

北京在世界城市建设史上具有独特地位。这是因为北京地区有着悠久的人类活动历史，有着辉煌的城市建设历史，还是五朝古都，当代中国的政治中心、文化中心。2014年2月24日习近平总书记在主持十八届中央政治局第十三次集体学习时指出："要讲清楚中华优秀文化的历史渊源、发展脉络、基本走向，讲清楚中华文化的独特创造、价值理念、鲜明特色，增强文化自信和价值自信。"第二天，习总书记到北京视察工作参观北京城市规划展览馆时又指出，北京是世界著名古都，有着3000多年

建城史和860多年建都史，蕴含着丰富的历史文化遗产和深厚的历史文化底蕴，具有得天独厚的优势。特别是历史上的北京城，城市布局严谨、中轴明显、左右对称，在世界范围内独树一帜。习总书记提到的北京城市特点，正是北京城市历史发展过程中留下的显著特征，是北京城市文脉的展现。2008年8月8日晚8时当北京举行第29届奥运会开幕式的时候，燃放的礼花就是沿着北京城市中轴线，用大脚印的造型，一步一个脚印地从北京旧城中轴线南端永定门开始，一直步入国家体育场（鸟巢）。这一完美设计，既展示了古代北京旧城中轴线，也连接了北京城市中轴线北延长线，把新、旧北城连接起来，完美地展示了人文北京的文化脉络。

　　什么是文脉？开始研究这个问题时，才发现是众说纷纭。由于看待问题的视角不同，研究者的学科背景不同，对文脉的定义也就不同。研究北京城市历史文脉也是一样，我们在前期案头文献的收集过程中，同样发现由于专家学者的学科背景不同，看待问题的角度不同，所持学术观点也不同。本书是从北京历史文化视角开展研究，所提出的思路、观点、结论与其他学科背景的专家学者可能不一致，只能作为一家之言，并敬请各行各业的专家学者批评指正。

　　文脉有三种解释：一是文章的线索；二是城市记忆的延续；三是在风水学上，"文脉"为龙脉的一种。北京就是一篇大文章，几代人也写不完。讲述北京的故事，续写北京的文章就是文脉。在这一领域，从事文学研究的专家学者更有优势，可以著书立说；保护北京文化遗产，进行北京城市建设，延续北京城市记忆也是文脉。在这一领域，从事文物保护、考古、规划和城市学的专家学者更有优势，更有发言权；作为北京城市中轴线所呈现的龙脉，更是北京文脉的直观展现。因为我关注这一话题，又承担了北京市社科联决策咨询课题——北京城市历史文脉传承的现状、挑战与对策研究，有机会从理论到实践对这一问题进行深入研究，得到不少收获。其中，一些专家学者的观点认为，城市文脉是一个城市诞生和演进过程中形成的生活方式以及不同阶段留存下的历史印记。文脉是城市特质的组成部分，是城市彼此区分的重要标志。其中，北京联合大学北京学研究所所长张宝秀教授认为：文脉，就是文化脉络，既包括文化的时间脉络，也包括文化的空间脉络。城市是人类文明的产物，文化是城市发展的重要推动力，是城市的精气神，是城市的灵魂和魅力所在。城市文脉就是城市文化要素在时间上的历史传承关系和在空间上的文化要素之间及其与环境要素之间的网络系统关

系，是城市赖以生存、发展的有机时空背景。北京青年政治学院刘绮菲教授认为：所谓文脉，是历史的、现在的文化的实物表象及其产生并涵养的生态、环境、风貌等一脉相传的文化传统，凝聚了以往社会人们生产、生活的丰富信息，形成的文化记忆与文化传承，承载着人们的精神、灵魂、品质、审美、追求、习惯、价值取向等。对于一座城市来说，城市过去的文化与现代的文化相承接而成为传统，传统代代延续成为城市文脉。城市文脉是一座城市生命力的体现，只有形成了自己的文脉，并且得到延续，城市的功能才能得到充分的发挥，才能可持续发展。中国人民大学金元浦教授认为：对于一个城市，历史文脉的意义可以这样形容，它是体现城市独一无二、卓尔不群的性格特质。如果说文化是一个城市的精神灵魂，那么文脉就是一个城市精神传承的遗存，这种遗存是由这个城市的历史积淀形成的。历史学家怀特将人类文化结构划分为三个层次：哲学层次是上层、社会学层次是中层、技术层次是下层。按怀特的这种划分，城市文化结构系统可以相应地划分为精神文化、制度文化和物质文化三个层次。其中精神文化或文脉是城市文化结构系统中的最高层次，是城市文化的内核或深层结构。

  在课题研讨过程中，北京市园林绿化局副局长、教授级高级工程师高大伟认为，在研究城市历史文脉的时候，不能静止地看待文脉，文脉一定是在传承、发展中，如果没有发展、传承，就成了"死脉"，就失去了研究价值。北京市哲学社会科学规划办公室主任崔新建教授认为，文脉和乡愁是一回事，是城市和乡村特有的味道、生活的经历，或者说是记忆中的生活场景。文脉一定是贯通的城市各部分，城市中的人和人之间也要贯通；文脉一定是跳动的，有着发展变化的，是活着的东西，有着新鲜营养的，表现在城市发展建设中。这样的文脉才有生命力和价值，这样的城市才有发展的动力。北京就是这样的一座城市。由此，他们希望本课题研究要特别关注北京城市历史文脉的传承和发展变化，包括发生在文脉上的变化，例如建筑和文化景观的创新。北京市文物局信息中心主任陈晓苏认为，北京城市历史文脉不仅包括城市主线，例如北京旧城中轴线，还有城市肌理，也就是北京城市的街巷胡同以及发展变化的道路、河流等。这些观点、见解和思想火花对我的研究给予了极大的启迪，也为我研究北京城市历史文脉奠定了丰富的研究基础。原来我的研究对象是从北京旧城中轴线入手，想继续完善《魅力北京中轴线》（文化艺术出版社2008年第一版、2012年第二版）一书，准备出第三版。根据专家们的建议，我开始从整个北京城，甚至扩大到现今北

京辖区以研究北京城市历史发展文脉。这一转变极大丰富了我的研究视角和研究内容。

什么是北京城市历史文脉？概括地说，文脉是指人类文化活动，包括思想、思路发展的脉络。城市是人类文明的产物，城市历史文脉是城市文化建设的结晶，它包括城市建筑的风采，也包括城市内在的精神气质。简单地说，城市文脉就是城市的特色、城市的灵魂和魅力所在，城市历史文脉既包括城市时间流逝的脉络，也包括城市空间延续的脉络。城市历史文脉就是城市在历史长河中不断传承、延续的文化现象。北京是一座享誉世界的历史文化名城，最能体现这座城市历史文脉的有两个层面：一是元、明、清在北京旧城形成的中轴线，以及围绕这条轴线进行的城市规划布局，包括五坛八庙、城墙城门、街巷胡同、河流水系等城市肌理；二是体现这座城市的精神、气质，有天人合一的生态观、中正和谐的世界观、追求公平的价值观以及包容、厚德的城市文化特点。

用最简单的话来说，北京城市文脉就是北京这座城市的历史文化传承与发展。城市不断传承、积累下来的建筑风貌，也就是我们习惯说的"旧貌"，是城市历史文脉考察的重要依据。由此，我们说城市旧貌变新颜，但不能彻底变，也就是说可以有创新，但是不能断根，不能割断城市发展的脉络，在创新中也要有城市文化的延续和传承。北京作为历史文化名城，不能丢掉原有的城市建筑风貌和城市原有的规划格局，也就是城市肌理。一座没有文脉延续的城市是没有精神根基的城市，城市建设就犹如水中的浮萍，缺乏精神根基和灵魂。对历史文化名城进行大拆大建，就会割断文脉，就会使历史文化名城变成现代钢筋水泥的城市，无法让人们从外观或内涵上解读城市文化、城市精神；而有文脉传承和延续的城市，才会有文化品位，才会有精气神。

北京是世界著名的古都，保护好北京的历史文化遗产是北京人的本分、责任。面对北京城市的快速发展，依托北京旧城历史文脉，传承好北京历史文化，特别是传承好古都风貌，不仅是我们这一代人的光荣使命，更是重要职责。要想传承好古都文脉，就要保护好北京旧城中轴线，传统的城市格局和街巷肌理，河湖水系，胡同、四合院等传统建筑形态，以及旧城青砖灰瓦的民居衬托着的红墙黄瓦的宫殿建筑群所形成的旧城区色调。同时处理好传统与现代、继承与发展的关系，这种关系要体现对传统文化的敬畏、对古代建筑的尊重。在北京旧城区内，当现代建筑与传统建筑发生冲突时，现代建筑要给传统建筑让位，就像在公交车上，年轻人要给老人让座位是一个道理。

北京旧城内各级管理部门，不仅要对北京历史文物保持敬畏之心，还要把保护历史文物列入主要工作职责，作为工作政绩加以考察。北京市文物管理部门要定期通过新闻媒介公布北京地区文物保护状况，让人民参与监督。正像1945年7月黄炎培等学者参观延安之后，毛泽东同志指出的：这条新路就是民主。只有让人民来监督政府，政府才不敢松懈。只有人人起来负责，才不会人亡政息。

第一章 来龙寻脉 薪火相传

北京从哪里来，要到哪里去？这需要了解北京的来龙去脉。从历史上看，北京正式得名在明朝永乐初年，永乐皇帝把都城的主要功能从南京迁移到北京。当时北京称"北平府"，是在明军于洪武元年（1368年）八月攻占元大都城后命名的。永乐皇帝在南京登基后，要把都城迁移到自己曾做藩王的属地，于是在永乐元年（1403年）正式改北平为北京，同时设北京留守行后军都督府、行部、国子监，改北平府为顺天府。从这一年开始，北京不仅有了响亮的名字，还成了国家的首都。

从名称上看，北京得名与方位有关。明朝初年朱元璋定都在应天，也就是今天的南京，永乐皇帝要在自己封王之地北平府修建新的都城，两个城市一南一北，相对应南京的北平府改称为"北京"。而纵观北京发展历史，在得名"北京"之前，北京还被称过"南京"，这也和方位有关。辽代实行五京制，即上京临潢府（内蒙古巴林左旗）、中京大定府、东京辽阳府、南京析津府、西京大同府。这里的"南京析津府"中的"析津"就是今日北京，北京古籍出版社出版过一本书叫《析津

志辑轶》，是一部元末人（熊梦祥）记述元大都的书，这里"析津"就是辽代早期对北京的称呼，后来称为燕京。由此可见，北京自古就是一块战略要地，同时又是风水宝地，远古时期就有"燕都蓟城"的记载，曾为燕国的上都、辽代的陪都（析津、燕京）、金代的中都、元代的大都，以至明朝再次定都北京，清朝继续定为国都。中华民国建立时，这里仍然是国都，直至1928年南迁。新中国诞生后，1949年改北平市为北京，再次确定为中华人民共和国首都。北京这块风水宝地与中华文化、中国古都或国都文化有着深厚的渊源，是值得梳理和探索的。

第一节　昆仑山脉与北京文脉

关于北京城市历史文脉，可以说是众说纷纭。但是，从时间和空间去考察，也就是从中国的地形空间、历史发展空间去考察，就会发现北京城市历史文脉是有迹可寻的。中华民族的历史文化不仅博大精深、历史悠久，内容十分丰富，而且是参天大树有根、大江大河有源。在中华文化中，在古代先民的眼中，最壮观的、最接近天并且能和天沟通的山脉是昆仑山脉。昆仑山被称为"万山之祖"，而且主峰深入云端，与上天元气相通，是中国神话的源头，是中华文化的"龙脉之祖"。因此，中国神话、中国古代文化认定昆仑山为中华文化的祖庭、中华文脉的源头。中国神话起源在昆仑山，在昆仑山有传说中的天帝、王母娘娘，还有帝下都、园林、天池等。具体到中国历代古都的出现，更是与昆仑山的神话有着文脉上的联系。

中华文化发源于昆仑山，不仅因为昆仑山是中华大地上的第一高山，而且中华民族一些优秀的神话传说也来自昆仑山。《淮南子·地形篇》记载："昆仑之丘，或上倍之，是谓凉风之山，登之而不死；或上倍之，是谓悬圃，登之乃灵，能使风雨；或上倍之，乃维上天，登之乃神，是谓太帝之居。"[①]这段话的意思是从昆仑山往上走一倍的路程，就是凉风山，登上凉风山就可以长生不老；再往上走一倍的路程，就到了悬圃，登上悬圃就有了灵气，能呼风唤雨；再往上走一倍的路程，就可以上天了，到这里的人可以成为神仙，这里就是天帝居住的地方。在古人心目中，昆仑山不仅高耸入天，而且是天帝居住的地方。因此，昆仑山不仅是中华民

[①] 陈湘生、熊永祥编著：《神话三百篇》，见"古典文学入门小丛书"（第二辑），新世纪出版社1996年版，第19页。

族的圣山，而且有许多和天神有关的美丽传说。例如，盘古开天辟地在昆仑山，黄帝的下界都城、宫阙在昆仑山，天神玉皇大帝的宫殿在昆仑之巅，天池、王母娘娘以及众多的神仙在昆仑山等。

这是青海湖边的西王母雕像。西王母俗称"王母娘娘"，是中国古代昆仑神话中最重要的人物，学界认为她应该是古代西部古羌族部落的酋长或祭祀。但在神话中她被塑造成高贵的帝后，人们更愿意她是年轻漂亮的中华女神。当地人们传说西王母三十岁左右，仪态万方，高矮适中，天姿国色，是东方美神的化身；同时认为，青海湖是昆仑山中最大的瑶池，每年农历六月初六西王母都会在这里举办蟠桃盛会，宴请各路神仙，各路神仙也借此机会向王母娘娘祝寿。此雕像就是根据上述民间传说雕刻后矗立在青海湖畔，供游人瞻仰

记述中华神话和传说的还有先秦古籍《山海经》。在这部书里，对昆仑山也有不少记述。其中最值得注意的是"西山经"中对天帝都城的记述：西方第三列山系，自崇吾山起，到翼望山止，计23座山，连绵6744里。昆仑山就位于此山系之中，它是黄帝最喜欢的乐园；也是天帝在下界的都邑，由天神陆吾主管。[①]在《山海经》中还记载，海内昆仑之虚，在西北，帝之下都。都有九门，门有开明兽守之，百神所在。同时，也记述王母娘娘（西王母）不是神话传说中的高贵帝后，而是人面、蓬发、虎身、虎牙、豹尾。

昆仑文化与北京文脉上的联系表现在北京皇家园林中有着独特的昆仑石。这种昆仑石全称是"昆仑石碑"，由高约2米、宽约1米的汉白玉雕刻而成。有人

---

① 王海燕译注：《山海经》，中央编译出版社2009年版，第49页。

做过统计，大约有 7~8 块昆仑石分布在北京皇家园林中。其中，最重要的是在北海琼华岛南坡永安寺内的昆仑山石，不仅石质古老，而且传说为金代遗物，源自宋代"艮岳"；在石的正面有乾隆皇帝御书"昆仑"二字，在背面和左、右侧面有乾隆御制诗。其他昆仑石分布在北京皇家园林中的南海、颐和园、圆明园、南苑等处，其中颐和园最多，计有三块：一块在耕织图景区，一块在清漪桥北面，一块在昆明湖东岸铜牛北面。位于铜牛北面的昆仑石面向西山（由昆仑山起始的太行山余脉），诉说着昆仑山脉与北京皇家文化的密切联系。

位于北海公园永安寺内的昆仑石，正面有乾隆皇帝御书"昆仑"二字。此石以石为山，顶部为圆形，象征跃出海面的太阳。此石下面有汉白玉雕刻的水纹，象征着波涛起伏的海水，寓意着中华神话传说中的昆仑山、蓬莱仙境等，底座是波涛起伏的大海。北海公园内的昆仑石表明北京作为帝王都城与昆仑神话传说有着文化上的密切联系。尤其在北京皇家园林中多处矗立着昆仑石，表明这种文化的传承和帝都文脉的延伸与正统

第一章　来龙寻脉　薪火相传 | 11

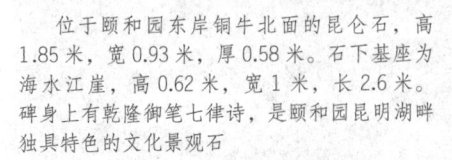

位于颐和园东岸铜牛北面的昆仑石，高1.85米，宽0.93米，厚0.58米。石下基座为海水江崖，高0.62米，宽1米，长2.6米。碑身上有乾隆御笔七律诗，是颐和园昆明湖畔独具特色的文化景观石

位于北京旧城南郊南海子麋鹿苑内的昆仑石，上面有乾隆御笔诗

世界各地知名的博物馆都有镇馆之宝。在法国卢浮宫有断臂的维纳斯女神塑像、达·芬奇绘制的蒙娜丽莎画像等，中国台湾故宫有翡翠白菜玉器雕刻、"红烧肉"奇石等。北京故宫珍宝馆的镇馆之宝是玉雕"大禹治水"。"大禹治水"玉雕被称为"玉山"，高224厘米，宽96厘米，座高60厘米，重达5.3吨，是当今世界上最大的玉雕作品。这件著名的工艺美术作品，不仅体量大、雕刻精美，而且还包含着深厚的文化渊源和内涵。中国古代文献《尚书·禹贡》中记载，大禹治水后，形成由昆仑山发端的山川、河流。后人又将这些山脉归纳为三大干龙，其中一只伸向太行山、燕山、贯通北京。由此，"大禹治水"是中华文脉的正根正统。

在北京故宫珍宝馆有一座用新疆和田玉（白色羊脂玉）雕刻的"大禹治水"（图为局部），是清朝乾隆皇帝下令根据宋代画本《大禹治水》制作的，不仅工艺精湛，而且玉质精美，是北京故宫珍宝馆的镇馆之宝，一直安放在北京故宫宁寿宫后面的乐寿堂，至今已有200多年。用昆仑山出产的和田玉雕刻"大禹治水"，不仅表明北京帝都文化与昆仑山神话有着文脉渊源，还表明"大禹治水"是中华文化传承的正统。这是因为大禹的父亲——鲧，姓姬，字熙，是黄帝的曾孙、昌意（黄帝次子）的孙子、颛顼的儿子、夏启的祖父。大禹是黄帝的后代，是三皇五帝血脉的正统传承者。乾隆皇帝尊崇大禹，表明自己也是中华民族大家庭中的成员，代表着黄帝血脉的正统与传承

第二节 昆仑山与北干龙

　　从中华大地山水的走向来看，西北高，东南低。由此，古人认为，从西北高原的昆仑山向东南平川延伸有三条"龙脉"，大江大河也由西北高原的"三江源"奔向东南平川，然后汇入大海。这三条"龙脉"，山借水势，水借山形，浩浩荡荡，气势宏大，发展成脉络。古代先民认为第一条为"中龙"，由岷山入关中，至六盘山、秦岭，造就了中国古代社会早期都城西安（古称"长安"）、洛阳等；另一条为"南龙"，连接云贵高原，由湖南至福建、浙江入海，连接巫山、雪峰山、武夷山、南岭，造就的都城有南京、临安（杭州）等；最重要的是第三条"北龙"，从昆仑山到秦岭，经中条山、太行山，然后直达北京城北部的燕山山脉。因此，唐代地理学家杨益认为："燕山最高，象天市，盖北干之正结。其龙发昆仑之中脉，绵亘数千里……以地理之法论之，其龙势之长，垣局之美，干龙大尽，山水大会，……最合法度。"明代大学问家刘

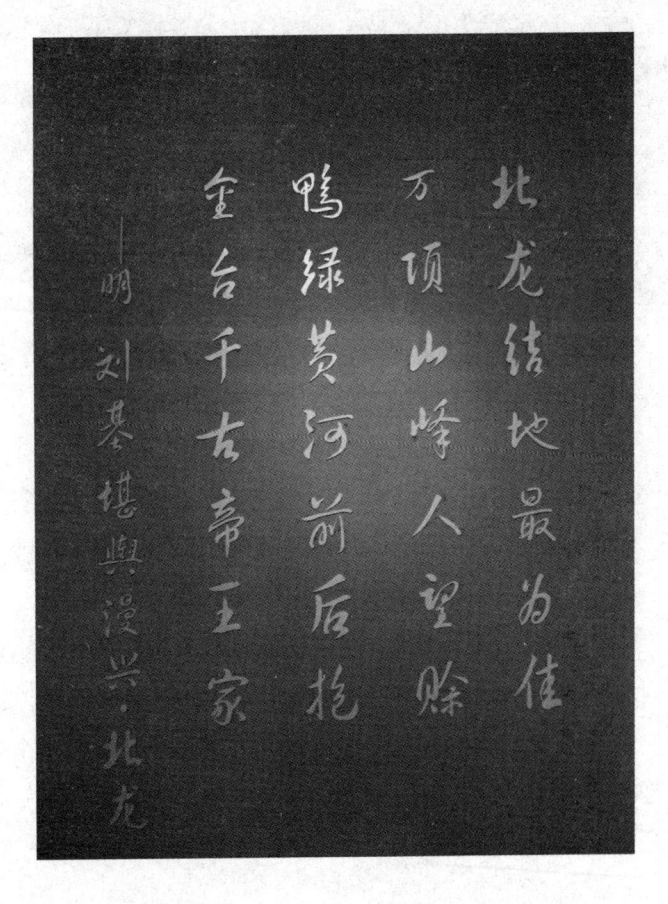

在首都博物馆"地域一体、文化一脉——京津冀历史文化"展览中专门制作的刘基《堪舆漫兴·北龙》展板

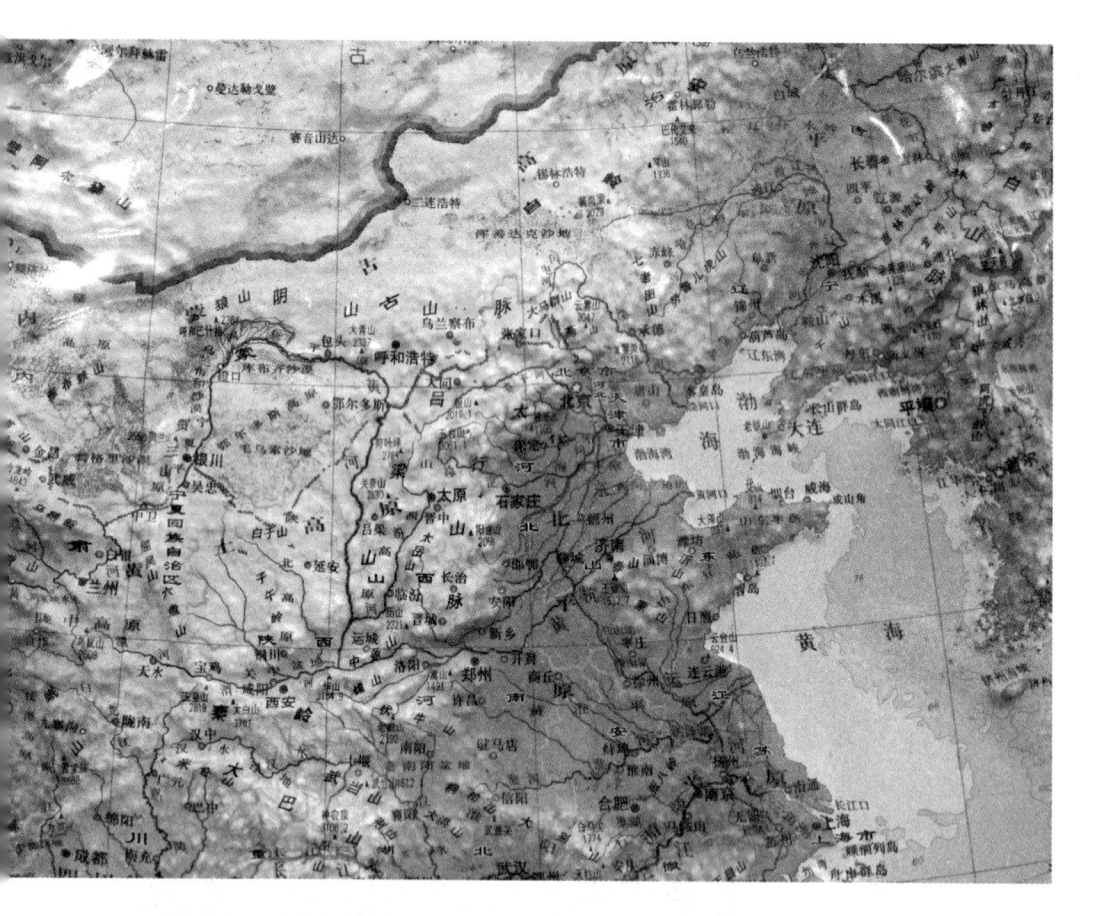

从地图可以清晰地看到中华大地的来龙去脉。黄河之水天上来,像一条舞动的水龙;从昆仑山伸出的秦岭经中条山、太行山、燕山向东北方向形成山脉的北干龙,这条龙脉不仅脉络长,而且形成上升态势,朝向大海

基在《堪舆漫兴·北龙》中讲"北龙结地最为佳,万顷山峰人望赊,鸭绿黄河前后抱,金台千古帝王家"。

探寻从昆仑山向东北延伸出来的"北龙",尤其是延伸出来的山脉河流,最能理解北京作为古代帝王都城的原因。北京城市西部是太行山余脉,称"西山";北部是燕山山脉的军都山,两山在关沟相汇,形成一个向东南展开的半圆形大山湾,人们称之为"北京湾",它所围绕的冲积平原即为北京小平原。

第一章　来龙寻脉　薪火相传　　| 15

从昆仑山出发，经秦岭、中条山，转向太行山，一直贯穿到燕山的北龙示意图

宋代理学家朱熹认为："冀都是天地间好个大风水。山脉从云中发来，前面黄河环绕，泰山耸左为龙，华山耸右为虎，嵩山为前案，淮南诸山为第二重案，江南五岭为第三重案，故古今建都之地，皆莫过于冀都。""冀"指华北大平原。在华北大平原中北京小平原又具有独特的地理环境，堪称首善之区。

图为北京小平原地貌沙盘。北京小平原的地形是山水环抱，依山向阳，腹地平坦，周边山势雄伟险峻。在山川襟带之间，北京小平原前面（东南）有茫茫渤海，又有永定河、潮白河、温榆河、拒马河、泃河五大水系穿流而过，后面（西北）则有绵延不断的燕山山脉及太行山脉为依托，地形是虎踞龙盘，天然形胜。北京小平原土地肥沃，气候温润，物产丰饶，不仅藏风聚气，符合堪舆学的要求，更利于生态平衡和人类居住

在中华古代的九州之中，冀州名列首位，就是因为其在地理上占据优势，而北京又居其地势之中，自然成为首善之区。清史专家王树卿先生在《紫禁城通览》一书中这样描述北京城的地势："当我们乘上飞机，俯视京畿地区的时候，仍能体会到这座古城的中林神秀：城西，是巍巍太行山山脉蜿蜒逶迤，由南向北奔腾而来；城北，浩浩燕山山脉罗列簇拥，拱卫着京师。两股山脉交会、聚结，形成风水上的所谓'龙脉'。"[1]

第三节 来龙与水脉

北京城市文化来源于西北山脉——西山（太行山余脉）和燕山。西山被称为"神京右臂"或"京城右臂"，而从山涧流出的河水与北京城市关系更为密切，是来龙去脉中的"水脉"。

在北京小平原形成的水脉有着明显的流经规律，基本上是依据北京小平原的山川地势，由西北流向东南。这是因为北京小平原与全国地形相似，西北高、东南低，是中华大地地形、地貌的微缩版。特别是从西北群山中流出的永定河、潮白河、拒马河等与北京西北群山有着直接联系。

据《北京水史》介绍，距今2500万年前，即新生代第三纪后期的渐新世，又一次大规模的造山运动——喜马拉雅运动进入高潮。北京西部、北部山地进一步抬升隆起，山前平川再次沉降。山间盆地下陷，形成湖泊。此时气候湿润，降雨丰沛，这些湖盆积水越来越多。在永定河上游流域形成大片湖泊，地跨今日的河北、山西两省北部，东西长约120千米，南北宽约40千米，据说面积有9000多平方千米。其下的古怀来湖，覆盖今日河北宣化、涿鹿、怀来以及北京市延庆诸地，面积也有数千平方千米。此外，还有阳原、蔚县、燕落（密云）大湖。以这些烟波浩渺的大湖为中心，出现了一些区域性内陆河流，注入大湖形成各自独立的内陆水系。在这些内陆河中，就有桑干河、洋河、白河、潮河的雏形河道。此后2000万年中，喜马拉雅运动从未停止，到了距今300多万年前的第三纪上新世末，喜马拉雅山强烈隆起，造山运动影响北京湾地区，西部、北部山区又一次抬升，成为众多1000~2000多米的高山，平原继续沉降。下游河谷因河水下切而越来越深，

---
[1] 王树卿：《紫禁城通览》，紫禁城出版社1997年版，第9页。

北京湾水系示意图。北京河流水系是北京城市的血脉,与北京城市的发展、人类的生活关系密切,是北京文脉的重要组成部分。人们常说北京有五大水系:永定河水系、温榆河水系、潮白河水系、拒马河水系、泃河水系

向上溯源加速。高悬于下游河谷之上的几个大湖,湖水压力巨大,湖岸不断向下崩塌侵蚀,上游下切侵蚀,下游溯源袭夺,势不可挡,永定河、潮白河、拒马河等终于上下贯通,于崇山峻岭之间冲出汹涌澎湃的大河。[①]

[①] 北京市政协文史和学习委员会编(焦志忠撰写):《北京水史》(上册),中国水利水电出版社2013年版,第9—10页。

门头沟山区内的永定河

第四节　西山与人类活动

  从昆仑山到秦岭、中条山、太行山脉、燕山，山川河流还造就了人类早期活动场地和北京地区早期城邑的出现。北京大学侯仁之教授认为，最早来到北京湾的古人类是从南方迁徙来的，他们是沿着太行山的沟壑向北进发的，最终穿越太行山来到北京湾。在北京湾上游的张家口地区，一些研究专家也认为，最早的人类出现在桑干河北岸，即位于桑干河上游的阳原盆地，他们是距今177万年前的泥河湾人的后代或者分支。他们穿越太行山脉，沿着永定河峡谷来到北京湾西山山前地带，因为这里的自然环境非常适宜人类生存。于是，有了位于北京市房山区周口店龙骨山的"北京人""田园洞人""山顶洞人"，以及位于房山区的"镇

远古穿越太行山来到北京湾西山山前的"北京人"已经能够控制火种，用火烧熟食物、取暖、照明等。到"山顶洞人"时期，人类已经有了思想、审美和发明创造，出现了早期人文活动

江营遗址"和门头沟区的"东胡林人"、昌平"雪山人类遗址"。距今1万~2万年前，人类还从西山山前到北京湾平原活动，这就是"王府井古人类活动"遗址、平谷"上宅古人类"遗址等。此后，人类不仅在北京小平原定居下来，而且薪火相传。

北京地区人类活动的历史有一个清晰的脉络，直接证据就是在北京地区人类用火的遗迹厚重，制造的新、旧石器众多，人类活动遗迹不断被发现。北京除了有距今50万~70万年前"北京人"遗址外，还有10万年前"新洞人"遗址，2万~3万年前"山顶洞人"遗址，1万~2万年前"王府井古人类活动"遗址，1万年前"东胡林人"遗址，3000~8000年前房山区"镇江营人"遗址，7000年前后的平谷"上宅以及北埝头人类活动"遗址，4000~5000年前昌平地区"雪山人"遗址等。这些人类在种族上不一定是接续的，但在北京地区活动的遗迹却是薪火相传、连续不断的。这说明远古北

北京王府井东方广场人类遗址博物馆内的人群围猎图

京地区就有人类生存、繁衍和居住。

北京地区人类的出现和城市的诞生，与西北山脉流出的主要河流，特别是孕育北京城的母亲河——永定河有着密切关系。永定河原来叫"无定河"，也称"浑河"，是因其出山后流经北京湾而不断改变流向，大致形成以门头沟三家店为轴心的由北向南扇面形摆动，而且出山时的洪水挟带大量泥沙。古人类既离不开水源，又经不起洪水泛滥。于是，人类只能在永定河摆动中的高地修建最初的城邑或居住区。北京地区最早形成的城邑——蓟城就是受永定河泛滥影响，建立在"蓟丘"之处。据司马迁《史记》记载，周武王灭商后，封帝尧（一说为黄帝）之后于"蓟"。"蓟"为我国商代北方一个由尧的后裔建立的奴隶制邦国，城址在今广安门外，受封后臣属于西周天子。在蓟城南面，还有一个新分封的邦国，名"燕"，是周武王灭商后分封给召公奭的，经过一段时间发展，特别是为防御北部山戎南下的侵扰，出现了"燕都蓟城"的结果。据《史记正义》解释是"蓟微燕盛，乃并蓟居之"。

矗立在广安门外滨河绿地中的"蓟城纪念柱"。纪念柱由原宣武区政府（今归西城区）立，请侯仁之题写"北京城区，肇始斯地，其时惟周，其名曰蓟"柱铭，请何润芝先生用隶书书写

有关北京城市起源的说法中,蓟城是非常重要的,"蓟"不仅是北京历史文献记载中最早的城邑,还与中华文化传承的脉络有着密切联系。"蓟"在古代文献中是首先出现的城邑,而且历史文献明确记载蓟是被分封给黄帝(或帝尧)之后的。因此,蓟—蓟丘—蓟城是北京城市发源之根,北京市应该加强对"蓟"这一植物的保护,在有条件的情况下,在白云观西侧或北京主要园林中修建一处"蓟丘",营造一处长满蓟草的山坡或高地,以增强人们对北京城市起源的认知。非常遗憾的是,随着北京城市现代化进程加快,北京五环内本土野生植物正在迅速减少,北京城近郊区已经很难看见蓟草,这要引起人们的高度重视。

蓟城之名源于"蓟丘",蓟丘因生长蓟草得名。蓟为菊科,有大蓟、小蓟之分,大蓟别名"扎扎嘴",小蓟别名"刺儿菜"等,体态为多年生草本,茎直立,叶有刺,耐干旱,生长于山坡、田野、道路旁,性凉、味甘,有凉血、止血功能。一般春天发芽、长叶,夏季开花,头状花序,多为紫色、白色,花色鲜艳,秋风一吹开始飘落,冬季枯萎,次年再生

武王灭商后，还"封召公奭于燕"。目前，燕侯的城址、墓葬地、城池曾在房山区琉璃河镇董家林村的考古中被发现。其中重要的出土文物有燕侯的墓葬、车马坑以及城址遗迹等，北京市文物局在车马坑遗址上修建了西周燕都遗址博物馆。

西周燕都遗址博物馆（左图）的珍贵文物克盉与克罍（右图）

北京作为都城，除了山川地脉的优势，还有民族交融的区位优势。可以说，北京成为多民族国家的首都是多民族融合的最终选择。由此，北京城市历史文脉的形成又是多民族的智慧结晶。北京成为都城和形成都城文化是从辽、金、元开始的，从这一时期开始北京就上升为中华民族南北文化交流、融合的主阵地，形成了一条鲜明的民族交往、融合的文脉。

北京地处中国南北文化交会带，是中国西北草原文化、东北山林文化、中原农耕文化、东南沿海文化汇聚的平台，也是多民族交往、融合的地域。其中，最为突出的是南北文化的交融，即南方农耕文化与北方草原、山林文化的交融，表现形式是汉民族与古代契丹、蒙古、女真、满族等少数民族的交往、博弈和融合，这种民族交往、博弈、融合造就了北京城市历史文脉的不断创新和发展。

民族融合首先是华夏民族在北京地区的大融合。这种融合可以追溯到黄帝时代。在河北省涿鹿县矾山镇西 2000 米处有著名的中国黄帝城。在北京地区也有丰富的黄帝活动的遗迹和传说。例如，在平谷区渔子山有黄帝陵，在延庆张山营有黄帝和炎帝征战的上、下板泉村，在门头沟灵山有二帝山等。这些遗迹或传说，表明北京地区曾经是炎黄氏族融合的圣地，是黄帝氏族活动的区域。

二帝山位于门头沟洪水村东侧，海拔1800米，喀斯特地貌，集山石、林海、松涛等景观于一体，是夏季旅游休闲的好去处。相传黄帝、炎帝在涿鹿战胜蚩尤后用神力化成两座大山，用以保护氏族部落的安全，后人将此地称为"二帝山"，逐渐成为朝拜圣地，每年当地老百姓都来此朝拜。图为清明节在门头沟区二帝山进行祭祀炎帝、黄帝、蚩尤的场景

民族融合在北京这个平台上呈现你来我往的现象，历史记载非常丰富，形成了一条连续不断、步步提升的人文活动脉络。例如，辽为中国北方契丹民族建立的政权。公元936年，后晋的石敬瑭投靠契丹，把"幽云十六州"割让给辽。由此，中原人眼中的北方民族——北胡开始作为统治者进驻北京。辽政权得到"幽云十六州"后，于公元938年升幽州为其五京之一的南京，又称"燕京"，推行"胡汉分治"的办法，在统治中央分设北、南两个枢密院，北院统治契丹和北方游牧民族，南院统治汉人。其间出现了幽燕地区汉民族与契丹等北方游牧民族共同生活和民族间的交往，在城市建设、房屋修建、礼仪制度、社会风俗等多方面都体现了汉民族与契丹民族的融合。辽南京（燕京）城市建设也有了帝王范儿。北京大学历史系教授们在其编写的《北京史》中指出："辽的南京大体仍沿袭唐代藩镇城的旧有规模，但在辽的五京中，它却又是最大和最繁复的一个。城周二十余里，城墙高三丈，宽一丈五尺，配置有坚固的敌楼战橹九百一十座，地堑三重。设八门：东为安东、迎春，南为开阳、丹凤，西为显西、清晋，北为通天、拱辰。大内在城的西南角，罗郭而成，幅员五里。正南为启夏门，东为宣和门。中有元和、仁政、洪政（武）诸殿，建筑颇称壮丽。"[①]武汉大学王光镐教授认为，"至于北京，姑且不论距今3000多年的燕国都城乃至更早的蓟国都城，但从事实上起到辽朝

---

① 北京大学历史系《北京史》编写组：《北京史》（增订本），北京出版社2012年版，第72页。

正都作用的南京城算起，北京的建都史也有了1000余载。辽朝升燕京为南京是在公元938年，正是在这之后的千余年光阴，使北京成了整个东方唯一一座持续了上千年的古都"①。

第五节　辽金西山寻脉

辽金时期，北方少数民族入主北京小平原。入主北京小平原的契丹、女真在汉文化引领下开始关注北京的山形水系、山川地貌。辽定北京为五都之一的南京，是因为北京地区是辽最南面的都城，是辽宋对峙的主阵地，也同时成为胡汉民族交往的地带。辽称南京为"燕京"，这是因为北京小平原受燕山山脉庇佑，而燕山山脉正是从昆仑山发端的北干龙的最终山峰。辽南京城背靠燕山山脉，面向中原腹地，成为面南的战略要地。辽朝最出名的人物是萧太后。萧太后名"萧绰"，原姓拔里氏，赐姓萧，契丹族，辽代著名政治家、军事家。萧太后出生在燕地，取乳名"燕燕"。这只"燕燕"了不得，因为出生和成长在燕京，从小读了不少汉文书籍，了解中原文化，又具有契丹人的尚武气质，成为契丹与汉文化相结合的一代新人。②这只"燕子"在燕山山脉飞来飞去，留下不少遗迹。在北京城南有萧太后运粮河（今凉水河），传说北海琼华岛为萧太后梳妆台，海淀温泉为萧太后沐浴池，通州张牛公路上有萧太后桥，怀柔看花台为萧太后赏花之所，萧太后在昌平东山顶的水盆石洗过脸。最重要的遗迹在延庆古城村，还保留有古城墙，传说是萧太后梦后而建，民间一直称呼为萧太后城。在这当中，历史留下几个关键词：燕山、琼华岛、燕京城。

金是女真建立的国家，金中都城是在辽南京城的基础上拓展而成。金的建立与辽朝末年对东北女真民族横征暴敛、掠夺有关，于是女真人在民族领袖阿骨打领导下，发动了反辽斗争。1115年，崇尚"金"（东北盛行淘金）的女真族认为"惟金不变不坏"③，建立独立政权，国号为"大金"。金兵所向披靡，很快攻克辽南京城，于1125年俘获辽朝最后一位皇帝耶律延禧，辽朝灭亡。

---

① 王光镐：《北京历史文化特征新探》，载《北京日报》，2015年6月29日第21版。
② 徐洪年：《一代女杰萧太后》，北京出版社1992年版，前言第1页。
③ 景爱：《皇裔沉浮——北京的完颜氏》，学苑出版社2002年版，第4页。

1127年，金兵南下，又一举灭亡了北宋，俘虏了宋徽宗、钦宗两位皇帝，同时还有后妃、皇子、公主以及宗室贵戚等3000余人，并席卷了汴京宣和殿、太清楼和龙图阁收藏的文物北上到燕京，也就是今日的北京。金攻占宋都汴京后，于金天德三年（1151年）由海陵王（完颜亮）颁发《议迁都燕京诏》，不仅商议将都城由黑龙江阿城迁到燕京，还要求在燕京修建的都城和宫阙按照宋的都城汴京的规模来建造。为了做到准确翔实，还派画工到汴京绘制宫殿图样。扩建城池和修建皇宫用了三年时间，动员人力达100多万，修建了壮丽辉煌的宫殿。天德五年（1153年）金正式迁都，改辽燕京为金中都。在金中都建设中，最值得关注的是学习唐宋延续下来的城市中轴线，宋都称"御路""御街"，皇宫在中轴线核心位置上，形成帝都建筑龙脉，也就是我们今天讲的"城市文脉"。这条城市文脉在今天广安门外滨河路还能看到遗迹，例如金中都大安殿遗址（金中都大安殿纪念阙）宫城应天门位置等。为了加强人们对金中都的了解、认知，北京市西城区政府还投入大笔资金，在广安门外滨河路南段修建了"金中都公园"。

金中都公园位于广安门外滨河路南部绿地之中，由北京市西城区投资兴建，是全面展示金代城市文化的主题公园，内有金中都历史文化展览馆

金中都城市中轴线示意图（左图）和金中都大安殿纪念阙（右图）

金在北京建中都城，是全盘接受了中原汉文化对都城建设的要求。在中原汉文化的阴阳五行学说中，东为木，西为金，南为火，北为水，中为土。金在西，这是阴阳五行中不可动摇的观念。综观北京小平原地势，西面是大西山，金代皇帝十分重视对西山（太行山余脉）的开发。通过实地考察，金朝认为北京地区西山南端是风水宝地，在北京湾里最向阳，又依山，而且是最早人类居住和繁衍的地区，于是在这处风水宝地开始兴建祖陵，其确切位置就是大房山云峰寺，把这里定为向中原发展的根，向中原文化学习的脉。于是金朝把金太祖阿骨打和太宗吴乞买在内的始祖以下12帝的梓宫从东北黑龙江省的阿城迁葬于此。

图为金陵考古发掘现场。远处是北京市房山区大房山九龙山脉,正对九龙山主峰是一条长长的墓道,直通陵寝,墓道中间有石台阶,栏板为汉白玉石雕游龙,十分精美

金陵位于北京市房山区大房山东路云峰山地区,主陵区在九龙山,这里离周口店镇不远,山岭苍松翠柏,分九脉而下,是古代风水学中典型的龙脉宝地。金陵的主陵,也就是太祖阿骨打的睿陵、太宗吴乞买的恭陵、德宗宗干的顺陵、睿宗宗尧的景陵、世宗完颜雍的兴陵都在九龙山下的主陵区内。此外,金海陵王还将其叔父完颜宗弼,也就是和岳飞打仗的金兀术埋葬在九龙山西侧皋儿沟,作为帝陵的陪葬。明朝天启二年(1622年),因听信风水术士之说,明神宗为断绝同属女真的满洲龙脉,对金陵地上建筑进行破坏。从20世纪50年代开始,金陵地区就不断有地下文物出现,北京市文物研究所对其进行了抢救性考古发掘,出土了一些重要文物。

金朝对大西山的钟爱表现在皇帝多次狩猎、游览大西山，流连忘返。金代在西山修建的八大水院：清水院（位于海淀区阳台山大觉寺）、香水院（位于海淀区七王坟北侧妙高峰的法云寺）、灵水院（位于门头沟区仰山栖隐寺）、泉水院（位于海淀区玉泉山上的芙蓉殿）、潭水院（位于海淀区香山寺的双清别墅）、圣水院（位于海淀区北安河的黄普寺）、双水院（位于石景山区双全村双泉寺）、金水院（位于海淀区金山金仙庵）。其中最重要的是栖隐寺，背后是金朝皇帝崇拜的仰山，仰山背后是金顶妙峰山。

今日西山大觉寺始建于辽代，寺庙坐西朝东，体现了契丹人"朝日东向"的习俗。寺内有清泉流淌，水质清澈甘甜，故得名"清水院"，是金章宗时期西山八大水院之一，是现存八大水院中保存最好的。现寺内开设有明慧茶院，人们仍然可以享受清水院的饮泉、品茶、赏花等休闲活动

仰山位于金中都城西70里，中有平顶山峰，如莲花宝座，周围五峰拱卫，曰"独秀、翠微、紫盖、妙高、紫薇"；在五峰之中还有八亭景观，目前能查询到的有列翠、万山、潇然、回星、妙高、临源等。仰山前为栖隐寺，山后为妙峰山。

仰山栖隐寺在今门头沟区妙峰山乡南樱桃村北仰山上，始创于辽代，金世宗大定二年（1162年）赐名"仰山栖隐寺"，大定二十年（1180年）"命元冥觊公开山，赐田设会度僧万人"，明昌五年（1194年）八月金章宗又亲临寺院，赐钱兴建殿宇和佛像。在金元之际，著名佛教大师万松行秀为寺院住持，金章宗多次来西山狩猎，到寺院驻跸。寺院在元明清时期均有修缮，尤其明代重修寺院后重新命名仰山五峰八亭景观为级级峰、锦绣峰、笔架峰、独秀峰、莲花峰；接官亭、回香亭、洗面亭、具服亭、列宿亭、龙王亭、梨园亭、招凉亭。[①]明代重新命名显然不如金代的名称寓意高贵，表明对仰山重视程度不同。栖隐寺寺院建筑面积达1万平方米，目前寺院建筑多已毁，有虎皮石墙遗址可寻。

妙峰山又称"金顶妙峰山"，位于门头沟区妙峰山乡涧沟村北，是在群峰之间一峰突起的山峰，山上林木茂盛，古松参天，奇石高耸，环境宜人，景观壮丽。明朝在山顶修建娘娘庙，清朝康熙十二年（1673年）称"北顶天仙庙"，香火极盛。

为保证金中都的用水、农田灌溉以及漕运，金代在石景山北麓凿石而引西山之水，全长百余里。因凿石在金朝，金在五行方位中也在西面，出水处为口，故称之"金口"，河道为"金口河"。从金大定十一年（1171年）到元至元三年（1266年）曾三次开渠引水，终因上游地势高峻，河水湍急、混浊，而以失败告终。金引西山之水，为都城开辟水源，是北京建都后梳理山形水脉的重要尝试。引水虽未成功，却为元代郭守敬引西山诸泉水济大都城积累了经验。

面对神圣的西山，人是那么的渺小，要读懂西山就像要读懂博大精深的中华文化一样，需要大智慧。辽金时期是北京地区高僧盛出的时代，产生了一批重要的思想家和治国安邦的人才。在北京西北部山区，有各种寺庙300多座，其中不乏著名寺院，例如房山云居寺、门头沟潭柘寺、海淀大觉寺、昌平和平寺等。在今日昌平铁壁银山中的一座座高僧圆寂后修建的墓塔，使人们还能感受到当时高僧辈出的盛况。

---

① 北京市文物事业管理局编：《北京名胜古迹辞典》，北京燕山出版社1989年版，第410页。

第一章　来龙寻脉　薪火相传 | 31

　　铁壁银山位于昌平区下庄乡海子村西南，距昌平城区30千米，距十三陵50千米。银山从山脚到峰顶，大都由黑色花岗岩组成，层叠而上，石壁坚仞，远看如同铁山壁立；又因冬季雪后冰雪层积，阳光照耀时色白如银，所以又有"铁壁银山"之称。这里很早就有佛事活动，辽代修建有宝岩寺，金天会三年（1125年）重修寺庙后改称大圣延寺，名僧在这里讲学，圆寂后葬在这里，立有高僧佛塔。据史书记载，佛觉、晦堂、懿行、虚静、裹通等都曾先后云游至此，讲授佛法。当时常住僧人多达500余人。高僧、尼姑死后在此修塔入葬。因在佛门的等级、地位不同，墓塔的大小也千差万别，经过几个朝代，银山的山麓坡谷之中墓地越来越大，墓塔林立错落，数不胜数，形成了风格独特的塔群。这里的建筑因年久失修，多有坍毁，1941年日本侵略军多次进山"扫荡"，寺院被焚烧殆尽，只残存下辽金时的五座高塔，该山过去曾是古代"燕平八景"之首

辽金时期是我国科学技术闪光的时代。从西山流出的卢沟河水，每到夏季就如同脱缰野马、出海蛟龙，异常凶猛，挟带巨石、泥沙、滚木的洪水南下时，不仅阻断沿途的通道，桥梁基本一座不剩地被冲垮，而从中都城向南的陆路交通又必须经过卢沟河，包括皇帝从中都城到大房山谒见祖陵也要通过卢沟河。于是，在卢沟河上架桥就成了人们征服"蛟龙"的智慧比拼。金章宗大定二十九年（1189年）卢沟桥开始修建，桥全长266.5米，连跨11拱，因为是皇帝朝见祖宗经过的桥，因此修得非常漂亮、壮观，桥栏杆上有几百个石头雕刻的狮子，造型和雕刻在当时都是一流的，是北京古代雕刻艺术的精品。最能体现人们创新智慧的是在迎水面桥墩上，不仅垒砌成船形（棱形，见左图）分水尖，还在每个分水尖处安置三角铁柱，以其锐角迎击水流、巨石、滚木、冰块等，不仅保护桥墩，而且可有效分洪，保证桥梁稳固，不被冲垮。于是，当地老百姓把冲击桥梁的洪水比喻为"恶龙"，把"驯服"洪水的三角铁柱比喻为"宝剑"，给船形桥墩起了一个非常形象的名称——"斩龙剑"。

金代对北京发展还留下了重要一笔，就是在中都城

卢沟桥的迎水面桥墩修成三角形，角尖为铁柱，被誉为"斩龙剑"，体现出古代劳动人民的杰出智慧

东北近郊白莲潭东岸修建了皇家离宫——太宁宫和西园。研究北京史的专家学者认为太宁宫和西园对北京城市发展影响深远，成为新城的核心与灵魂，是元大都城龙脉的重要发祥地。太宁宫于金大定十九年（1179年）落成，古代"太"和"大"相同，又有文献记载为"大宁宫"。据历史文献记载，金代太宁宫还曾改称"寿宁宫""寿安宫""万宁宫"。宫阙在白莲潭中段东岸，坐北朝南，宫阙壮丽，主要宫殿与离宫大门仿照唐宋宫殿建筑，中轴明显，左右对称。金世宗、章宗经常驻跸于此消夏理政。最精彩的是在离宫西侧，利用白莲潭水域而形成消夏避暑

金太宁宫坐北朝南，在永定河故道（三海大河）的左（东）边，水域成为太宁宫的西园，一片美丽的自然风光。这一布局为以后北京城市龙脉梳理明确了坐标，奠定了基础

的西园，远山近水，水中有琼华岛和瑶屿，形成自然秀美的风景。

辽金时期对西山的利用与开发超过前代，这是因为西山汇聚了人类需要的博大财富。辽代开始在西山采煤、烧炭，一直盛行至金、元、明、清；砍伐西山树木，从辽金修建宫阙开始，元大都修建、明清北京城修建达到高峰；烧窑制瓷、烧制琉璃，如著名的龙泉务窑址和琉璃渠古村落等。从辽金开始，西山寺庙香火也进入鼎盛时期，清朝"三山五园"的修建更是闻名遐迩。由此可以说辽金是西山发展的重要时期。

金代对北京文脉的探索可以如此概括：问鼎大西山，留下金陵和水院；建桥卢沟河，留下棱形"斩龙剑"；拓展燕京城，留下宫阙中轴线；寻梦白莲潭，留下离宫与西园。

第六节　元大都城定潜龙

1211年，蒙古部族首领成吉思汗统领大军击败金兵主力，从太行山与燕山交汇的关沟进入今日昌平区南口，开始围攻金中都城。1213年，蒙古骑兵再次突破居庸关，从南口南下，于1214年攻占金中都城。中都城陷落后受到毁灭性破坏，财物被洗劫一空，城市建筑特别是皇城宫殿毁于战火，北京早期城市历史文脉也因此湮灭在历史长河中。

过了40年左右，元世祖忽必烈来到中都城，看到城池已经残破，于是派人将金中都城外的离宫（太宁宫）西园中琼华岛加以修缮，成为驻跸之所。然后，又将琼华岛改名为万岁山，成为蒙古部族在北京定都的圣山。同时，忽必烈重用太保刘秉忠设计元上都城和大都城。其中设计大都城既要求保留金中都离宫中的岛屿（琼华岛）和周边水域，又要求有大元一统的都城之气魄。刘秉忠充分尊重忽必烈和蒙古民族逐水草而居的生活习性，保留今日北京旧城西部大片水源，又根据中华阴阳五行、周易八卦思想，以及《周礼·考工记》记载的"匠人营国，方九里，旁三门，国中九经九纬，径涂九轨，左祖右社，面朝后市，市朝一夫"的古代帝王都城理想蓝图设计了元大都城。在元大都城规划设计之中，最重要的设计是确定城市中轴线，也就是今日北京城市历史文脉中的主脉——北京城市中轴线。

元大都城龙脉的梳理是传承了金中都城外皇帝的离宫——太宁宫与西园的文脉。忽必烈来到金中都，中都城已经毁于战火，于是他驻跸在太宁宫西园的琼华岛上。元大都新城规划就是以琼华岛为核心展开的，形成皇宫在东、隆福宫在西南、兴圣宫在西北的三宫团聚琼华岛（圣山）的局面。特别是在确定城市中轴线的时候，精通阴阳五行、周易八卦的城市规划大师刘秉忠选择了水域东岸的海子桥（万宁桥）为基点，南北延长线为城市中轴线，同时将城市中心阁、皇宫、御园、城市正中的南门——丽正门规划在中轴线上

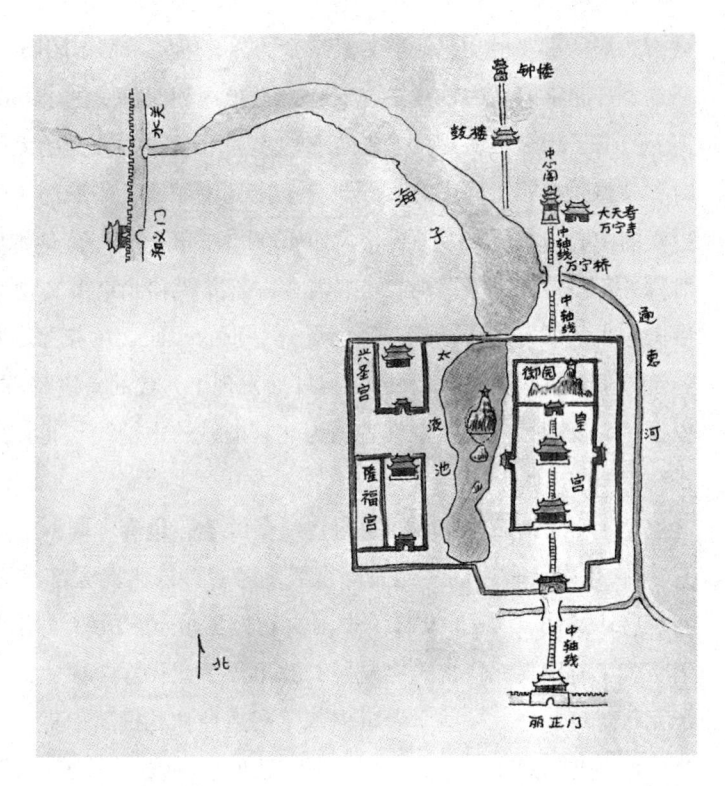

刘秉忠设计的元大都城市中轴线是经过实地勘测，根据北京地区山形水系的来龙去脉梳理出大西山属于来龙，流出的水为去脉，在流出的水——永定河故道中寻找潜龙，规划新城。这条故道就是"三海大河"，时称白莲潭，辽金时期为皇帝离宫的西园，在水中有仙岛，就是今日北海公园中的琼华岛。元世祖忽必烈来到这里，驻跸在岛上，使仙岛与"真龙天子"的命运结合在一起，仙岛成了元代定都北京的圣山。这种文化梳理，一方面预示从西北草原来到北京的蒙古民族具有龙脉，同时"真龙天子"忽必烈驻跸的地方与潜龙有关，皇帝驻跸的地方——琼华岛成为潜龙浮出水面的象征。在元大都城规划时仙岛自然成了城市的心脏。这一仙岛（琼华岛）日后也就成了元大都皇城内的圣山，也就是大元江山依靠的万岁山，皇宫（大内）、太子宫（隆福宫）、太后宫（兴圣宫）三处大型建筑群就是围绕着这座圣山形成三足鼎立的布局。同时，以这座圣山环绕的水为阴，为

城市布局的重要根基，在水的最东岸为界，确定了城市阴阳平衡布局的中轴线。

今日北京旧城中轴线是在元大都城市规划时确定的，当时的依据就是三海大河——海子水域最东端的中心点，也就是今日鼓楼前面的万宁桥，由万宁桥（当时称"海子桥"）向南北直线延伸，南到南城墙正中城门（丽正门），北到城市中心的中心阁，这条中轴线长大约4000米，正好等距离地把城市分成东、西两个对称的部分。20世纪70年代中国考古研究所和北京市文物部门联合对景山公园后山中央的位置进行钻探，得到了进一步的印证。在考古发掘中发现了元代大型建筑夯土基址，又在景山公园北墙外面发现了元代的一段宽18米左右的大路基础，根据这一发现，一些专家学者认为北京旧城的中轴线与元大都城市中轴线是在一条线上。

对元明北京旧城中轴线是否在一条线上，也有不同的观点和见解。比较早的有1947年朱偰著述的《元大都宫殿图考》，认为元大都宫城比明北京宫城更偏西一些。2016年4月19日《中国文物报》报道，故宫（明清紫禁城）隆宗门在消防施工时发现元代素土夯筑层，并出土了元代建筑构建，在慈宁宫东院也发现了元代建筑遗址。一些学者根据慈宁宫遗址在元代属于皇宫（大内）范围，特别是遗址向北与慈宁门、慈宁宫构成一条明显轴线，认为这与探讨中的元大都城市中轴线有关联。提出元代中轴线是否偏西，也就是明代北京城市中轴线是否东移，联想到与元代皇城东墙位置不同，明朝在修建皇城东城墙时向东移约200米左右，元代旧鼓楼大街也在北京旧城钟鼓楼偏西，就此提出新的探索性观点，认为元大都城市中轴线可能偏西，更加接近元代太液池（今中海、北海）水域。因为在故宫内不能大面积进行考古作业，隆宗门和慈宁宫东院考古发掘的特点是"见面即停"，即发现遗址剖面就停止作业，存在一定认知局限性，还不能得出明代中轴线东移的科学结论。2016年5月6日《北京日报》第5版也报道了"出土定窑白瓷和磁州窑黑梅瓶残片成断代证据，故宫发现元代皇宫建筑遗存"。还有学者认为，故宫新开辟的西路游览路线中的断虹桥是原大都城皇宫前面的金水桥，向北直线对着皇宫建筑的中轴线。这些学术讨论和探究，对探明北京旧城中轴线以及城市发展、变迁都是有益的，同时也说明北京的历史文化是博大精深的，还需要考古的深入发掘与学术研究的深入探讨。

武英殿东侧的断虹桥呈南北向,桥面宽阔,气势雄伟,用汉白玉巨石铺砌,建筑规制独特,在北京故宫建筑中罕见。此桥两侧石栏板上雕有穿花龙图案,望柱上为神态各异的石狮子,雕刻十分精美。此桥用料讲究、装饰华丽,留下不少谜团:一是明清均未见记载,"断虹桥"为后人俗称;二是年代尚未确定,一般认为是明初或元代建筑。还有学者认为,断虹桥为元大内的金水桥,元大内前金水桥有三座,名虹桥,明朝初年修建紫禁城,拆二留一,故称"断虹桥"

元大都城市中轴线经过专家实测,发现方位不是正南正北,从南到北向西偏 2°。沿着这条线一直向西北延伸,可以连接到内蒙古锡林浩特元上都遗址。而元上都也是刘秉忠规划设计的,最重要的是在元代实行两都巡幸制度,皇帝夏季在上都,冬季回到大都。这样的规划设计,有利于皇帝在两都巡幸时仿佛走在一条直线上。

元上都与元大都在南北垂直线上示意图。中国测绘科学研究院研究员夔中羽专门进行了实地考察,深入研究后发现北京旧城中轴线继续向北延伸,延长线恰好到达距离北京270千米的开平古城。这是巧合还是暗藏玄机?后人可以就这一现象继续研究。在元武宗时又修建了元中都城,位于今河北张家口张北地区,正好串联了大元三都。在元代文化遗产研究中,大元三都的交通联系也值得关注

元大都城的设计者刘秉忠不愧是中国古代城市设计的高手,后人评价其大都城规划设计时多肯定其遵守《周礼·考工记》的设计思想,其实还有三点创新:一是满足了蒙古民族"逐水草而居"的生活特点,把生态环境引入大都城设计;

二是用中华龙脉文化为忽必烈定都北京寻找到了客观依据，把中原帝王与"真龙天子"文化导入元大都城；三是依据北京地形水源，在大都城内规划了一条南北向的城市中轴线，皇宫位居其正中，既有对中华都城文化传统的继承，特别是对城市中轴线的继承，又有发展创新，为以后北京城市发展奠定了基础。

万宁桥位于什刹海东侧，桥下是流经的玉河水道，可以说是北京城来龙去脉中水脉的一个重要结点。从这里向上是西北山前流出的泉水，还有永定河故道高梁河、长河水系留下的河道水渠；从这里向下是流经的御河，也是元大都城内通惠河的一部分，一直流向通州张家湾，连接北运河，可以连接京杭大运河，直下江南。江南的漕粮，包括修建北京城所用的大木料、砖石等也是利用这条水脉运送到北京城。由此，北京有"漂来的北京城"的说法。

位于今日北京市城北土城元大都遗址公园（海淀段）内有刘秉忠和元大都城雕塑。正面站立的人物雕塑为刘秉忠，他身后是大都城示意模型

第七节　明北京城正南正北寻龙脉

从天寿山选址到明北京城向南拓展，明代北京城市中轴线是北京龙脉的又一次创新和传承，而且呈现出中华最完美的文脉布局。明永乐四年（1406年），明成祖朱棣下诏改北平为北京，正式开始迁都北京。诏书发出后，在北京就开始修建皇宫紫禁城，同时沿着北京西北山脉开始踏勘皇陵。经过一年多的寻找，最终确定明朝定都北京的龙脉在燕山南面的黄土山，后来被朱棣命名为"天寿山"。天寿山坐北朝南，背靠燕山，西面连接太行山余脉——西山，是从昆仑山连接秦岭、中条山、太行山一脉而来的北干龙的最北端。这里四面环山，山势雄伟，山峰高大，藏风聚气，水土深厚，水系环绕山前，从辽、金、元的契丹、女真、蒙古民族寻找龙脉多问鼎大西山来看，这里更符合汉民文化心理。首先燕山在北京小平原正北，连接龙脉朝向正南正北，象征着蒸蒸日上的大好时光；选址黄土山，"黄土"象征黄土地，具有黄河流域汉民族正统文化内涵。

沿着从正北天寿山直线下来的龙脉，也直接影响了明北京城的都市规划建设。尤其在城市中轴线的传承上，与元大都城中轴线比较，明北京城中轴线既有继承，又有创新和发展。经过对比，可以看出明代传承了元代中轴线贯穿城市南北中心的思想以及皇宫位居中轴线核心的设计理念，同时又有扬弃，这种扬弃也表现在对城市中轴线的发展和创新。在文化理念上，明代将元代的圣山——琼华岛（元大都龙脉发祥地、城市中轴线设计的依据）改为皇城内的西苑；同时传承了中华民族"中心""核心"的凝聚思想文化，在中轴线规划布局上有所推进。这种推进进一步突出了皇权的绝对权威和至高无上。在明北京城中轴线规划设计上，除了将皇宫与内城南面正中城门相对应在一条轴线上以外，明代把左祖右社汇聚到中轴线两侧，进一步突出中心明显、左右对称的中轴线格局，增加了皇宫的庄重与威严；同时把太子宫殿、太后宫殿以及三宫六院均融入中轴线规划设计之中，太子的东宫，也就是文华殿以及与其对应的武英殿居皇宫前朝（三大殿）之左（东面）右（西面），后宫分成东宫、西宫对称于皇帝寝宫（中轴线）两侧。这样的布局让人感觉到皇权更加集中，中轴线上内容更加丰富，整座皇宫更加大气磅礴。

天寿山整体环境示意图。天寿山三峰（主峰、东峰、西峰）并峙，主峰海拔750米，山前地势开阔，藏风聚气，水脉畅通，左有蟒山环绕，右有虎山雄踞，背后是群山层峦叠嶂，与北干龙太行山脉、燕山山脉连贯，且坐北朝南，真乃"真龙天子"的福地，是连接帝都的屏障和圣山

在皇宫规划上还有一个重要变化，就是将重心南移，与朱棣父皇朱元璋修建的南京朝向相联系，表现形式是将整座城市向南拓展2里，从元大都南城墙也就是今日长安街一线推移到前三门，扩大的城市空间为皇宫南移、六部集中在皇宫御道两侧的规划提供了可能。由此可以看出，明代城市规划的主导思想是进一步加强中央集权，在龙脉传承上也有跳跃，是向南移动。这些丰富的变化内容，与元大都皇宫在东、太子宫在西南、后宫在西北三足鼎立的布局完全不同，是对一统思想的创新和发展。

皇权与天地的联系是北京旧城、皇城、皇宫最显著的特征。北京旧城四周有天坛、地坛、日坛、月坛，城市是在天、地、日、月中间运行；皇城、皇宫仿照天上星宿布局修建，其中结合最紧密的是天、地、人，皇帝自称"天子"，皇帝居所形成天南、地北，在天上、地下的正中间。这种天、地、人之间的关系被称为"三才"。这种布局，追根寻源是继承了中国古代夏、商、周的帝王中心的思想，即天子居住地应在国（都城）的中央，至高无上。明北京城中轴线在创新发展上还表现在以下几个方面：一是将中轴线中心点向南移动，人工堆积了万岁山（景山），使用手法是中国传统的造园手法——挖湖堆山，但在中国古代社会中将挖湖堆山的手法运用在城市中轴线上，在明代仍属首创。二是将古代城市重要建筑更加整齐对称地排列在中轴线两侧，如太庙与社稷坛、天坛与先农坛、文华殿与武英殿、东宫与西宫等也是明代的创新。仔细观察，元大都城内的太庙与社稷坛在城市的东部和西部，已经按照《周礼·考工记》的要求去做了，但是明朝认为做得还不够，还不能体现皇宫的庄严与雄伟。三是元大都城市中轴线北端位于中心阁，中心阁又归属大天寿万宁寺，大天寿万宁寺是藏传佛教圣地，而明北京城中轴线的北端是中华民族的岁时建筑——高大的鼓楼、钟楼。钟鼓楼是市民生活的中心，中轴线终端从宗教进入世俗，从对神的崇拜到人文精神也是一个城市在发展认知理念上的飞跃。四是明朝嘉靖年间修建了南部的外城，使中轴线南端的终点被大大延长，创造了全世界独一无二的15华里的城市中轴线，壮观而富有韵律感，进一步体现了中华文化的宏大。

明代北京城中轴线从正北燕山向南寻找潜龙。从山前地带看，今日景观有燕山、天寿山、仰山、景山；主体建筑有长陵、钟鼓楼、皇宫、天安门、正阳门、永定门等。在方位上，正北天空为北极星，位于北半球天体正中，也是人们习惯讲的北斗、北辰所在

第八节　清北京城藏传佛教的注入与融合

清朝入主北京旧城后，有两件事要做：一是经过明朝末年的战争，特别是李自成率领大顺军撤离北京时，焚毁了北京城市主要建筑，特别是在中轴线上的皇宫建筑遭到空前破坏，清朝定都北京城后，需要社会迅速稳定下来，同时进一步加强中央集权，对北京城池、皇宫进行全面修缮。二是要统治中原，清朝统治者必须迅速接受汉文化，建立大一统江山，因此清朝非常重视北京旧城的文化建设。

清朝入主北京旧城后，非常注意汲取汉文化之精华，自然关注北京旧城龙脉。清朝没有重新寻找新的龙脉，而是认为自己是中华民族大家庭的一员，明朝腐败，必然灭亡，清朝胜出，自然接替，理所当然地继承中华正统龙脉。因此，清朝进入北京皇宫后，首先将皇宫大门由大明门改为大清门。同时，对明北京城中轴线进行了修建与完善，使北京城中轴线更加完美。例如，清乾隆三十一年（1766年），重新修复永定门。这次修复永定门不仅提升了城楼的规制，还增建了箭楼；清顺治八年（1651年）重新修建了天安门城楼，将名称由"承天之门"改为"天安之门"，同时将北安门改为地安门；清朝初年还重新修缮了紫禁城三大殿，并将其名称由明朝末年的"皇极殿""中极殿""建极殿"改为"太和殿""中和殿""保和殿"，实现了"内和外安"的城市文化。诚然，透过现象看本质，清朝对北京旧城存在的龙脉也做了新的思想文化上的压胜，然而这种压胜不仅没有破坏北京龙脉，反而进一步增添了北京龙脉的风采，使北京文脉更加完美。

清顺治八年（1651年），顺治皇帝应西藏喇嘛之请，在今北海琼华岛上大作佛事，修建白塔。这位喇嘛被赐名"恼木汗"。藏学家黄颢生认为，这位藏区来的大喇嘛就是青海塔尔寺巴珠第一世金巴嘉措。[1]他曾奉四世班禅和五世达赖之命到沈阳，被清太宗皇太极奉为上师。他向皇太极建议，如果尊奉黄教，将会统一天下。清朝入关后，顺治皇帝请他进京，奉为上师。他提出建议，为了江山永固，应在皇城立命之处修建佛塔，则可避免险恶之事发生。于是，顺治皇帝允其所请，在琼华岛依山势建永安寺，在山顶修建白塔。竖立在琼华岛南面山脚下的《白塔

---

[1] 张羽新、刘丽楣、王红、张双志：《藏族文化在北京》，中国藏学出版社2008年版，第145页。

寺碑》也记述说，有藏区来的大喇嘛声称愿以佛教暗中赞助清朝统一全国的大业，请求"立塔建寺，寿国佑民"，为国为民祈求福祉。白塔为藏传佛教典型建筑。白塔居琼华岛顶端，不仅成为北海公园的标志性景观，还成为北京是多民族国家首都的见证。

位于今东城区南河沿111号的欧美同学会原为藏传佛教普胜寺，是清顺治八年（1651年）敕建的喇嘛庙，又称十达子庙，为清初所建三大寺之一，也是清初番僧恼木汗在北京的住所。

清朝在北京城龙脉上的另一个重要贡献是在景山上置放五方赞，汉传佛教称五方佛。清代完全利用了北京旧城和紫禁城皇宫，但在文化理念上做了进一步充

琼华岛上的白塔与善因殿是清朝定都北京的标志性建筑，使琼华岛的历史文化积淀更加丰厚。北海白塔与北京西城区白塔寺内白塔的相同之处是均为藏传佛教佛塔。据说这是释迦牟尼佛在涅槃之际，弟子请问他该如何供养舍利，释迦摩尼将使用了多年的乞食钵倒扣，后人受其启发，设计出窣堵坡式佛塔建筑。两座佛塔的不同之处是一座时间更久远，一体体量更大。然而，北海的白塔显得更加精致，又因与园林结合在一起，更显得美丽，已经成为北京城市的"名片"、北京人家园的精神象征

实，突出表现在民族宗教文化建设上。其中，对景山的修建有三处：一是山前的绮望楼，二是山后的寿皇殿，三是在景山上面修建了五座亭式建筑。五座山亭看似装饰，实质是进一步突出了北京旧城中轴线的对称和中心点，将中轴线的整齐、对称推向极致，起到了画龙点睛的作用。清顺治十二年（1655年）将明代命名的"万岁山"正式更名为"景山"。据传说取名"景"字是有讲究的，"景"由"日"和"京"组成，含义是"日下的京城"，而"日"代表皇帝，日下的京城正是皇帝所在地；也有人认为"景"从古义上讲是"仰望、尊崇"之义，因为山上有五方佛。乾隆十五年（1750年）在景山上修建了五座山亭，并在五座山亭内置五方佛。根据《北海景山公园志》的排列，五座山亭从东向西的名称为"观妙""周赏""万春""富览""辑芳"。其中，万春亭居中峰，方形，三重檐，四角攒尖顶，黄色琉璃瓦，宏伟壮观；周赏、富览两亭呈八角形，重檐，绿琉璃瓦顶；观妙、辑芳两亭呈圆形，重檐，蓝琉璃瓦顶。五方佛从西向东排列，分别为不空成就佛、阿弥陀佛、毗卢遮那佛、阿閦佛、宝生佛。其中，万春亭居中，殿堂内供奉的毗卢遮那佛也称"大日如来"，已经得到修复，并对外开放。人们登上景山，不仅可以领略北京城市的南北中轴线，还可以感受到清代利用藏传佛教保国佑民的思想文化。

位于景山万春亭内的毗卢遮那佛，成为人们游览景山的必到之地。在这里不仅可以领略北京旧城南北中轴线的文化魅力，还可以领略北京城博大精深的民族宗教文化

第二章　象天法地　天上人间

北京旧城布局体现了古代北京人对天体的认知。天是什么？古人天亮起床，天黑睡觉，被称为"日出而作，日落而息"。古人每天出门还要看天，俗话说"早看东南，晚看西北"，早晨东南有霞光照耀云彩，白天容易阴天，晚上西北霞光万丈，第二天一定又是大晴天。人们生活起居离不开天，农业生产也离不开天，俗话说"靠天吃饭"，在古代社会中，风调雨顺才会有好收成，老天一变脸，出现暴风、大雨、冰雹、干旱，粮食就减产，或者没了收成。在中国北方，干旱年景多，老天不下雨，农作物就无法生长。天对古人来讲十分重要。但天是什么？一般人们的认知是模糊的。毛泽东对此做过解答，他说"天若有情天亦老"，这从一个侧面告诉我们，天和人不同，人是天地间的精灵，有思想、有情感，而天是客观存在，没有思想、没有情感，完全是按照客观规律运行的物质。当人类的宇宙飞船在月球降落后，发现亿万年来始终伴随着我们的月亮只是一个物质的球体，球面上除了光秃秃的岩石以外什么也没有，人们看到的月亮升起、落下，以及阴阳圆缺都是按照天体客观规律在运行。因为天体是物质的，没有思想、没有情感，所以也就没有人世

间的烦恼。

第一节　天体认知

　　古代先民由于不能科学地认知天体，但又离不开天，尤其到夜晚，满天繁星给劳作一天的人们带来无限遐想。在满天的繁星中，人们首先认知的是太阳、月亮和五大行星（即金星、木星、水星、火星、土星），这是因为人们通过肉眼能观测到它们的变化。尤其五大行星，比一般星星更加明亮，说明它们离我们更近。于是，人们根据阴阳五行对其进行命名。这七种天体和人们的日常生活关系密切，太阳、月亮有日出月落的轨迹，不仅给人们带来光明，而且形成规律。五大行星也有自己的运行规律，它们和一年四季变化有联系。经过人们长时间观察，当太阳西落、火星正好从东方地平线上升起，就是春天到了，由此人们开始观察五颗星星的运行规律，称它们为"行星"。除了太阳、月亮、五大行星之外，人们还发现了北斗七星，星辰可以按照地上的方位划分为东、南、西、北四个方位，这

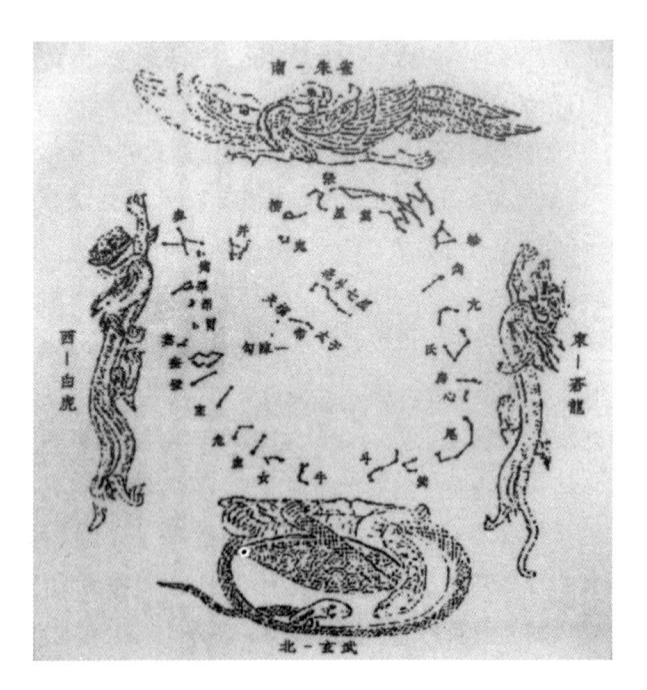

古人认为天分四野，分别为东（青龙）、西（白虎）、南（朱雀）、北（玄武），正中是天庭。北京的故宫，古代称紫禁城，就是依据天庭位置设计的城市布局

种划分被概括为"三垣四象二十八宿"。

"三垣"是指在天体北极中间的星云，有紫微垣、太微垣、天市垣。我国在北半球，古代先民对星空的视野主要是北极，并以北极为中心。因此，古代先民认为三垣就是天的中心，是天帝居住的地方，尤其紫微垣就是天帝的居所。

北斗七星是在北极天空中组成斗勺形状的七颗星星的统称。这七颗星星分别是北斗一（天枢星）、北斗二（天璇星）、北斗三（天玑星）、北斗四（天权星）、北斗五（玉衡星）、北斗六（开阳星）、北斗七（瑶光星）。观测北斗七星对古代先民观测天体非常重要，它们不仅形状清晰，而且变化有规律，好像是天意的表达。人们通过长期观察发现，北斗七星的斗勺指向和一年四季有关，斗勺指向东，春季到来，斗勺指向南，夏季到来，斗勺指向西，秋季到来，斗勺指向北，冬季到来。因此，北斗七星被看作是天帝出行的方位，北斗七星的斗勺指向哪里，就是天帝要到哪里巡视。进而有北斗七星是天帝出巡驾乘的传说，说天帝乘坐着北斗七星视察四方，然后定四时，分配春、夏、秋、冬。

古代先民按照东、南、西、北四个区域来划分满天繁星，每个区域有七宿，加在一起整好二十八宿。"宿"相当于古代的宫室，也有人说是房舍的意思，故也称"舍"。方位是按照人们想象的动物形状来划分：东方为龙形，称苍龙；西方为虎形，称白虎；南方为鸟形，称朱雀；北方是蛇和龟的组合，称玄武。因此，四方星宿又被称为"四象"，也就是四方神灵，它们成为拱卫天帝的将士，在小说《西游记》中被描绘成天兵天将。

综上所述，可以看出古代先民根据自己的认知和文化传统，书写了自己的天体文化，而且自成系统。这个系统包括天帝（玉皇大帝）、北斗七星（诸侯）、二十八宿（天兵天将），有着人间封建文化的烙印，突出皇权、分层次、强调等级，是中国古代佛、道、儒文化在天空中虚拟的反映。

第二节　象天法地

"象天法地"理念，即古人在人间大地上效仿自己认知的天象。古人认为，天上星空分为"三垣四象二十八星宿"。"三垣"就是环绕北天极附近的三个星区，即紫微垣、太微垣、天市垣。每个星区都有东西两藩的星星左右环列，形如墙垣，

故称为"垣"。正中为紫微垣，高居中天，永恒不变，是天的中心，也是天帝所在地。由此，北京城作为帝王的都城，也应该仿照天象，在大地的中心修建皇宫，以体现帝王是天子，是人间至尊。因此，北京故宫在当年修建时称"紫禁城"，就是仿照天上星区紫微垣修建的，其位置不仅在北京旧城正中，而且在北京城市中轴线核心位置，成为北京城中最神圣的地方。

"四象"是古人把天上星空按地上方位分为东、西、南、北四个方位，分别命名为东方苍龙、西方白虎、南方朱雀、北方玄武。每个方位有七宿星区，称为二十八宿。根据"象天法地"理念，在皇宫建筑过程中也要体现东苍龙、西白虎、南朱雀，北玄武。北京故宫南门为午门，是朱雀化身，被称为"五凤楼"；后门现在叫神武门，原来就叫"玄武门"。故宫三大殿两侧各有一组建筑，东为文华殿，为青龙，西为武英殿，为白虎。在皇帝出行时，队列旌旗也是前朱雀、后玄武、左青龙、右白虎。这里苍龙改为青龙，是受阴阳五行的影响。在阴阳五行中，东为木，为春，代

"左青龙、右白虎，前朱雀、后玄武"在中华传统文化中随处可见，已经成为一种固定的文化模式被代代传承，在一些园林、建筑中都有这样的图案或装饰

表万物生长，呈青绿色，故称"青龙"。在中国传统文化中，青龙、白虎、朱雀、玄武既是天上星宿的象征，又是地上东、西、南、北四个方位拱卫皇权的标识。北京故宫也就是这样布局的，正中间是皇宫，建筑在高台阶上，台阶为一个坐北朝南的"土"字形，表示金、木、水、火、土，土为正中央；南面的城门为朱雀（午门），北面的城门为玄武（现"神武门"，原称"玄武门"，因避讳清圣祖玄烨名字而更名），东面的文华殿为青龙，西面的武英殿为白虎。

"象天设都"在中国都城建设中是一脉相承。古人认为，上天是以北极为中心，北极星为帝星，以"四象五宫二十八宿"为布局，组成严谨的天体社会结构，即中宫为帝星，也就是北极星，民间传说玉皇大帝所在的宫阙中东宫为青龙、西宫为白虎、南宫为朱雀、北宫为玄武，组成四象二十八宿。

在北京都城建设中，这种"象天法地"的文化元素一直被传承。例如，研究元大都城的专家、北京市社会科学院历史研究所王岗研究员指出：大都城的建造者还希望通过城市布局来体现出中国古人的宇宙观——也就是"天人合一"的观念。生活在尘世中的凡人如何能与高深莫测的宇宙结合在一起呢？又如何通过城市规划来表现这种结合呢？大都城的建造者是通过把地上建筑物的定位与天上星辰布局对应起来的办法来表现这种天人之间的结合。皇城所对应的就是天上星辰的中心紫微垣。而作为中央政府最高行政机构的中书省衙署，被安置在了皇城的北面，因其位置处于"紫微垣之次"。另外两个最重要的官僚机构，一个是主持军务的枢密院，被安置在了皇城的东侧，"在武曲星之次"。另一个是负责监察的御史台，被安置在了皇城的西北面，"在左右执法天门上"[①]。

北京市地方志办公室指导原处长罗保平认为，天象就是星星，就是日月星辰，它和我们古代城市的规划有着密切的关系。我们可以将古人对天地关系的认识过程分为两个阶段。第一个阶段是地对天的阶段。古人从野蛮向文明跨越的时候，首先要去认识自然，但由于古人解释不清打雷、下雨、刮风等自然现象，在缺乏自然科学知识的情况下，便认为这是神在起作用，神比人要高一筹，住在天上，所以天就成了神待的地方。古人在想象神仙住所的过程中，把人类社会的一些模式套用到天上，由此在天上就有了神仙的传说。例如，玉皇大帝的凌霄宝殿就是

---

① 王岗：《行舟集》，北京出版社2015年版，第375—376页。

古人认为，天是圆的，地是方的，2016年9月在首都博物馆"大元三都"展览中，设计者在元大都皇宫上方设计了圆形天体，正中是著名的紫微垣，寓意人间的皇宫对着天体的正中间

将紫禁城搬到天上去了。人间的皇宫搬到天上以后，古人就开始给天做规划，并在古星象图上做了一项分工，有的星象起名为东华门、西华门、左掖门、右掖门、天街、端门等。所以北京故宫里东华门、西华门都是古星图上的名字。第二个阶段是天对地的过程。古人建都城，要找一种理想的模式，就是把天上神仙待的地方在人间再重新造出来。由此，不仅北京、洛阳有东华门、西华门，中国很多都城中都有这些名字。这些名字都来源于上天。古人认为，上天高居在上，有着绝对的权威，同时也与人间社会是一样的。例如，辽代以后北京叫"析津府"，这个"析津"也是天象，指的是天河两边的河岸。

明清对元大都皇城园林布局不仅有传承，也有创新发展。明朝将水域向南拓展，用"挖湖堆山"手法，拓展了南海，同时修建了瀛台，使元代的"一池三山"景观发生了变化，三座仙山景观更为充实、舒展。到了清朝，顺治年间又在琼华岛上修建了白塔，使人间仙境又增添了神秘的宗教色彩，将人间仙境与西天佛国文化结合起来。

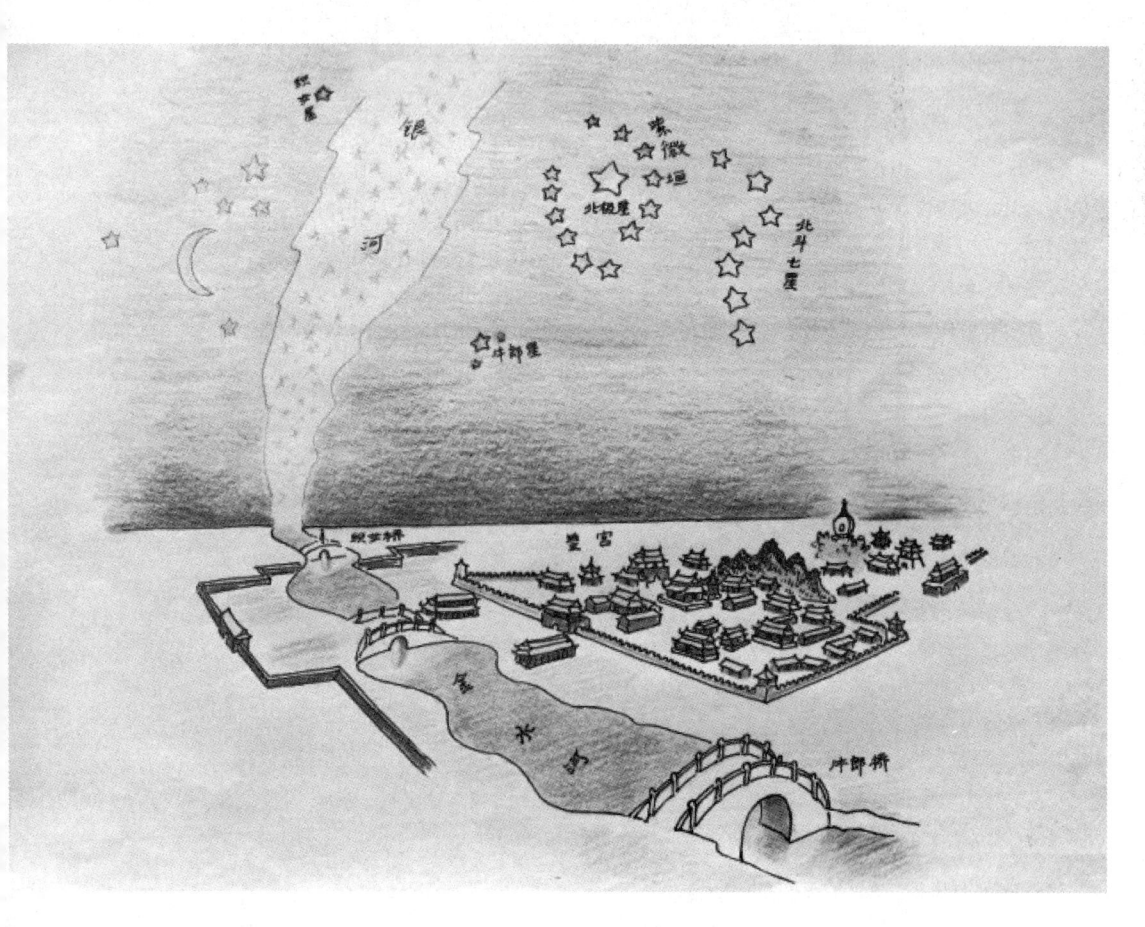

天上官阙示意图

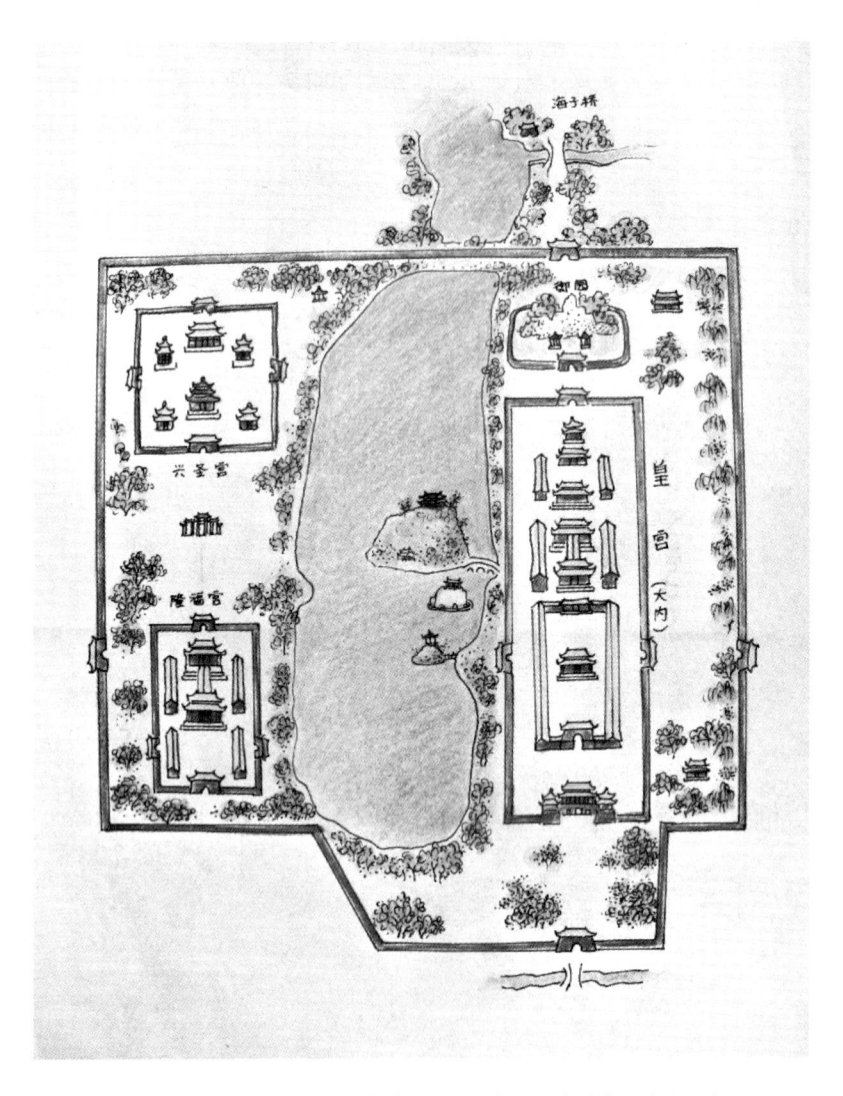

元大都皇城布局示意图。元大都皇城的景观是仿照天宫仙境设计的,中间是仙山琼阁(琼华岛),四面环水,东面是大内(皇宫)、西北是兴圣宫(太后宫)、西南是隆福宫(太子宫),形成天上人间、山水宫阙融为一体的城市园林景观

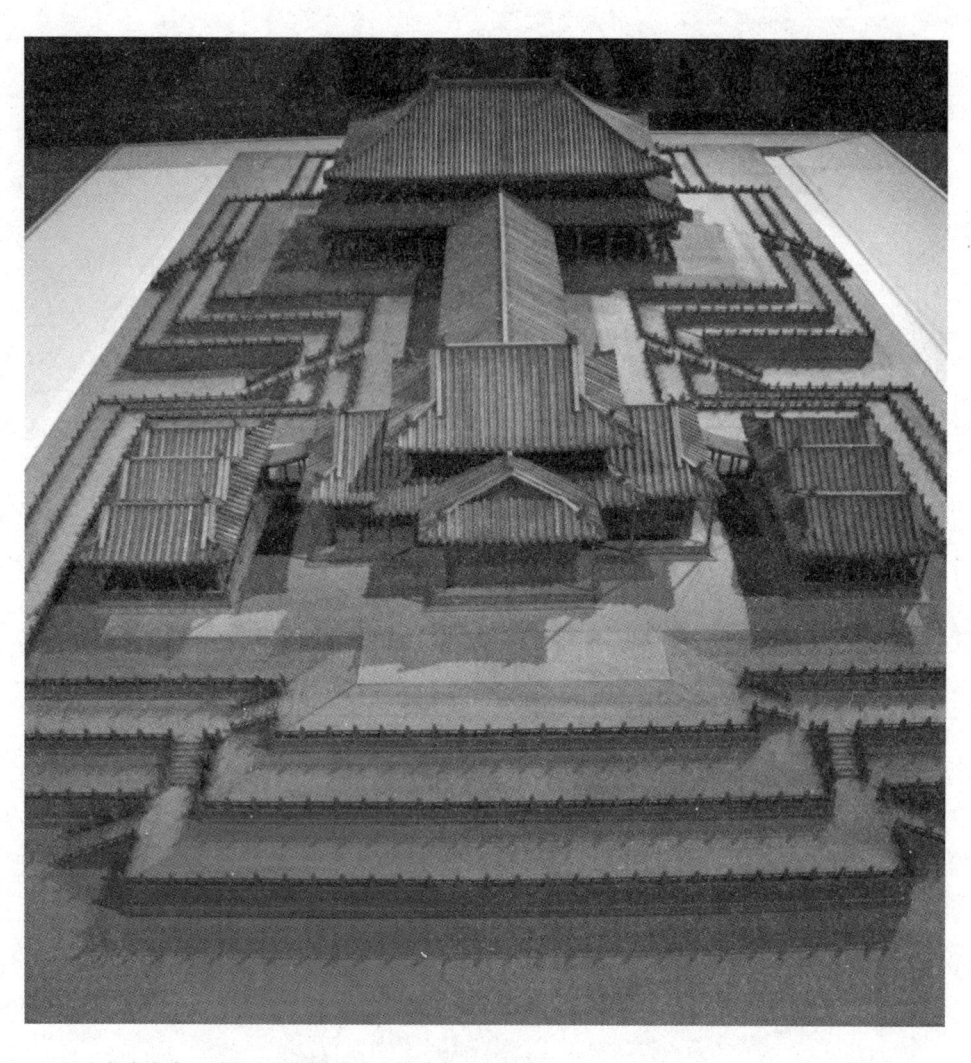

元大都皇宫中正殿为大明殿，图为大明殿的建筑模型

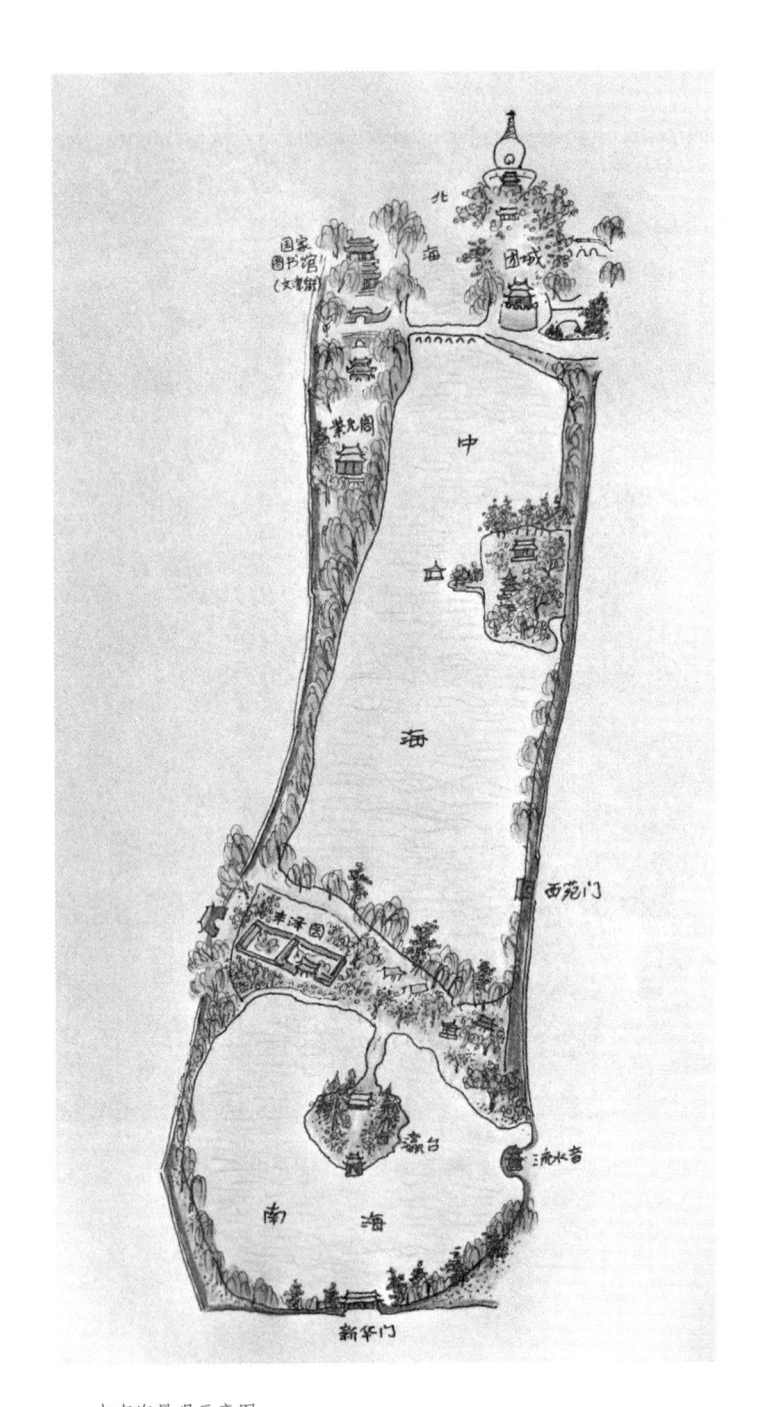

中南海景观示意图

今日中海风光，昔日是元大都皇城太液池

第三节　天上人间

明朝紫禁城是在元朝宫殿基址上修复的，确切地说是在元朝皇宫确定的中轴线上修建的，整座紫禁城略向南移，但是仍然保持了天上人间的景观。与元代仙山琼阁不同，明朝紫禁城更加凸显天上宫阙的正宗规制，传说仅比天宫一万间宫阙少半间，为九千九百九十九间半。长篇历史小说《紫禁城》中有这样的记载，永乐皇帝要在北京修皇宫（紫禁城），规模超过南京的皇宫，群臣反对，永乐皇帝没有发怒，而是讲了一个故事，他说："夜间，朕做了一个梦。梦见玉帝将朕招至天宫，责问朕为何把北京的紫禁城营造得如此之大，比玉帝的凌霄宝殿更显

得巍峨壮观，玉帝要重重地罚朕。朕在天庭中向玉帝辩解，北京紫禁城所有宫殿为九千九百九十九间半，比玉帝的天宫还差半间，并不敢越分。玉帝没有怪罪朕，反而赞赏朕，为人君者，就应该有这种博大的胸怀，就应该有这种气吞山河的气概！"[1]

在皇宫落成后，传说永乐皇帝非常高兴，让有学识的大臣谢晋给皇宫大门——大明门书写门联。谢晋书写的门联是"日月光天德，山河壮帝居"，这是出自南朝陈后主《入隋侍宴应诏》诗，在北宋的《神童诗》中也有这两句。但谢晋借用得非常巧妙，"日月"组合在一起正好是大明王朝的"明"字。第一句讲天，天体运行中的日出月升，光辉照耀，归结到天道，用在一个"德"字；第二句说地，地上的山河衬托着皇宫殿宇，引申为天子威严统治。而古文献中对"帝居"解读为"帝居，谓太微宫，五帝所居"。意思是皇宫在天地之中心。

在紫禁城建筑中，核心建筑是皇帝的金銮宝殿，这座大殿在明朝初年称"奉天殿"，也就是"奉天承运"的意思，表明人世间皇帝是接受了上天的要求来治理国家和臣民的。由此，奉天殿（今太和殿）就是天的象征，高大端正，居中，其他建筑都是从属，如同日月星辰围绕太阳一样。由此，在紫禁城中的建筑布局以此为据，向北就是天的中心（北斗方位），紫禁城内沿着中轴线继续布局有乾清宫、坤宁宫，这是天、地的象征；东有日精门，西有月华门，这是日、月的象征；东有文华殿，西有武英殿，这是文曲星和金牛星的象征；东六宫、西六宫是12星辰的象征；遍布在紫禁城内的其他建筑则是天上众繁星的象征。

在紫禁城建筑中，最能体现天宫美丽建筑的是紫禁城角楼。角楼本是宫城墙拐角上的防御建筑，是观察哨所。但在宫城建筑中逐渐演化为装饰性建筑，历代宫城都非常重视宫城角楼建筑。传说燕王朱棣做了皇帝以后，要在北京建皇宫，于是派了亲信大臣到北京。朱棣告诉这个大臣，在皇宫紫禁城的四个犄角上要盖四座天上人间没有的角楼，每座角楼要有九梁十八柱七十二条脊，并且说："你就做这个管工大臣吧，如果修盖得不好是要杀头的！"管工大臣领了皇帝的谕旨后，心里非常发愁，不知如何盖这九梁十八柱七十二条脊的角楼。管工大臣到了北京以后，就把工头、木匠们都叫来，对他们说了皇帝的旨意，限期三个月盖成

---

[1] 周进：《紫禁城》，北京日报出版社2015年版，第77—78页。

四座角楼，并且说："如果盖不成，皇帝自然要杀我的头，可是在没杀我的头之前，我就先把你们的头砍了，所以当心你们的脑袋。"工头和木匠们对这样的工程都没把握，只好常常在一起琢磨法子。一转眼一个月过去了，工头和木匠们做了许多样型，都不合适。这时候，正赶上北京七月的三伏天气，热得人都喘不上气来，加上心里烦闷，工头和木匠们真是如坐针毡。有一位木匠师傅，实在待不住了，就上大街闲逛去了。他走着走着，听见老远传来一片蝈蝈的吵叫声，接着又听见一声吆喝："买蝈蝈，听叫去，睡不着，解闷儿去！"走近一看，是一个老头儿挑着许多大大小小秫秸编的蝈蝈笼子，在沿街叫卖。其中有一个细秫秸棍插的蝈蝈笼子，精巧得和画里的一座楼阁一样，里头装着几只蝈蝈。木匠师傅想：该死的活不了，买个好看的笼子，看着也有趣儿。于是就买下了。这个木匠提着蝈蝈笼子回到了工地。大伙儿一看就吵嚷起来了："人们都心里怪烦的，你怎么买一

紫禁城角楼堪称人世间最精致、最华丽、最漂亮的建筑

蝈蝈笼子来，成心吵人是怎么着？"这个木匠笑着说："大家睡不着解个闷儿吧，你们瞧这个笼子多么好看呀！像不像宫殿中的楼阁。"于是，大家开始研究这个蝈蝈笼子的梁啊、柱啊、脊啊，细细地数了一遍又一遍，大伙这一数，木匠高兴了，说："这不正是九梁十八柱七十二条脊吗？"大伙接过笼子也数，一看真是九梁十八柱七十二条脊的楼阁造型。于是，受这个笼子的启发，工匠们琢磨出了紫禁城角楼的样子，烫出纸浆做出模型，最后修成了现在的故宫角楼。

北京故宫角楼是四面"凸"字形平面组合的多角建筑，屋顶有三层，上层是纵横搭交的歇山顶，由两坡流水的悬山顶与四面坡的庑殿组合而成，因这种屋顶上有九条主要屋脊，所以称作九脊殿。中层采用"勾连搭"的做法，用四面抱厦的歇山顶环拱中心的屋顶，犹如众星拱月。下层檐为一环半坡顶的腰檐，使上两层的五个屋顶形成一个复合式的整体。因此，角楼各部分比例协调，檐角秀丽，造型玲珑别致，成为北京紫禁城的标志性建筑，令人赞叹与敬仰，是人间少有的建筑，被誉为天上人间的建筑。与元代宫城角楼相比较，它更显得精致。

元代皇宫角楼建筑模型

明朝嘉靖年间（1530年）修建天坛、地坛、日坛、月坛，将北京城放在天、地、日、月中间，表示北京城是在天、地、日、月间运行。在中轴线东侧南北池子、西侧南北长街里面还有宣仁庙（俗称"风雨庙"）、凝合庙（俗称"云神庙"）、昭显庙（俗称"雷神庙"）、福佑寺（俗称"雨神庙"），表示天上的风、雨、雷、云。这些天象变化也与城市组成一种良好的互动关系，即刮风、云涌、下雨、打雷等自然现象也听从北京旧城中轴线的指挥，按照客观规律运转，保证天人和谐、风调雨顺、国泰民安。

　　北京旧城东面是太阳升起的地方，因此，北京市朝阳区是"紫气东来"的区域，区域内不仅有朝阳门，还有日坛、东岳庙等这些古人代表天、地、人文化的建筑。因此，向天是朝阳区历史文化和民俗文化的最大特点。同样，北京西城区原来有

图为位于北京市东城区菖蒲河上的牛郎桥，与位于南长街的织女桥遥相呼应。整体布局是以天安门为中心，其后是一系列官阙，代表天庭；天安门前金水河象征银河，在银河东、西两端是牛郎和织女。这是天上人间的巧妙安排，是中国古都文化的重要特征

月宫，也就是嫦娥居住的宫阙，位置在北海琼华岛上，名为广寒宫，代表的也是天的文化。最显著的是北京旧城，正中是天安门，背后是一系列紫禁城的宫阙，好似天宫。天安门前的金水河静静流淌，好似天空中的银河。在东城区新修复的菖蒲河公园中有一座高拱的汉白玉石桥，被称为"牛郎桥"，在相对应的天安门西侧南长街内有一座织女桥，现在仍然保留有织女桥胡同。这种布局也反映了古代先民的向天文化，是天上人间的一种展示。

北京现存皇宫是明朝开始修建的，当时称为紫禁城。紫禁城的修建是对应天宫修建的，其寓意是天上有紫微垣，地上有紫禁城，天上有天帝主宰，地上有皇帝主政，形成象天法地的政治文化。概括地讲，上有天，下有地，中间有皇帝和其统治的臣民，皇帝自喻为"天子"，这就是天、地、人的礼制，排序非常清楚，组合在一起为天、地、人，被称为"天人合一"。

第四节 人间仙境

古人不仅有天上人间的思想理念，还有塑造人间仙境的手法。早在辽金时期，皇帝就利用北京自然的山和水营造仙境。其中，最受重视的仍旧是永定河故道留下的大片水域，这里在辽金时期修建了皇帝出游、避暑的离宫。离宫是什么样子？由于缺少历史文献，很难说清楚。但是，到了元代，这片水域得到忽必烈的重视，在元大都城中已经成为皇城内最重要的景观——太液池。在这片水域中已经按照中国皇家文化传统而修建了"一池三山"，营造了人间仙境。

在今北海公园琼华岛西北角的山坡上有一独特景观，即"仙人承露"。这一景观文化的内涵可以追溯到秦汉时期。据说，在秦始皇下令修建的阿房宫、汉武帝时期修建的上林苑都有"仙人承露"景观。这个景观描述的是一位仙人双手高举着一个托盘，虔诚地等待着上天洒下的甘露。

北京的园林追求自然，追求人融于自然之中。这个自然包括天地、山川、河流、植被、季节。这也是中国园林与西方园林的显著不同之处，西方园林更强调人对自然的征服，植被被修剪成为艺术造型，让园林为人服务，衬托出人的高大和建筑的雄伟。中国人讲究人要敬畏自然，尊重自然环境，人与自然和谐，最高境界

第二章 象天法地 天上人间 | 63

在元代太液池中，三座仙山分别为万岁山（琼华岛）、仪天殿（团城）、犀山台。仪天殿和万岁山之间有桥相连接

在元大都皇城内万岁山上有一座坐东朝西的"工"字形建筑，蓝绿相间的琉璃瓦顶，名为"广寒宫"。广寒宫传说是天上仙女嫦娥的住所，根据东为阳、西为阴、男为阳、女为阴的传统文化理念，居住在广寒宫的嫦娥只能在天体的西面。在元大都城市规划时，也特别注意这一文化理念，将琼华岛和广寒宫规划在城市中轴线西面，达到天上和人间一致的文化理念。要想看这一景观，可以到白塔寺内西配殿观看元大都皇城沙盘

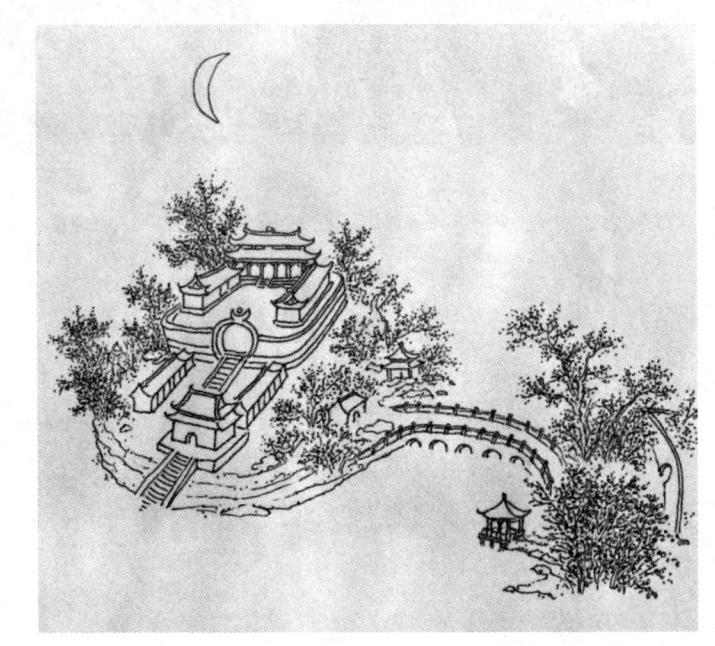

北海公园琼华岛上的"仙人承露"景观。"仙人承露"高5.4米,坐落在高台之上,四周有汉白玉石栏环绕,中间是蟠龙石柱,蟠龙石柱顶端站立着一个铜质仙人,穿着秦朝服饰,衣袖宽大,双手高举着铜质托盘,此盘也被称为"仙人承露盘"

是天人合一。例如,北京香山,清代称"静宜园",是山与林木结合的园林,人文景观融入其中。在静宜园,无论宫廷建筑、寺庙建筑都在自然山林中。其中最著名的是香山寺(正在复建中),更是一座完整的山林寺院,完全融合在自然山林之中,体现了东方园林的独特魅力。

香山寺全景示意图。香山寺位于香山公园内，有千年历史，最早可以追溯到唐代。金朝时寺院得到重修，规模有所扩大，名称改为"大永安寺"。元代时寺院经过修缮，改称"甘露寺"。明朝改称"永安禅寺"。清朝乾隆年间在原址上继续拓展，形成了前街、中寺、后苑的独特寺院建筑布局，而且寺院以塔为中心，四面配以殿堂，保留了印度佛教寺院的早期风格。寺院依山势，院落建筑呈现层层抬升，是典型的寺院与山林、溪水融合在一起的人文建筑

北京现存最完整的皇家园林是颐和园，这里不仅有山、有水，还有人文建筑，是山、水、人文和谐的皇家园林。颐和园前身为清漪园，据说清朝乾隆皇帝是为其母亲六十大寿而修建的清漪园，也是清朝最后一座皇家园林。修建之初，乾隆是想把这里的山水建设成佛经中描述的山与海，描绘成一幅梵天乐土的景象、天上人间的建筑。他仿照明成祖朱棣为其母亲祝寿而在南京扩建大报恩寺的做法，确定万寿山主体建筑为宏大的佛教寺院，这就是大报恩寺，从长廊一直到众香界、智慧海，中间有天王殿、大佛宝殿、多宝殿、罗汉殿等。当多宝殿的报恩塔修建到四层时，乾隆发现塔与山势、水面不协调，遂改为阁的建筑，也就是今天我们看到的佛香阁，昆明湖、万寿山、佛香阁建筑之间体量、空间的呼应与协调，也就是中国人追求的天人合一的和谐理念。

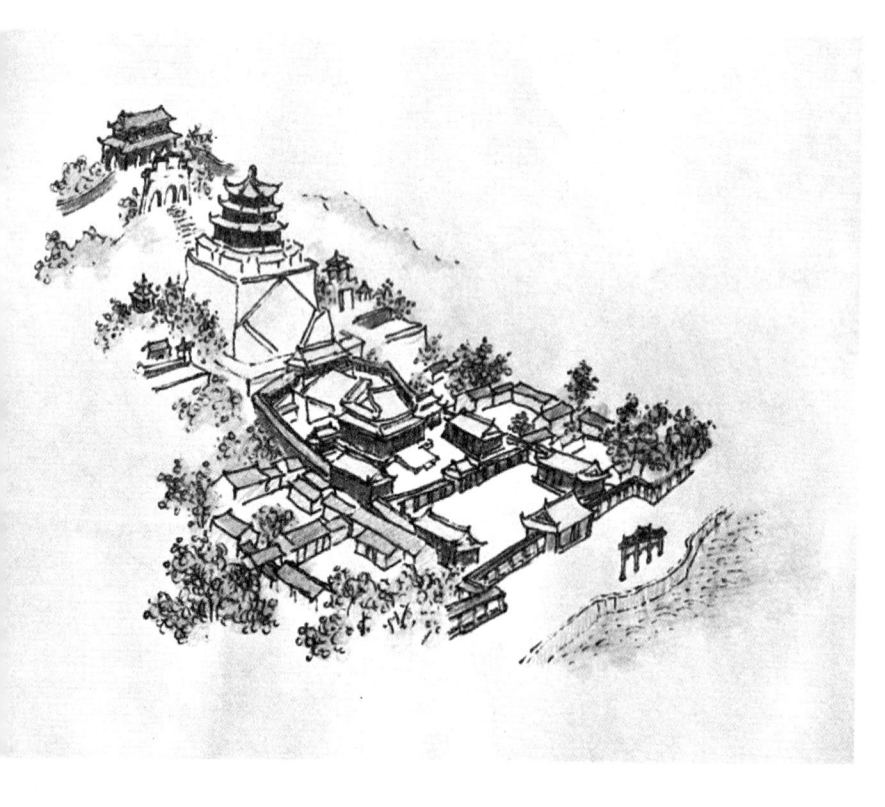

颐和园万寿山上的主体建筑更加突出人间仙境。1860年英法联军火烧清漪园后，光绪年间又进行了修缮。慈禧太后为了颐养天年，将"清漪园"改为"颐和园"，将大报恩寺下部建筑改为排云殿，好似天上的宫阙，世人在此颐养天年。同时仍保留原大报恩寺的佛香阁、众香界、智慧海等建筑，预示最高境界为西天佛国

颐和园万寿山景观

　　在我国古代神话支脉中，东海仙岛神话传说历史悠久，是中华文化的重要组成部分。传说在东海上有三座仙岛，岛上有仙人居住。三座仙岛分别为蓬莱、瀛洲、方丈。最有诱惑力的是岛上生长有神奇的药材，人吃了可以长生不老。因此，从秦始皇到汉武帝都多次到东海求仙，请求仙人赐予长生不老之药。秦始皇、汉武帝始终没有得到长生不老药，于是在皇家园林中模仿东海仙山，修建了一池三山景观。一池代表东海，三山分别代表蓬莱、瀛洲、方丈。在北京皇家园林中也继承了这一文脉，在明清皇家园林中以西苑、颐和园等景观最为突出。

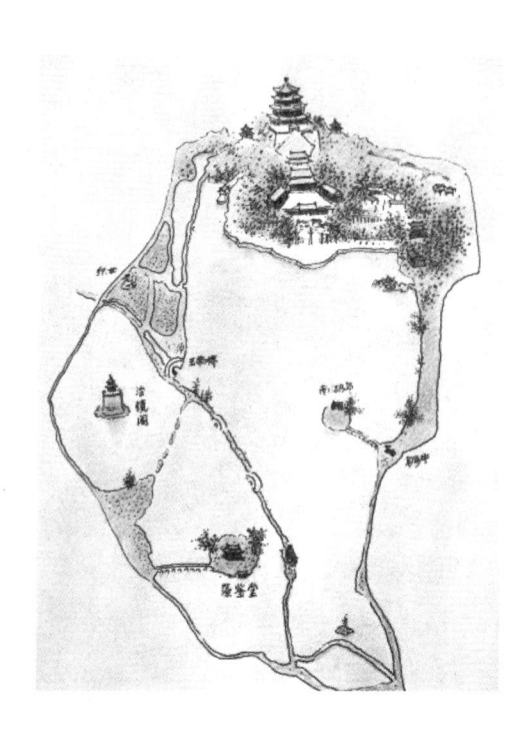

颐和园中的一池三山布局，景观有昆明湖中的南湖岛、藻鉴堂、治镜阁

从北海琼华岛向南看，仍可看见一池三山的布局。其中北海琼华岛为蓬莱，团城为瀛洲，中海深入水中的部分为方丈

第五节 天人和谐

在北京城市建筑中，天人和谐或称天人合一的建筑随处可见，尤其在北京园林建筑中的天人和谐景观最丰富。什么是天人和谐？北京建筑大学路日亮教授对此有专门论述："天人和谐其实质是指人与自然的关系，亦即人在宇宙中、在自然中的地位。这里的天即自然界；人即个人或人类。中国哲学讲天、地、人三者关系，我们将天和地并称为自然界。天是天道观，即宇宙观；人是人道观，包括社会观、历史观、政治思想、伦理道德规范、人生理想、生活准则等。和谐是一种矛盾双方和平共处的关系，是指事物在内外矛盾的共同作用下协调、均衡、有序和稳定的发展状态。这样，天人和谐的思维方式就是以天、地、人统一为基本点，主张天道与人道、自然与人为的沟通、契合和统一。"[①]还有一些学者认为，天人合一与天人相分是对立的。"天人合一"有两层含义：一是天与人是一致的，持这种观点的人认为，天、地、人是一个整体，天地是自然环境，人是天地间精灵，要做到顶天立地，就要敬天尊地。具体地讲，人生活的区域或环境就是一个小天地，人们首先要爱护自己生活的小天地，即使人要改造小天地，也不是征服，而是与自然的协调，达到更友好的界面；人生活的小天地与自然界中的大天地是一致的，"大河有水小河满，大河无水小河干"，这是基本常识和规律。因此，人们更应该关注、爱护我们生活的世界，也就是地球。二是天人相应，也称"天人感应"或"天人相同"，即人和天地在本质上是相同的，人应敬畏天地，也就是遵守自然规律，天地自然庇护人。反之，人类破坏自然，或过度开发自然资源，大自然必然会惩罚人类，突出表现是自然资源匮乏、枯竭，这也是被实践证明的客观规律。

天人和谐或天人合一是中国古代儒家概括出来的和谐思想之精髓，主张人与天地为一体、人与自然相协调，这是中华文化中最宝贵的文化思想。

在北京旧城礼制建筑中最重要的是敬天。北京天坛公园内有两个祭坛——圜丘坛和祈谷坛，都是祭天的，因此被称为天坛。天坛内两座祭坛都充满了古代先民对天的敬畏，通过祭天的形式达到人与天的沟通，构成天人合一的景观。在天

[①] 路日亮：《天人和谐论》，中国商业出版社2010年版，第1页。

天坛全景图。图下部为圜丘坛，是方中有圆，方形象征大地，正中三层圆形祭台呈上升之势，预示地上的人与天对话时这里不仅是中心，而且接近天；图上部远处是祈谷坛，逐渐虚向天空，好似天中仙境，主体建筑为祈年殿

坛圜丘坛内有一块中心石，每年冬至，也就是白天最短、夜晚最长的时候，皇帝站在那里与天对话，因为白天短，人们认为也就是离天最近的时刻。皇帝站在中心石上，默默对天祷告，从而完成了人与天的对话，达到天人和谐的场景。

过了成贞门，经过丹陛桥，也称"神道""海墁大道"，向北眺望，就可以看到在天坛中轴线北端的祈谷坛。祈谷坛建筑造型也是人对天的敬畏，每年立春前后（一般在正月初）由皇帝代表万民在这里祈求上天保佑五谷丰收。这里的圣殿是祈年殿，北京最漂亮的建筑之一，三层蓝色的琉璃瓦顶，直指上天。在北京建筑造型中，方和圆是建筑造型的精髓，在表现天地的建筑中，圆代表天，方代表地，天圆地方是北京城市建筑文化的一种深刻哲理。天坛祈年殿的三层蓝色琉璃瓦顶代表的就是三重天，这是乾隆年间重修祈年殿后的杰作。据说明代修建的

祈年殿不是这样的，从屋宇大殿改为三重圆形殿顶，经历了天、地、人的颜色表达。明代祈年殿最上层为蓝色琉璃瓦，代表天；中间为黄色琉璃瓦，代表皇权；最下层为绿色琉璃瓦，代表世间万物或黎民百姓，是典型的天人合一的建筑。到清乾隆年间，为了使京城皇家祭坛色调统一，天坛为蓝色，地坛为黄色，日坛为红色，月坛为白色，天坛祈年殿改为三层蓝色琉璃瓦。这样的色调调整不仅没有降低皇家祭坛原有的文化内涵，而且更加高雅，更加经典。北京大学教授杨辛认为，天坛突出的是皇天上帝是宇宙的主宰，在美学上更能显示宇宙的整体和谐。[1]

天坛祈年殿是北京旧城内敬天的建筑，庄严肃穆，三重圆形殿顶均用蓝色，表示上天。殿顶端宝顶直指上天，造型奇特。这种建筑造型在世界建筑史上是唯一的，其他建筑很难超越。因此，天坛祈年殿成为北京城市的标志性景观和北京古代城市的象征

---

[1] 北京大学中国传统文化研究中心编：《中华文化讲座丛书》第三集，北京大学出版社1998年版，第163页。

图为从丹陛桥北望天坛祈年殿。祈年殿位于天坛建筑中轴线北端,从南向北进入天坛,经过成贞门,踏上丹陛桥,就可以看见祈年殿,为仿古式明堂建筑。独具匠心的设计是从丹陛桥南端开始向北行,有逐步上天庭的感觉,地势在不知不觉中慢慢提升,到祈谷坛南门前丹陛桥两侧时松柏已经从树根移到了树腰,而且下面出现拱券顶的通道,被誉为北京旧城内最早的立交桥

第六节　中华一统

在北京天坛公园内坛东部林木中的一片空地中有八块青石,被称为"七星石"。八块青石为什么称为七星石?这是因为里面有中华文脉的传承。首先,七星石是明代嘉靖年间经过对青石加工后放置的,大小、方位是有讲究的。一种说法是仿照天上的北斗七星设置的,代表这里是天的中心区域,北斗七星是天帝出巡的驾乘,也就是说这里是皇天上帝的车库;另一种说法是镇石,传说嘉靖皇帝迷信道教,听道士说祈年殿东南方位空虚,不利于皇位稳定,放置七块青石以镇风水,并在

第二章　象天法地　天上人间 | 73

位于天坛长廊南侧的七星石

青石上人工凿刻山形云朵，以表天象，皇权受天的庇佑。这两种说法的共同之处是都与天有关系，否则不会放在天坛之内。天坛公园在七星石外围设置的说明牌这样解释：明嘉靖年间于大享殿东南放置巨形镇石七块，上刻山形纹，诈传系陨石，实为寓意泰山七峰。满族入主中原后，为表明满族亦华夏一员，乾隆皇帝诏令于东北方向增设一石，有华夏一家、江山一统之意。《天坛公园志》[①]的说法更为细致，认为天坛长廊南侧草地上的七星石传说为天上陨石，实乃人为放置。七星石按北斗七星形象排列，石上刻山形云朵纹，传说明嘉靖年间改建大享殿（今祈年殿）时，道士向嘉靖皇帝进言，称大殿巽（东南）方空虚无物，不利于皇图永固及国祚绵长，对皇帝的寿命十分不利，建议用镇石镇之。嘉靖帝笃信道教，听从道士

---

① 天坛公园管理处编：《天坛公园志》，中国林业出版社2002年版，第76页。

建议，设七星石。清朝入主中原后，在七星石东北侧又加一石，传为不忘起源之地的寓意，使七星石名虽未改，但实有八块巨石。清朝起源于白山黑水的大兴安岭，而中原的山首推泰山，为五岳之首，同时在中华文化中有"泰山北斗"之说。古人认为，天以高为尊，但天高不可高过泰山，泰山在古代皇帝心目中是五岳独尊，人们仰望高者往往说仰之如泰山北斗。因此，七星石又与东岳泰山有着文化联系，正好泰山有七峰、北斗有七星，泰山七峰与北斗七星在古人的心目中是等同的。大兴安岭方位在泰山东北，放在一起反映了人道与天道的结合，反映了中华民族大家庭的团结与统一。

第三章　一根轴线　城市脊梁

　　北京旧城中轴线被称为龙脉，是因其布局像一条龙的造型。北京旧城格局如棋盘，散落的院落、寺庙如棋子，布局严谨，皇家祭坛注重方位，按照天、地、日、月规律运转。北京旧城中轴线南起永定门，北至钟楼，全长7800米，被北京人称为北京的龙脉。这条龙脉不仅贯穿了北京旧城，成为城市的脊梁，而且皇城、宫城雄踞中央，是古代社会封建帝王（号称"真龙天子"）的居所，由此形成的黄色琉璃瓦为代表的线性建筑文化遗产被老百姓称为"金龙"。在这条"金龙"的西面，"六海"水域（南海、中海、北海、前海、后海、西海）又组成一条"水龙"造型。两条龙脉右阴左阳，并卧京城中间，形成北京城独特的龙脉景观。同时北京旧城棋盘式的街道、胡同、四合院，以及五坛八庙、五行五镇、五顶围绕着旧城，与中轴线组成世界上独一无二的古都文脉。

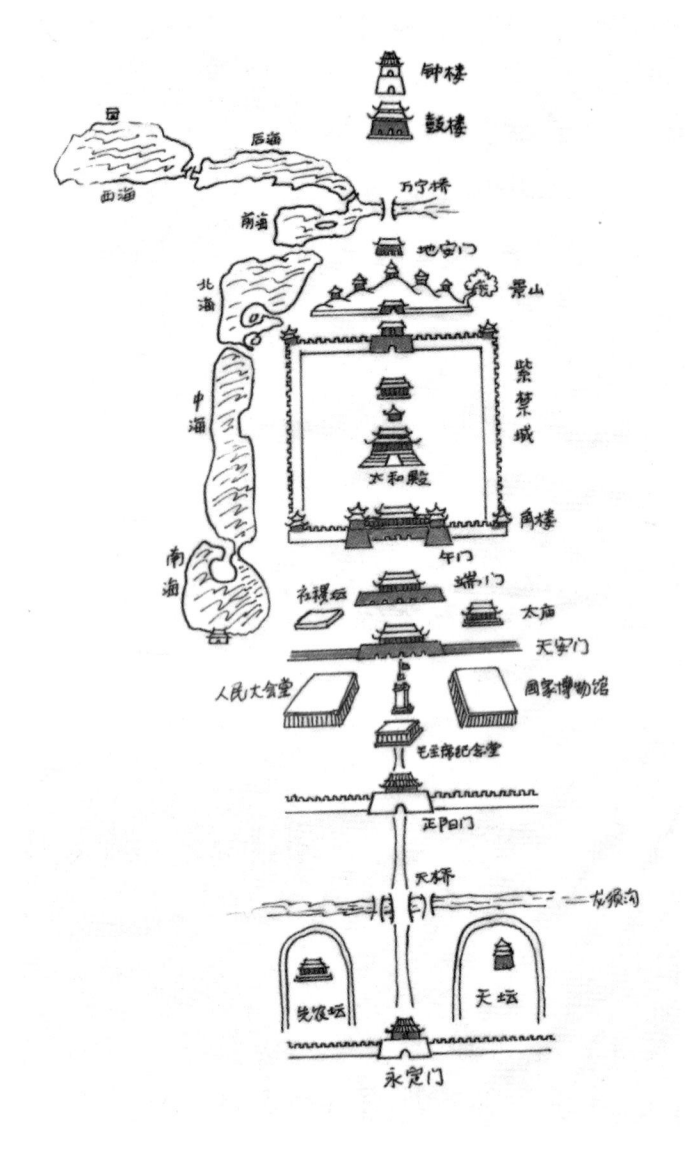

北京旧城中轴线是北京的龙脉，也是明清北京城市规划的脊梁，是北京城市历史最鲜明、最重要的文脉。在中轴线右侧（西面）是"六海"水域，蜿蜒似一条"水龙"

第一节　一根轴线　天地之和

　　北京旧城中轴线是北京城市历史文脉，这在北京人的心目中有着广泛共识。比较早关注北京旧城中轴线的中国建筑大师梁思成先生是这样赞美中轴线的："一根长达八公里，全世界最长也最伟大的南北中轴线穿过全城。北京独有的壮美秩序就由这条中轴的建立而产生；前后起伏、左右对称的体形或空间的分配都是以这中轴为依据的；气魄之雄伟就在这个南北引伸、一贯到底的规模。"在2012年出版的《我与中轴线》一书中，编者开篇就指出"老北京城中轴线以其独特的历

史地位和丰富的文化遗存，构成了古都风貌骨架，是古都的龙脉和文脉"[1]。在此书中，京城文化名人赵大年也以"我家四代的龙脉缘"为标题，写道"中华图腾是龙，京城的中轴线是龙脉，这首尾呼应的建筑群就是龙的脊梁"[2]。北京师范大学北京文化发展研究院刘勇教授认为："中轴线凝聚了北京这座城市文化历史发展的精髓，它不仅是北京城市布局中的一条道路，更是关乎北京人文历史、道德教化、风俗民情乃至社会发展的一条命脉。"他还认为："抓住中轴线，就抓住了北京的魂，把中轴线讲清楚了，北京城这盘大棋就全活了。"[3]

北京旧城中轴线的长度还体现了数字巧合。古人很早就有了对奇数和偶数的认知，并给它们取了名字：一三五七九为天数，也是阳数；二四六八是地数，也是阴数。经过实测，北京旧城中轴线全长7800米，正好是15华里。中华文化讲究用华里，15华里正好是天地之和的数字。在《易经》中，乾代表天，数字为"九"，坤代表地，数字为"六"，天地之和为十五。在北京正阳门博物馆展厅正中详细标明了北京旧城中轴线的长度。其中，从正阳门城楼到永定门为外城，是烘托内城的，长度为3100米，也就是6华里多100米。如果减去城楼到箭楼之间的距离，大约是100米，也就是说从永定门到正阳门箭楼是6华里，剩下的9华里在内城，完全体现了帝王都城高大雄伟的建筑。这些建筑为正阳门箭楼、城楼、天安门、端门、午门、太和殿、中和殿、保和殿、乾清宫、交泰殿、坤宁宫、绮望楼、万春亭、寿皇殿、鼓楼、钟楼等。

第二节　旋律优美　中式审美

北京旧城中轴线具有优美的旋律，作为"乐章"的中轴线我们可以分为三段：第一段从永定门到正阳门，这一段我们称为"序幕"。从永定门到前门，这是"乐章"的行进部分，是"进行曲"。"悠扬的音乐"从永定门开始，中间经过一个小小的起伏，这就是天桥的出现，下面是东西走向的龙须沟，桥上是天子出巡经过的高拱御桥，用汉白玉建造。过了天桥就能看到远处的正阳门建筑。从颜色上

---

[1]　《我与中轴线》编委会编：《我与中轴线》，北京出版社2012年版，第1页。

[2]　同上书，第18页。

[3]　李建平：《魅力北京中轴线》，文化艺术出版社2012年版，代序第3页。

看，这一段基本上是灰墙灰瓦的建筑，只有天桥是汉白玉的。"乐章"基本是平稳祥和的。过了天桥之后，珠市口两边的街市开始繁华，"乐章"逐渐上扬，到了正阳门箭楼、城楼达到一个高潮。但是，这一段建筑是灰墙灰瓦的，没有浓重、耀眼的颜色，展现的是北京南城（外城）风貌。第二段从皇宫大门一直到地安门，是中轴线最核心的部分，这一段的基色和前一段完全不一样了，是以红墙身和黄琉璃瓦为重点。有人说就像音乐进入到高潮，而且是高潮不退，是雄厚嘹亮的高音。中国建筑和中国画、中国音乐是一样的审美，这种审美强调过程。这个过程中绘画是虚无的，音乐是平和的，在行进过程中逐渐提升，然后步入高潮。这就像宋代张择端绘制的《清明上河图》，先是乡间小路，零星行人，然后出现房舍，街道渐宽，人物增多，到虹桥进入高潮。著名的乐章《黄河大合唱》也是一样，先是悠扬的"黄河谣"，然后是雄厚、激扬的"保卫黄河"大合唱。

过了正阳门城楼，映入眼帘的是北京皇宫，高大雄伟的建筑密集，一座接一座的皇宫大门、城楼、宫殿形成建筑高潮，我们称之为"神韵"。它的韵律在哪儿？就在皇宫大门、天安门、端门、午门，一直到太和殿。虽有起伏，但都是红墙黄瓦的高大建筑，是激昂的音符，而且是高潮迭起，一直延伸到太和殿。太和殿、中和殿、保和殿组成紫禁城前朝核心，也可以说是北京城市建筑的高峰，达到韵律的高潮。过了三大殿，紧跟着又是后三宫——乾清宫、交泰殿、坤宁宫，依然保持着激昂的音符，高潮不退，而且又出现全城的制高点——景山。景山再次把乐章的音律提升，景山顶上的万春亭像高八度的音符，再一次冲击了中轴韵律的巅峰。从万春亭向北，高音逐渐下降，接下来的是寿皇殿、地安门，音符逐渐平稳下降，让演奏者感到有喘息和调整的机会。随着韵律下降，城市建筑的颜色也开始了变化，地安门可以说是一个分水岭，是皇家禁地和城市居民生活居住区的分水岭，是皇家建筑过渡到市民建筑的分水岭。中轴线到此并未结束，从地安门到钟鼓楼是优美乐章的"第三段"，没有这一段，则会出现结尾秃断。从地安门到万宁桥，又是一条笔直的街道，两旁整齐对称的商铺林立，"乐章"在经过万宁桥一个小小的起伏之后，一直平稳延伸到鼓楼、钟楼。鼓楼、钟楼均为高大的建筑，使"乐章"再次出现一个结尾的高潮。高大的鼓楼在前，钟楼在后，它们之间有百米的距离，而且钟楼高47米，是中轴线上最高的建筑，是"乐章"

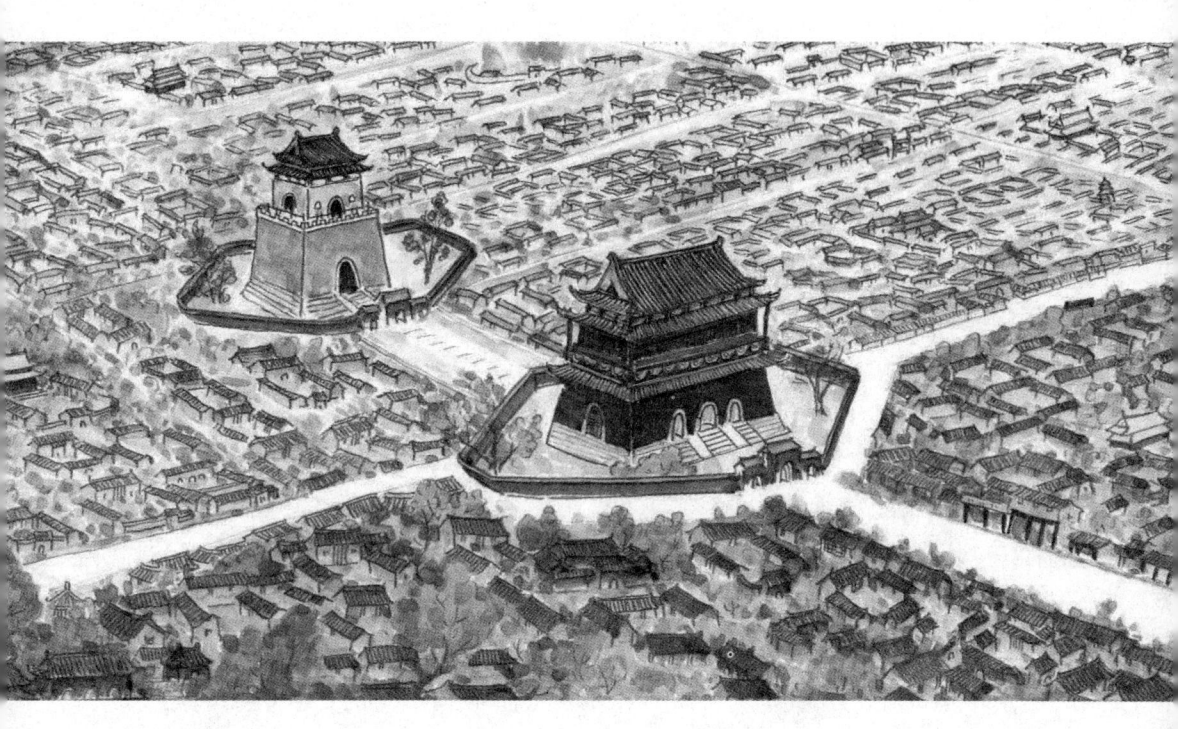

高大的鼓楼、钟楼一前一后，它们之间是百米距离，中轴"乐章"到此结束，激昂的"乐章"消失在城北大片的四合院中，留存在每一位北京人的脑海里

结束的高音，然后逐渐消失。中轴"乐章"就是这样处理的，高大的鼓楼、钟楼相继出现，然后它们传出的激昂的鼓声、优美的钟声形成高音，渐渐地消失在城北大片四合院之中，正像梁思成赞美的是恰到好处的结束。这种神韵、这种优美的"乐章"只有长达15华里的北京城中轴线才具备。

第三节　中轴建筑　从南到北

叙述北京旧城中轴线，对北京城市的历史文脉有不同见解。有人认为应该从北向南，因为最早的中轴线确定在城的北部，是从北向南不断延长的。也有人认为北京旧城中轴线是一条完整的龙脉，龙头在南，龙尾在北。其中永定门至正阳门为龙首；高拱的天桥是龙凸出的鼻子，天桥下面的水沟是龙须沟；皇城大门到

天安门、端门、午门是龙的脖子和咽喉；紫禁城内皇帝金銮宝殿是龙的心脏；后三宫是龙的腹部，交泰殿是龙的肚脐眼（肚穴）；一直到地安门都是龙的身躯；鼓楼、钟楼是龙尾。钟楼是中轴线上最高的建筑，表示龙尾翘起。中轴线仿佛是一条要腾起的巨龙。因此，叙述北京旧城中轴线可以从南向北。2008年北京举行第29届夏季奥运会开幕式的当晚，腾空而起的29个大脚印也是从永定门开始的。因此，本节也是从南向北进行叙述。

1. 永定门

永定门位于中轴线最南端，由城楼、箭楼、瓮城组成。城楼为三重檐歇山顶，面阔七开间，进深三开间。箭楼为单檐歇山顶，正面箭窗两层，每层七孔，城台下有门洞。瓮城近似方形，外角为小圆角。城楼始建于明朝嘉靖年间。明嘉靖四十三年（1564年）为增加外城防范功能，在城楼外增建瓮城，瓮城墙南面开门洞，与城楼门洞相对应。清乾隆三十一年（1766年）重修永定门时增建箭楼，同时将城楼规制提高，使永定门成为外城七门中规格最高的一座城门。1950年，为打通北京环城铁路，将瓮城拆除。1957年，为扩充通向永定门外的交通大道，将城楼、箭楼拆除。2004年，为实现"新北京、新奥运"战略构想，又仿照清朝乾隆年间的样式，根据20世纪初对永定门的测绘，重新复建了永定门城楼。

中轴线南端起点——永定门城楼、箭楼、瓮城，近处为护城河

2. 天桥

天桥是一座单孔汉白玉石拱桥，三梁四栏，桥身很高，由桥南向北看不见正阳门，由桥北向南看不见永定门。在北京古代社会，高拱形的天桥坐落在中轴线南部，桥下流水潺潺，荷花茂盛，不时有游船经过。天桥是皇帝去天坛祭天的必经之路，当皇帝祭天的仪仗队伍经过时，旌旗招展，黄盖耀眼，十分壮观。平日，平民百姓、达官贵人，或步行，或骑马，或乘轿，只能从天桥两侧搭建的木桥上经过。中华民国建立后，来来往往的人群与东西熙熙攘攘的集市交织在一起，非常热闹。清光绪三十二年（1906年）修正阳门至永定门之间的马路，将原来路面上的大石条拆掉，铺成碎石子马路，为适应马车、汽车通行而将桥身降低，变成矮桥。1929年，正阳门外大街开始修建有轨电车，又一次将天桥变成平桥，桥栏板仍存。1934年，拓宽正阳门至永定门道路时，将天桥彻底拆除。2012年2月北京市启动大规模的"名城标志性历史建筑恢复工程"，天桥景观得以恢复。

天桥是皇帝去天坛祭天、先农坛躬耕的必经之路。皇帝的仪仗队伍经过天桥时，旌旗招展，黄盖耀眼，十分壮观，真可谓是"天子出行的专用桥"。桥下是龙须沟，向东流是东龙须沟，向西流是西龙须沟

在新修复的天桥旁的地下通道中还有用陶片拼接而成的景观。这种景观是对中轴线桥的介绍。中轴线上的桥有7座，即永定门外护城河上的大石桥、永定门内天桥、正阳门箭楼前的正阳桥、天安门前的金水桥、紫禁城午门前的午门桥、神武门外的神武桥、地安门外的万宁桥（俗称"后门桥"）。其中，天桥、正阳桥、金水桥、万宁桥有专门介绍，而永定门外大石桥（也称"永定桥"）知晓率却不高。其实永定桥也很重要，它不仅位于外城南护城河正中，而且背倚永定门箭楼、瓮城、城楼，是从正南方向进入北京城的第一个标志性建筑。但是，在古时从永定门进入外城的人并不多，从西南方向来的人多走广安门，因此永定门外的大石桥又是最清静的桥。午门前的桥基本看不见，与午门前广场融为一体，但是紫禁城南护城河（筒子河）的水从广场下面流过，被称"没有桥的桥"。神武门外的大石桥更有特色，有桥却没有拱券式桥洞，传说明朝修建紫禁城时在桥身修有秘密通道，连接万岁山（景山）与紫禁城。

3. 正阳桥牌楼

说"正阳桥牌楼"人们可能不清楚，但老北京人一提前门大街上的"五牌楼"几乎都知道。实际上，牌楼是正阳门外正阳桥的牌楼，始建于明代。明正统年间，对北京内城九门城楼重新进行了修建，并在各城门外设置了牌楼。九门当中在八座城门外设置的是三牌楼，只有在正阳门外设置的是五牌楼。这是因为正阳门被称为"国门"，又是内城九门当中的正门。正阳桥牌楼为木质结构，六柱并排，成五开间。牌楼立柱为街道上常用的"冲天柱"形式，柱下有汉白玉石基座，雕刻有石狮子，牌楼中间的开间最大，两侧依次缩小。牌楼中间正好压在城市中轴线上。在牌楼中间上方用满、汉文字书写了"正阳桥"。

4. 正阳桥

正阳桥位于北京旧城中轴线正阳门前护城河上，是中轴线上的重要景观。原来，北京旧城在明朝正统年间修建城楼、箭楼和疏通护城河后，在内城九门外护城河上均建有大石桥，一般为一座单孔大石桥，只有正阳门前为并排三座大石桥，中间的桥被称为"御路桥"，专供皇帝出行。这样的建筑规制既表明正阳门作为"国门"的特殊地位，又使皇帝出行安全、方便。

从正阳桥的建制我们了解到，在明朝正统年间加固北京城墙和城门的同时，

从正阳桥看未经过修饰而具有古代建筑特点的正阳门箭楼,这是中轴线上第一个重点——正阳桥牌楼和正阳门箭楼。看到正阳门箭楼,人们就容易想到北京城和老北京人的社会生活。正阳门箭楼是北京旧城的标志性建筑

位于北京旧城中轴线上的正阳桥为三座并列式大石桥。明正统年间修建北京城时,将内城九门外护城河的吊桥改为固定的大石桥,既便于交通,又巩固城池。九门外大石桥均为一座,只有正阳门外为并排三座

还拓展、疏浚了内城护城河，在内城九门外护城河上修建了大石桥，修建了石桥的标志性建筑——牌楼。这种石桥只有正阳门外为三座并排形式，因为正阳门位于内城南城墙正中，是"国门"，地位十分重要。由此，呈现从永定门外大石桥开始出现一座桥，到正阳门出现三座桥，到天安门前面出现五座金水桥的状况，而一、三、五在数学里为奇数（与偶数相对应），堪舆学里为阳数（与因数相对应），表示南为天、为阳。因此，北京城市景观形成了由浅入深的特点，富有韵律。

5. 正阳门

正阳门俗称前门、大前门，位于北京内城南面正中，也是北京内城的正门。正阳门由箭楼、城楼和瓮城组成。箭楼为重檐歇山顶，正面箭窗四层，每层十三孔（内城其他箭楼为四层十二孔）。内城箭楼城台一般不开门洞，只有正阳门箭楼城台开门洞一个，是专为皇帝出行用的，平时不开门（内城崇文门箭楼城台于1915年开了一个门洞，是为了利于现代城市交通）。城楼为三重檐歇山顶，面阔九间，进深五间，建制规模大于内城其他城门楼，表明这是帝都的正中城门楼。由于箭楼正中门洞是供皇帝出行的，在东、西两面瓮城墙正中开设了闸楼，供平日人们进出。

北京旧城正阳门城楼、箭楼、瓮城、护城河、牌楼示意图

正阳门城楼始建于明永乐十七年（1419年），当时还沿用元大都南城正门名称，仍称丽正门（元大都丽正门位于今天安门位置）。到明正统元年（1436年），重修京城九门，正统四年（1439年）建成后改称正阳门，同时修建瓮城和箭楼，在箭楼外深挖护城河，建石桥三座，称正阳桥，在桥南大道当中建牌楼，俗称"五牌楼"，是内城九门中最大的一个牌楼。

正阳门瓮城内有两座小的对称庙宇，东侧为观音庙，西侧为关帝庙，一佛一道建筑与正阳门城楼组成一个等腰三角形，表明北京城市稳定最重要。其文化含义是国为大，为正中，宗教为辅，列于左右，形成"中心明显、左右对称"的城市景观

6. 大清门

大清门始建于明代，时称"大明门"，是仿照明代洪武年间营建南京城洪武门的建制建造的。大明门建筑面南，背向天安门，单檐歇山顶，飞檐崇脊，黄琉璃瓦，红墙身，开三门，均为券门，很像十三陵前的大红门。门前左右各有一尊石狮、一座下马牌。门前百步远是天街（俗称"棋盘街"）。门后是通向天安门的御路。御路由大块条石整齐排列，由大明门一直排向天安门。在御路两边是千步廊。在大明门修建后，明永乐皇帝曾让大学士解缙为此门题写门联，解缙选择的是一副传统对联"日月光天德，山河壮帝居"，受到明成祖朱棣的奖赏，认为写

出了帝都的气魄。这副对联不仅表明这里是皇帝居住的地方，还展现出大明（日月合在一起为"明"）一统江山社稷和皇帝的威德。

皇城正南门修建于明代，为大明门。清朝定都北京后，改称大清门，并用满、汉文书写"大清门"

1644年，清朝入主北京后，将"大明门"改称"大清门"，中华民国建立后又改称"中华门"。据说，在清朝改称"大清门"时，因一时找不到合适的石料做门匾，只好将写有"大明门"的石匾翻过来用，在中华民国建立后再次改换门匾时被发现，结果中华门的门匾只好改为木制。中华门在1957年扩建天安门广场时被拆除。

7. 天安门

今日的天安门基本保持了清朝初年的建筑形制。在文化内涵上，承天门是要表现皇权"奉天承运"和"受命于天"，而天安门则是要进一步表现清朝初年经过明末战乱后天下需要安定的政治主题和"内和外安"的文化思想。"内和外安"即大内（紫禁城）三大殿（太和殿、中和殿、保和殿）都带一个"和"字，外面的皇城四门（天安门、地安门、东安门、西安门）都带一个"安"字，合在一起为"内和外安"。

天安门城楼为重檐歇山顶，顶上铺满黄色琉璃瓦，两山为红底色，大面积贴

天安门为北京皇城正门，亦称"国门"，始建于明永乐十五年（1417年），永乐十八年（1420年）建成，称"承天之门"。明朝末年，承天门毁于战火。清顺治八年（1651年）重建，名字也由"承天之门"改为"天安之门"

今日天安门已经成为我国政治中心、文化中心的标志性建筑

金图案,阳光照耀下金光灿灿。城楼在明朝成化年间建造时为面宽五间、进深三间,城楼下面有高大的城台,城台有五个门洞。清朝初年重建城楼时由原来面宽五开间改为九开间,进深由三开间改为五开间,进一步突出了帝王的大门"九五之尊"的气派。在高大的红色城台下面是大白石块垒砌的须弥座。这种城台源于佛教的建筑台基。现在北京居庸关云台就是这种城台形式的典型代表。在天安门城台四角还有莲花瓣状的雕刻,也反映这种城台与佛教文化有着交融的关系。城台有五个门洞,正中门洞最大,高8.82米,宽5.25米,其余四个门洞在大门洞两侧对称排开,门洞宽分别为4.43米和3.82米,高度也是依次缩减。这五个门洞也有讲究。中间的大门洞是专门供皇帝行走的,是御路,正好在中轴线上;两侧的大门洞是供王公贵族和三品以上大员行走的,最边上的两个门洞是供四品以下官员行走的。五个门洞中各有两扇朱漆大门,门上有纵横交错的81颗鎏金的门钉,展现着皇

昔日天安门前是万国来朝的地方、皇帝出巡的地方、举行重大昭告的地方

明清两朝凡遇国家庆典、新帝即位、皇帝结婚、册立皇后，都需在此举行"颁诏"仪式。届时在城楼大殿前正中设立宣诏台。由礼部尚书在紫禁城太和殿奉接皇帝诏书（圣旨），盖上御宝，把诏书敬放在云盘内，捧出太和门，置于抬着的龙亭内，出午门，登上天安门城楼。然后将诏书恭放在宣昭台上，由宣诏官进行宣读。文武百官按等级依次排列于金水桥南，面北而跪着恭听。宣诏毕，遂将皇帝诏书放在一只木雕金凤的嘴里，再用绒绳从上系下，礼部官员托着朵云盘在下跪接，接着用龙亭将诏书抬到礼部，经黄纸誊写，分送各地，布告天下。这种颁发封建帝王圣旨礼仪的过程，称为"金凤颁诏"

家宫门的气派。

在天安门金水桥前后，各有石狮子一对，雕刻十分精细，是天安门的重要装饰物。实际上，中国并没有狮子这种动物，狮子的造型是伴随佛教传入中国而逐渐完善的一种吉祥物。当这种威武和象征尊严的吉祥物汉化以后，就被装饰在宫殿、王府、衙署大门的前面。应该说天安门前的石狮子无论是洁白无瑕的石材，还是雕刻精美的程度，以及和蔼可亲的造型都代表了中国石狮子中的一流水平。

与其他城门不同的是在天安门前后还各有一对华表，这是帝王所在地的重要象征。华表源于古代的"诽谤木"。据说在尧、舜时代，曾在路口立一木桩，让百姓在其上面书写对天下的治理是"善"还是"否"。以后，人们将立在路边的木桩称为"诽谤木"，以此表示帝王广开言路。久而久之，"诽谤木"就成为帝王所在地的路标和装饰物，成为帝王居住地或陵寝前不可缺少的标志性饰物。还有人研究后认为，作为在帝王所在宫殿前确定这种装饰的规制是从汉朝开始的，

汉武帝正式称这种装饰物为"华表",大意是华饰屋之外表的装饰。天安门前后的两对华表建于明永乐年间,是北京城中古代石建筑的精品。华表用汉白玉雕刻而成,在石柱上飞龙缠绕、横卧云板,顶部是圆形承露盘,盘上蹲卧一兽,名为"犼",是专门监督皇帝行踪的猛兽。在天安门前面的两只"犼"面向远方,被称为"望君归",传说是呼唤在外游山玩水的皇帝赶快回来处理朝政。而在天安门后面的两只"犼"面向紫禁城皇宫,被称为"望君出",传说是呼唤在内宫沉湎于酒色的皇帝应该到外面走一走,看一看民间的疾苦。

天安门作为皇城正门有很多功能,其中"金凤颁诏"在明清两朝颇为著名。所谓"金凤颁诏"就是皇帝向全国颁发诏书的一种固定的礼仪形式。"金凤"是指一种漆成黄色的木盒,上面绘有凤凰和祥云图案。当皇帝的诏书写好后,由紫禁城午门送出,礼部官员要用"金凤"来承接,把诏书放在木盒内,然后在鼓乐仪仗的引导下登上天安门城楼。在城楼上已经备有摆放"金凤"的台案,台案上铺有黄色绸缎。当诏书放在台案上摆好后,由宣诏官面西而立,宣读诏书内容。宣读完毕,再由奉诏官把诏书卷好,放入"金凤"木盒中,用绒绳拴上"金凤",从天安门城楼堞口徐徐地放到城下。城下由礼部官员用一种特制的云盘承接,然后鼓乐齐鸣,将诏书请回礼部衙署,誊写后发放全国各地。

在天安门前面流淌着外金水河,河底与河沿用青石垒砌。在河道上有七座桥,被称为"金水桥",均为汉白玉三孔拱券式,桥栏雕琢精美,其中五座金水桥对应着天安门的五个门洞,另外两个分别在东面、西面,东面的对应太庙大门(庙街门),西面的对应社稷坛南门(社街门)

8. 端门

端门位于天安门与午门之间，建于明永乐十八年（1420年），是紫禁城皇宫建筑群的重要组成部分。端门的建筑造型、比例结构与天安门一样，分为台基、城台、大殿三个部分。

台基为汉白玉须弥座，高出地面1.59米，四周刻有荷花宝瓶图案的汉白玉栏板。在栏板之间的栏柱上是雕成莲花瓣状的花饰。

城台是用大城砖垒砌的。城砖之间是白灰膏、江米汁灌浆的实心城台。在城台中间有对称的五个券形门洞。中间的门洞最大，门洞的中心正好在中轴线上，与天安门的门洞、午门门洞连成一条线。其余四个门洞在中间大门洞两侧依次排开，与天安门是一模一样的。

城台上的大殿为重檐歇山顶，两侧有金灿灿的山花。重檐的屋顶覆盖黄色琉璃瓦，有"九脊封十龙"的说法，即正脊一条，垂脊八条，共九条，在正脊与垂脊上共有十个龙吻。龙吻是指宫殿屋顶正脊两端龙头造型的琉璃装饰物，因其造型是张开嘴的龙头，嘴又正对着屋脊，故称龙吻。端门上的龙吻高约3米，宽2米，重约4吨，为宫殿中的大型龙吻。

城台上大殿面阔九间，进深五间，共有60根红漆楠木大柱子和36扇门窗。门窗均为中国传统的菱花格式。在屋檐下有彩色斗拱，斗拱下面是额枋，额枋上面有金龙彩绘，古称"金龙和玺"彩绘。大殿顶部是一组组造型为龙的图案。

端门是各种文献中介绍最少的一道皇城城门。老北京人只知道民国时期的京城大盗燕子李三晚上栖息在端门城楼上，却不知道端门的具体作用。在明清两代，皇帝要出巡或去坛庙祭祀，在离开皇宫之前先要登上端门进行祈祷，希望外出有一个良好的开端。皇帝出巡、祭祀回来的时候，有时也要登上端门进行祈祷，表示有始有终，有一个美满的结局，也就是美好的终端。在端门大殿内还有一口大钟，皇帝在出巡或回来时都要鸣钟，以此增加威严和壮观的气氛。

还有人认为，端门是等级和礼仪的象征，有"礼仪之门"的称号。这话也没有错。端门出现在天子居住的皇宫前面，这本身就是中国封建社会最高的礼仪。在皇帝进出时，更表现出等级和礼仪。例如，端门中间的大门洞只有在皇帝出行

图为从北向南看端门。端门是"天子五门"中不可缺少的一道皇宫大门。据《周礼》记述,周朝宫室外部作为防御和揭示政令的阙(门)要有五重,即"天子五门"。这五门分别是皋门、库门、雉门、应门、路门。"皋"取其远,门在最外;"库"取其大,门在二重;"雉"取其藏,门在三重;"应"取其治,门在四重;"路"取其文明,门在最里面。明朝在规划营建南京皇城和北京紫禁城时,继承了"天子五门"规制,建有端门。至于端门是五门中哪一重门,有不同说法。一种说法认为北京皇宫"天子五门"是指正阳门、大明门、天安门、端门、午门,端门在四重;另一种说法认为北京皇宫天子五门是指大明门、天安门、端门、午门、太和门,端门在三重

时才开启,只有皇帝或皇帝大婚的花轿才能通行。而两侧的门洞供宗室王公和三品以上大员行走,最外面的两个门洞是供四品以下官员行走。

端门大殿在明清两朝是存放皇帝出行仪仗的库房。大殿内的仪仗只有在皇帝出行时才抬出来,皇帝出巡回来时又要存放在大殿之内。这些仪仗在1900年

八国联军进北京后被劫掠，我们今天已经看不见昔日保存在大殿内完整的仪仗了。据有关史书记载，皇帝出巡的仪仗是非常讲究的，大致包括的种类有旌旗、伞盖、扇、兵器等。端门现在是国家重点文物保护单位，2000年6月已经对外开放。

9. 午门

午门是紫禁城的正门，始建于明永乐十八年（1420年），平面呈"凹"形，沿袭了传统宫城正门的建制，如唐朝大明宫含元殿以及宋朝宫城丹凤门的形制。午门下面为城台，高12米（约与天安门、端门同等高），正中开三门，两侧各有一门，东为左掖门，西为右掖门。这种形式使人的目光在正面（南面）看午门是三个方形门洞，而从背后（北面）看午门是五个圆形门洞，这就是中国古代建筑中被称为"明三暗五"和"外方内圆"。城台上是城楼，正中重檐庑殿顶，九开间，门前左设嘉量、右设日晷；两翼各有廊庑13间，为"十三太保"的象征；廊庑两端建有重檐攒尖顶方亭，左置钟，右置鼓，在重大典礼时钟鼓齐鸣，是天子城门中等级最高的。

午门的文化内涵也十分丰富。根据其造型，古书里也称其为"雁翅楼""五凤楼"。在方位上又被称为"朱雀门"，与紫禁城后门神武门（明朝称"玄武门"）相互呼应，符合古代《礼曲》中"行，前朱鸟而后玄武，左青龙而右白虎"。这里的"朱鸟"与"朱雀"是相同的。午门象征朱雀也是一种文化传统。这是因为在中国古代，朱雀代表四个方位中的南方之神。古人将天上星星分为二十八宿，其中南方有七宿，均与鸟形有关。又按五行之说，南方属于火，火为红色，所以就把南方之神定为朱鸟或朱雀。还有专家研究认为，南方之神为朱鸟或朱雀与早期的氏族部落信奉的图腾有关，在南方氏族或部落中信奉的图腾多为神鸟。在中国封建社会中，坐北朝南的皇城、宫殿多为红色墙身，与朱鸟颜色符合，因此在很早的时候，统治阶级就将朱鸟与宫殿建筑相结合。例如，在司马迁的《史记》中就有皇宫中的南宫为朱鸟的记载。以后，历代皇宫中南面的大门或大殿以朱鸟或朱雀命名就成为一种传统。

紫禁城正南门——午门既是举行盛大庆典的活动场地，又是颁朔、宣旨之门，还有很强的防守功能。午门在古代是皇帝迎接军队凯旋、举行宴会和接受献俘的地方。届时，午门上钟鼓齐鸣，彩旗飘扬，十分壮观。同时午门外又曾经是惩戒大臣过失的地方，明朝曾在午门外杖刑大臣。但是，戏剧里常说的"推出午门斩首"却不是在午门大门外，也不在午门广场中间。这里所说的午门是大概念，即从紫禁城拉出去，到皇城外斩首。明代行刑杀人曾经在西四牌楼，清朝移到宣武门外菜市口。

10. 太和门

太和门是紫禁城中最大也是最重要的一座门。说其是门，实际上是一座崇基的殿宇。太和门为单檐歇山顶，黄琉璃瓦，七开间，中间开三门（也有人认为是九开间，包括了两边的夹间）。太和门建筑在石台基上，台基上是丹陛，汉白玉石栏板、望柱雕刻得十分精细。门前各有大铜狮子一对。这对铜狮子也是中轴线上最威武的狮子。如果细心对比，就会发现：从正阳门开始，一座座大门前的狮子是呈现层层上升的态势。正阳门前的狮子为石头雕刻，大气威武；天安门前的石狮子为汉白玉雕刻，精细、华丽、优美；而到太和门前的狮子，已经变为铜制，更加威武雄壮，透着皇家的霸气；再到乾清门前，等级又提升了，是鎏金的铜狮子，造型安详和谐。

太和门是明朝"御门听政"的地方。皇帝在此召见内阁大臣，询问朝中事务，直接处理朝政。据说，明朝"御门听政"制度很严，听政时朝臣不仅要提早到来，等待皇帝问话，在整个听政期间还不能随便走动或咳嗽等，必须严格按官阶站立两旁等候。

太和门始建于明永乐年间，是紫禁城大殿的大门，命名与紫禁城大殿命名密切相关。明永乐年间大殿称奉天殿，大门称奉天门，又因是大臣朝见皇帝必经的大门，也称大朝门。明嘉靖年间大殿改称皇极殿，大门也改称皇极门。到清顺治年间大殿又改称太和殿，大门也改称太和门

11. 太和殿

太和殿始建于明永乐年间，初名奉天殿，明嘉靖年间改称皇极殿，清顺治二年（1645年）改称太和殿。太和殿为重檐庑殿顶，殿顶满铺黄色琉璃瓦，面阔九间，进深五间。也有人认为是十一间，是包括了大殿两边的夹室，算起来为十一间。太和殿可以说是紫禁城内最尊贵、最高大、最重要的宫殿，老百姓称之为皇帝的"金銮宝殿"。

太和殿内有72根大柱子支撑巨大的屋脊，其中有66根为红漆大柱，还有6根盘龙金柱位于大殿正中。每根盘龙金柱高10米，柱子周长3米，柱上盘龙缠绕，柱下用沥粉贴金绘制出海水江崖，气势磅礴。在大殿正中的天花中间有盘龙藻井，形状为倒垂金龙戏珠。这种藻井在世界文化遗产中都是文化珍品。藻井下面正对着的是皇帝的宝座。皇帝的宝座也称"金銮宝座"，因为这个宝座不仅安放在中轴线上，而且是在太和殿正中的木制台基上。木制台基是须弥座式，中间摆放着皇帝坐的龙椅，龙椅前面摆设有香炉，还有宝象、甪端、仙鹤等吉祥饰品。这样，不管是谁要见皇帝，从爬上太和殿开始，就必须仰望着皇帝，而皇帝永远是俯视其臣民。

太和殿是紫禁城前朝三大殿中体量最大、位置最重要的殿宇,皇帝登基、大婚及重大国事都要在这里举行。太和殿面阔九间,如果加上两侧的开间,为十一间,是中国重檐庑殿顶最高规制。大殿下面三层汉白玉组成的石基座表明三重天,大殿是天上人间建筑。皇帝坐在正中宝座上,俯视其臣民。臣民拜见皇上,永远是仰视,并且要山呼"万岁"

在太和殿前的丹陛上,东有日晷,西有嘉量,还有铜鹤、铜龟。日晷是古代的计时器;嘉量是量具,也称"官斗"。这两样东西摆在宫殿前面,就是帝王的标志和皇权的象征。至于铜鹤、铜龟则是有长寿和长久的含义,表示王朝统治将有万万年之久。在太和殿举行大典时,丹陛上香炉内飘出阵阵檀香,香气在汉白玉石望柱之间,以及铜鹤、铜龟、日晷、嘉量周围环绕,仿佛进入仙境一般。

说到太和殿的基台,也大有讲究。太和殿的基台与中和殿、保和殿基台连为一体,从平面看,呈现"土"字形,表示天下的土地均归皇帝所有。还有一种说法是根据中国传统文化"五行"学说,认为金、木、水、火、土中的土居中央,

土能生万物，具有长久的生命力。而皇宫的大殿理应在中央，而且应该长久下去。基台为三层，层层递高，均有汉白玉雕刻的栏板和望柱，非常壮丽。尤其是每层丹陛间的排水系统，在出水处雕刻有龙头，每当下大雨时，积水从龙头张开的嘴中喷出，场面十分壮观。

观察太和殿屋脊时还会发现，太和殿屋脊的脊兽与其他宫殿也不一样。一般皇家宫殿屋脊上的脊兽最多为九个，即在仙人之后有龙、凤、狮子、麒麟、天马、海马、押鱼、獬豸、斗牛。而太和殿屋脊上的却是十个，这十个脊兽分别是龙、凤、狮子、天马、海马、狻猊、押鱼、獬豸、斗牛、行什。龙、凤象征皇家的富贵与吉祥；狮子为百兽之王，象征皇家的威武和不可侵犯；天马、海马象征皇家威德能通天入海；狻猊是传说中的一种猛兽，能食虎豹，象征皇家威武和征服一切；押鱼可以兴风作浪、呼风唤雨、灭火消灾；獬豸也是传说中的异兽，能辨曲直，用角去顶坏人、佞臣，象征皇家正大光明、办事公正；斗牛勇猛、忠厚，敢于斗争，象征皇家优秀品质；行什为带着一对翅膀可以飞翔的猴子，这种猴子生性聪颖、灵活，象征皇家充满智慧。

太和殿是皇帝登基、举行大型庆典和向全国颁发政令的地方。每次举行大型庆典活动时，还要奏"中和韶乐""丹陛大乐"，演奏乐舞的队伍和仪仗队伍从太和殿前一直排到太和门外，场面十分壮观。

12. 中和殿

中和殿为正方形，上面是四角攒尖顶，上置鎏金宝顶，圆形。顶为黄色琉璃瓦，殿身为红色菱花窗门。中和殿始建于明永乐年间，也称华盖殿，明嘉靖年间改称中极殿，清顺治二年（1645年）改名为中和殿。中和殿是皇帝出席大典前休息和做准备工作的地方。有时皇帝也在此殿召见庆典执事或大臣，询问一些事项。观察中和殿的建筑形式，会发现尽管皇宫建筑样式都相似，但每座建筑都有与众不同之处。如太和殿为庑殿顶，中和殿为方形四角攒尖顶，保和殿又为重檐歇山顶，这种变化使三大殿在建筑形式上呈现跳跃式起伏，充满动感，这对我们今天千篇一律地建设方格式楼房应该是一种审美的启迪。

中和殿为四角攒尖宝顶建筑,殿身有廊柱环绕。"中和"是中华和谐文化的最高境界,也称"致中和",即达到不偏不倚、中正之位

13. 保和殿

保和殿始建于明永乐年间,时称谨身殿,到明嘉靖年间改称建极殿,清顺治二年(1645年)改称保和殿。保和殿为歇山重檐大殿,上铺黄色琉璃瓦。大殿九开间,进深五开间,是前朝三大殿中最后面的大殿。保和殿在建筑上采用减柱造法,建筑学上称"减柱造"。这种做法是在建筑大的殿宇时,将殿前的金柱或后金柱减去,使大殿室内显得更加宽敞,采光更多,更加明亮。

保和殿也是皇帝举行重大活动的场所。清代皇帝多次在保和殿举行宴会,招待外藩使者,为公主举办大婚典礼。然而,最重要的还是皇帝在保和殿举行殿试。何谓殿试?在中国封建社会,人们要走仕途,除了世袭以外,都要经过考试。这

保和殿是前朝三大殿中最后一座殿宇。在《易经》中有"太和、保和利于贞"的记载，也就是达到中华和谐文化最完美的境界

种考试是从基层开始。在经过童试、乡试、会试之后，考生在取得秀才、举人和贡士后才有资格推荐参加殿试。殿试是由皇帝亲自出考题，要求考生面对面回答问题。凡是通过殿试的考生，可分为三个等级。第一等级可以获得进士及第，但是只有三名，分别为状元、榜眼、探花。第二等级为进士出身。第三等级为同进士出身。第二、三等级名额根据情况有多有少，名额不确定。凡是通过殿试的考生，均可称是"天子的门生"。

14. 大石雕

大石雕位于保和殿后面中间的御路上，因此也有书中称为"保和殿大石雕"。这块大石雕是中轴线御路上众多石雕中最著名的石雕。大石雕来到紫禁城的历史

非常悠久。据说在紫禁城宫殿还没有修建时，大石雕作为备料已经放到了现在的位置上。因大殿（即太和殿，时称奉天殿）在建造时向南移动，大石雕体积太大，移动到太和殿前面很困难，最后只好移至保和殿后面。大石雕用料来自北京西南的房山大石窝。根据专家测算，大石雕在雕琢前的石材至少有300吨重，紫禁城距离大石窝有100多里，在没有起重机的古代社会，人们是怎样把这么重的石材运到紫禁城的呢？根据一些专家推测，搬运巨石的方法是利用冬季路面结冰时路滑，在巨石下面放上圆木，前面有人拉动，后面有人推动，还要有人用撬杠助力，才能使巨石运动。为此，沿途要打井泼水，遇到障碍物还要清理拆除，使用的人力、物力可想而知。这仅仅是搬运过程。整块大石雕的雕刻也非同一般。我们现在看到的雕刻是清乾隆二十五年（1760年）重新雕刻的，上面的图案是九龙戏珠，衬景是海水纹、云纹和山崖。

保和殿后大石雕经有关专家评定是中国古代保存下来的体量最大、雕刻最精美的石雕艺术作品，而且是与明清两朝修建紫禁城三大殿有关。大石雕是明朝初年由房山大石窝运至北京旧城，用来修建三大殿，刻有云龙图案，至今有600年历史。清朝乾隆年间又凿去原图，重新雕刻成九条龙口戏珍珠，飞舞在山崖、海水和流云中，把封建帝王作为"真龙天子"的寓意刻画得活灵活现

15. 乾清门

以乾清门为界，在紫禁城中分为南北两个部分，南面为前朝，北面为后宫，乾清门是皇帝后宫的大门。乾清门前是一个东西长 200 米、南北宽 50 米的狭长广场，更加烘托了乾清门的威严气氛。

乾清门为皇宫内庭正门，为殿宇式建筑（北京城内民居为院落式门楼），面阔五间，进深三间，单檐歇山顶，黄琉璃瓦。在建筑下面有白石基台，为须弥座式，高出地面 1.6 米左右。大门两侧有八字墙，与一般民宅不同的是八字墙高大，为琉璃影壁建筑形式，中间有团龙图案，而北京城一般民居为青砖灰墙。图案为牡丹花，象征富贵吉祥；图案为荷花，象征和谐美满。乾清门前还有鎏金的铜狮子和防火用的鎏金铜缸，从摆设的物件就能看出是皇家的大门。铜缸在紫禁城中多处可见，这是古代宫殿里主要的防火设施。有人统计过，紫禁城内共有 308 尊大缸，一般都放置在宫殿前面，称为门海。每尊大缸可装水 3000 多升。大缸有两种，一种为铜制大缸，另一种为外表鎏金的铜制大缸。外表鎏金的铜制大缸是少数，只摆在重要宫殿和大门前面

乾清门始建于明永乐十八年(1420年)，清顺治十二年(1655年)重修。乾清门也称御门，这是因为从清朝开始，"御门听政"的地点由太和门移到了乾清门。在康熙、雍正、乾隆三朝都在乾清门举行过"御门听政"，基本保持定制，尤其是康熙皇帝，只要身体力行，一直坚持在乾清门上早朝。以后，因"御门听政"使皇帝和大臣们都比较辛苦，清朝后期被废除。

16. 乾清宫

说到乾清宫，宫内"正大光明"匾不能不提。此匾由清朝初年顺治皇帝亲笔题写。到康熙晚年，因立太子一事让皇帝大伤脑筋，同时还引发皇子对太子位的争夺。到雍正继皇帝位后，针对前朝暴露出来的对皇位继承权的明争暗斗，改"公开立储"为"秘密立储"，即在皇帝活着的时候，不公布皇位继承人，而是将皇位继承人秘密书写在诏书上，藏于"正大光明"匾后面，待皇帝驾崩后，由亲近大臣取下诏书，公布皇位继承人。因此，乾清宫又是清代秘密立储制度诞生的摇篮。

进了乾清门，迎面就可以看见乾清宫。乾清宫面阔九间，重檐庑殿顶，黄琉璃瓦，一看就是典型的皇家正殿建筑，实际上乾清宫也是后宫中最高大、最重要的建筑

17. 交泰殿

交泰殿也是方形的亭式建筑，面阔与进深均为三间，上为四角攒尖顶，最上面是鎏金宝顶，黄色琉璃瓦下是红色墙身和门窗，与中和殿的区别在于亭式建筑没有外廊柱，是封闭式的亭式建筑。在明代，这里也是皇后的寝宫。但是皇后一般不住在这里。这里最出名的是保存着清代的皇家玉玺、自鸣钟和古代的计时器——铜壶滴漏。

在交泰殿北墙正中悬挂着"无为"二字。交泰殿内"无为"二字缘于老子的思想。老子认为，人们行事、处事应当顺应自然变化，用今天的话来讲就是尊重事物发展的客观规律。将"无为"放置在交泰殿正中上方，是提示帝王的治国理政也要尊重客观规律。皇帝坐在"无为"二字下方，就要静下心来，想一想自己的治国理政有没有失德，也就是有没有按照客观规律办事，是否做了有好大喜功、劳民伤财的事，老百姓是不愿意为这些事承担赋税和徭役的。针对帝王治国理政，老子曾讲：圣人无心，以百姓心为心。也就是说帝王不要主观武断地决定一些重大工程、事情，而要顺应民心，做老百姓愿意做的事情。汉高祖刘邦统一天下后，吸取秦朝灭亡的教训，在汉初实行减免赋税，顺应了当时社会发展的客观规律，顺应了老百姓的基本需求，结果使社会经济得到较大发展。

交泰殿坐落在乾清宫与坤宁宫之间。交泰殿重在"泰"字，《易经》中对"泰"的解释是阴阳相通，国泰民安中的"泰"也是指政令畅通。交泰殿的建筑特点与中和殿相同，均为四角攒尖宝顶，但大殿没有环廊，屋脊大，殿内显得更加神秘

18. 坤宁宫

坤宁宫始建于明永乐年间，垂脊重檐歇山顶，黄色琉璃瓦，面阔九间，正中开门，分东西暖阁，是皇后的寝宫。清朝对坤宁宫房屋布局做了调整，按满族习俗将西边的房间改造为祭祀场所，将东面的房间改为暖阁，作为皇帝大婚的洞房。清代有4个皇帝在此举行过婚礼，分别是顺治皇帝、康熙皇帝、同治皇帝、光绪皇帝。参观坤宁宫的游人会发现，坤宁宫的窗户是直棂吊窗，窗户纸糊在窗外，与其他大殿的菱花格式固定的窗户完全不同，这也是清朝入主紫禁城后，按照满族人在东北生活居住的习俗而做的改动。

坤宁宫是皇后的寝宫，也是后三宫中最北面的建筑，被称为"阴中之阴的建筑"。因此，建筑采取"减柱法"，即减少廊柱与大殿之间距离，让阳光更多地进入大殿内，既体现人文关怀，又保持阴阳平衡

与前朝三大殿南北对应的是后三宫。后三宫是指乾清宫、交泰殿、坤宁宫。这三座宫殿也建造在一个"土"字形台基上，但是比前朝三大殿的台基低。前朝三大殿的台基高8.13米，而后宫三座宫殿的台基高仅有2.86米。这就造成从视觉上感觉三大殿高、后三宫低，出现一个强烈的起伏变化。但在人们游览紫禁城时并没有太大的差异感，这就是建筑设计的奥妙之笔。当人们爬到景山顶上，来到万春亭前面，就会感觉到这种奥妙的实际作用。从景山向南望去，只见一片金灿

灿的宫殿屋脊，却看不见宫殿的墙身和人员走动，这就是传说的紫禁城核心建筑位于最隐蔽处，是"砂锅底"式建筑。这种巧妙的安排更增加了皇宫建筑的安全感和神秘感。

后三宫与前朝三大殿在台基上还有一处不同，那就是一进乾清门，你就会踏上一条砖石甬道。这条甬道不仅把你的视线一直引向乾清宫正殿，而且不用再上下台阶。这条甬道宽10米、长50米，人走在上面却感觉很长、很宽。这条甬道是专供皇帝行走的，也正好在中轴线上，是中轴线上御路最突出的部分。

在文化内涵上，后三宫也值得一说。永乐年间修建皇宫时，是按中国文化传统，以天为乾、地为坤。"乾"代表天，在皇宫中就是皇帝；"坤"代表地，在皇宫中就是皇后。因此，将后宫前殿命名为乾清宫，后殿命名为坤宁宫，表示这里是皇帝和皇后的居室。到明朝嘉靖年间，为了表示后宫中皇帝和皇后的和谐、美满，又根据《易经》中"天地交泰"一说，在两宫之间修建了交泰殿。这样，就形成了前有三大殿、后有后三宫的皇家宫殿布局。

19. "人"字形树

"人"字形树在中轴线上，多位于御花园内，最重要的是位于钦安殿天一门前的"人"字形树，由一棵松树和一棵柏树相交在一起，下部分开，呈现"人"字形（见右图），象征夫妻恩爱、阴阳和谐。在御花园中心位置经过园艺形成的"人"字形树，强调的是人的和谐，表现皇家与世俗一样，希望家庭和睦、夫妻恩爱，即"后宫宁，前宫清"，皇帝与后妃们能有和谐、美满的生活，国家有清明、祥和的氛围。

20. 天一门

天一门为钦安殿前的大门，也是中轴线上建筑体积最小的一道门。每年立春、立夏、立秋、立冬四个节气来到时皇帝要在钦安殿设道场，同时在天一门内设坛焚香，祈祷玄武之神（北方水之神）保佑皇宫消灭火灾。在古代社会，由于宫殿建筑集中，又没有现代防火设施和避雷设施，因此火灾是皇宫中最大的灾害。明朝从修紫禁城开始，就不断遇到因火灾烧毁宫殿的事情，为此将玄武大帝的祭祀场所放在中轴线上，而且到清朝也没有改变，说明皇帝对火灾的恐惧和重视。

"天一生水"源自老子《道德经》。天一门的出现，预示后面的建筑是管水的神灵——玄武，这体现了中国道家文化

21. 钦安殿

钦安殿位于故宫御花园正中，始建于明永乐年间，为明初营建紫禁城时的重要建筑之一，也是在中轴线上唯一的宗教建筑。钦安殿坐北朝南，建筑在高台之上，面阔五间，进深三间，黄琉璃瓦重檐盝顶。殿内为祭祀道教之神的场所，供奉的主神是玄武大帝（也称玄天大帝、玄天上帝）。玄武为北方之神，龟蛇合身之形。按中国传统文化中"五行"学说，北方属于水，水为黑色。传说玄武是玉皇大帝派到北方镇守的统帅，是道教的护法神之一，故此殿内玄武的造型为脚踏龟蛇、

手持宝剑的武士。据传说，在朱元璋平定天下和朱棣夺取皇权的过程中，玄武之神曾相助过，所以在皇宫中要敬玄武之神，而且要在紫禁城北面居中的位置建钦安殿。因此，玄武又成了皇宫中的保护神。据传说，明嘉靖年间紫禁城中着了一场大火，有太监看见玄武之神在钦安殿东北角显现，调动北方之水灭火，并在钦安殿东北角台阶上留下两个脚印。这个传说更增加了钦安殿的神秘色彩。据说在钦安殿前的石刻上还能找到一些附会的依据。例如，在石刻中就有鱼、鳖、蟹、海妖和水怪等形象。

钦安殿是中轴线上唯一的道教建筑，本身也是紫禁城的保护神，内供奉的玄武是统领北方之水的神灵，为龟和蛇的化身。因此，在大殿西侧是表现海中鱼、虾、蟹、海马等造型的石刻

22. 顺贞门

顺贞门在紫禁城御花园最北面，是在北宫墙正中上开三门的形式。因其门正好位于中轴线上，具有代表性。顺贞门后面正对着神武门门洞，一般是关闭的。顺贞门只是在皇后去先蚕坛躬桑祭神时才开启，其他事由均走旁门。然而，皇宫定期选来的秀女要进此门，并在此门前面排队候选。因此，每当如花似玉的少女列队来到时，沉寂的御花园后墙就会热闹起来，出现一道亮丽的风景线。

23. 神武门

神武门在明代称玄武门，因清朝康熙皇帝名"玄烨"，按中国封建社会的避讳制度，将玄武门改为神武门。玄武为古代北方太阴之神，其形为龟蛇合身，按"五行"之说，北方属于水，故其又称为水神，是明朝皇宫灭火的保护神。清朝改称"神武"，其文化内涵既有相同之处，又有不同之处，"神武"是宫城御林军后军之称谓。

神武门始建于明永乐十八年（1420年），清康熙年间重修。城墙五开间，为重檐歇山顶，下面为高大的城台，中间开门洞。在清朝，皇帝去西苑、皇后去先蚕坛、皇帝迎娶嫔妃和备选秀女均走此门

24. 绮望楼

绮望楼位于中轴线景山向阳一面的山脚下，建造于清乾隆十五年（1750年），坐北朝南，为歇山重檐顶，黄琉璃瓦，三楹五开间，二层楼式，楼下有月台，三出陛，汉白玉石栏板，楼内供奉孔子牌位。在清乾隆年间，景山前面是皇家办的官学场所，

在绮望楼东南侧原有八旗子弟学校，今已无存。"绮"为美丽的意思，这座楼也确实是景山一处美丽的景点。

位于景山山前的绮望楼，内供奉孔子牌位，为皇家学堂，现在作为景山历史文化陈列场所对外开放

25. 景山

景山由五座山峰组成，传说是根据佛祖的五根手指修建。明朝修建紫禁城时，用拆毁的原皇宫的渣土和挖紫禁城护城河的泥土堆砌成山，名为万岁山。民间传说山体内有煤，故又有"煤山"的俗称。清朝定都北京后，改万岁山为景山，即日下京城第一景观。山脊上五座亭子为乾隆十五年（1750年）修建，从东向西依次为"周赏""观妙""万春""辑芳""富览"。其中，万春亭居中峰，方形，三重檐，四角攒尖顶，黄琉璃瓦绿剪边顶，雄伟壮观；观妙、辑芳两亭为八角形，重檐，绿琉璃瓦黄剪边顶；周赏、富览两亭为圆形，蓝琉璃瓦褐剪边顶。建成后，每座亭内立铜铸佛像一尊，为五方赞，也就是人们俗称的"五方佛"，保佑着清朝的江山社稷。"五方佛"正中为毗卢遮那佛，也称"大日如来佛"，位于万春亭内。另外四尊佛像从东向西依次为宝生佛，在周赏亭内；阿閦佛，在观妙亭内；阿弥陀佛，在辑芳亭内；不空成就佛，在富览亭内。"五方佛"在1900年被八国联军掠走四尊、毁一尊（即毗卢遮那佛）。现万春亭内毗卢遮那佛像为新铸造的。

景山万春亭为中轴线最高点，也是北京旧城全城制高点，登上此亭能够观赏北京内城景色。在古代社会，这里也是皇室中秋登高赏月的地方

景山正中为万春亭，东侧有周赏亭、观妙亭，西侧有辑芳亭、富览亭。五座山亭整齐对称，将北京城市文化特点——中心明显、左右对称推向极致

景山最为奇特的现象是 20 世纪末人们利用航空遥感发现，从空中看景山酷似一尊体态雍容、面带微笑的坐佛。这一发现，更增加了北京帝都文化的神秘感。

从景山万春亭南面看中轴线，皇宫高大建筑组成一条明显的轴线，远远望去，黄色琉璃瓦殿顶像龙的脊背，一节一节的。紫禁城中轴线上的建筑还有一个特点，就是只能看到屋脊，看不到人，是私密性很强的建筑布局

26. 寿皇殿

寿皇殿位于景山后面，始建于明万历年间。据史书记载，寿皇殿最早建在景山的东北方位，清乾隆十四年（1749年）移到景山北面，坐落在中轴线上，其建筑规模有所增大，是专门供奉皇室祖先的祭祀场所，尤其在清乾隆十五年（1750年）位于中轴线上的寿皇殿竣工后，开始供奉皇室祖先画像，每年四时节令、忌辰（先皇忌日）和每月初一皇帝要亲自来此处祭祀。

现存寿皇殿是一组完整的祭祀建筑群，布局严谨，建筑华丽，其中大殿是仿照太庙大殿建造的。大殿为重檐庑殿顶，黄琉璃瓦，红色殿身，面阔九间，进深三间，前后带廊，殿前有月台，东西两侧有配殿，还有御碑亭、井亭、神厨、神库。寿皇殿前面为寿皇门，也称戟门，为殿宇式建筑。在寿皇门前面是建造在院墙上的三座门，均为券门。在三座门前面还有一对石狮子和三座四柱九楼的木牌坊。20 世纪 50 年代，寿皇殿成为北京市少年宫活动场所，目前已经腾退完毕，正在修缮和准备对外开放。

通过照片可以清楚地看到中轴线北端的建筑。近处的建筑为寿皇殿，远处的建筑是地安门和高出城市其他建筑的鼓楼，鼓楼顶上多出的部分为钟楼顶。在中轴线东西两侧是绿树掩映的院落，这就是北京旧城的古都风貌

27. 地安门

地安门是皇城后门，明代称北安门，清顺治九年（1652年）改称地安门（见下图）。地安门为单檐歇山顶，黄琉璃瓦，红墙身，面阔七间，中间开三门，为方形门洞，与皇城南门——大清门圆形门洞形成对照，表明"天南地北、天圆地方"。在地安门内两侧建有对称的雁翅楼。

28. 万宁桥

万宁桥位于北京旧城中轴线上，又是元大都城规划的中心点，位置十分重要。同时，根据北京旧城中轴线天南地北的理念，天桥在南，称"天桥"，万宁桥在北，又有"地桥"之说。万宁桥在元代时桥墩由大石块垒砌，中间为木制桥梁，能开启落下。明代以后，通惠河上的漕粮船不再经过玉河进入什刹海，万宁桥改为单孔石拱桥，桥栏为汉白玉石栏板，雕刻古朴大方。

万宁桥位于地安门外大街到鼓楼的中间位置。始建于元代，俗称"海子桥"，据说是因为在大天寿万宁寺前，故得名"万宁桥"，又因在皇城后门外，又俗称"后门桥"

据传说，20世纪50年代后门桥两侧曾出土石鼠一对，与正阳门瓮城内石马组成北京城市中心的"子午线"（鼠在地支中为"子"，马为"午"）。另一传说是桥下刻有"北京城"三字，每当夏季雨水多的时候，水位上涨到"北京城"三字位置时，就表明北京积水多了。在北京流传有这样的说法："火烧潭柘寺，水淹北京城。"

29. 鼓楼

鼓楼在元代已有，是楼台式建筑，木结构，称"齐政楼"。明永乐十八年（1420年）重建鼓楼，样式保留至今。鼓楼为歇山式重檐屋顶，上铺灰筒瓦，绿琉璃瓦剪边；楼体为木结构拱券式楼阁（外观两层，实为三层，第三层为暗层），通高46.7米，面阔五间；楼下面有高4米的砖台，使鼓楼显得更加雄伟壮观。

鼓楼是古都北京中心区的高大建筑，也是计时、报时中心。计时用"铜壶

中轴线北段重点建筑——鼓楼是北京旧城著名的岁时建筑。鼓楼内有一面大鼓，是用来报时的

滴漏"，铜壶设在二楼"漏壶室"。据说，清代乾隆朝以后，"铜壶滴漏"被搁置，改用"时辰香"计时。报时用鼓，鼓设在一层，有24面大鼓和一面特大的大鼓，总计25面鼓。这面特大的鼓据说是用一整张牛皮制作而成，专门用来报时，其余24面鼓用来报一年24个节气。1900年，八国联军中一名日籍军官登上鼓楼，他不用鼓槌敲鼓，而是用军刀刺鼓面，刺出一个大窟窿，使鼓楼内的大鼓遭受破坏。在1924年鼓楼陈列八国联军侵占北京的罪证时，鼓楼一度改称"明耻楼"。

铜壶滴漏，简称"滴漏"，也有文献称"漏壶""漏刻"，是我国古代主

左图为鼓楼中用一整张牛皮制作的大鼓；右图为被八国联军军官刺破的大鼓

要的计时器之一。中国古代有三种计时器物：日晷、时辰香、滴漏。日晷制作简单，但阴天、雨天和夜晚无法使用；时辰香耗费大，还需要有人看守；滴漏计时准确，但制作复杂。滴漏起源甚早，《周礼》中已有记载，以后历代不断改进，到唐朝已经有比较完备的四级制滴漏。北宋景祐三年（1036年）研制成保持漏壶水位平衡的平水壶（滴漏中的一个重要程序），大大提高了滴漏的计时精度和准确性。因此，元、明、清宫廷一直沿用滴漏计时。古代北京有两处安放滴漏，一处在紫禁城交泰殿，另一处在鼓楼。目前，鼓楼已经恢复了报时鼓和节气鼓的陈列，并定期有击鼓表演。同时复制了铜壶刻漏，新仿制的刻漏分为天池、平水、万分、收水四个部分。天池在最上面，方形，为储蓄水壶；平水和万分也是方形，为中间的滴漏壶；最下面是收水壶，为圆形。

30. 钟楼

钟楼是明永乐十八年（1420年）在元大都钟楼旧址上重建的，原为木结构建筑，后毁于大火。现存样式为清乾隆十年（1745年）重建。重建钟楼为重檐歇山顶，灰筒瓦，绿琉璃瓦剪边，无梁拱券式砖石结构，通高47.9米，楼周围有汉白玉石栏杆。钟楼下面为砖石台基，使钟楼显得高耸俊俏。钟楼的功能也是报时，兼有报警功能。报时、报警用楼内的大钟。钟楼建筑本身具有很好的回音功能，像天坛皇穹宇内的回音壁一样。有人说，钟楼的回音效果使钟楼建筑成为一个大音箱、扩音器，钟楼建筑体现了古代劳动人民的杰出智慧。

钟楼是北京旧城中轴线最末端的建筑，是中轴线上最高的建筑，也是砖石建筑，清朝修建后少有火灾发生。钟楼也是北京旧城内标志性的岁时建筑，楼台内有明代铸造的大钟，600年后音质依然纯正、悠扬。而钟楼本身像个大音箱，具有回音效果，悠扬的钟声能够传到很远

钟楼内大钟很有名，原来的大钟是铁质的（现存于大钟寺），后更换成铜钟。史学家认为，钟楼在中轴线顶端，钟楼大钟既有报时作用，还是明朝皇权定都北京的象征。钟楼内的大钟闻名于世还在于它出自鼓楼西面的铸钟厂，传说铸钟师傅为铸大钟而牺牲了女儿的生命。为附会民间传说，在钟楼旁还真的建有"金炉娘娘庙"（现已毁）。

有关钟楼报时，老北京人也有一个说法，叫"紧十八，慢十八，不紧不慢又十八"。这里的"紧"和"慢"讲的是敲钟的频率，或称节奏感。三个"十八"正好是54次钟声，敲击两遍正好是108次。现在北京高大建筑物很多，现代城市噪音也大了，钟声似乎听不到了。而在古代社会，北京多是四合院和小胡同，悠扬的钟声能传遍京城。同时，作为中轴线北端的建筑也到此为止。

在北京城市文化中，前为阳，后为阴。鼓楼在前，为阳；钟楼在后，为阴。前面的鼓楼建筑为砖木结构，像一位身材魁梧的棒小伙，红色墙身象征阳刚；后面的钟楼为砖石结构，高耸矗立，像苗条淑女，清秀、含蓄。两者之间有100米的空间，形成一个市民活动的广场，声音扩散设计得非常巧妙。两个建筑周围是一片低矮的平房院落，体现着北京古都风貌，同时也适宜鼓声、钟声在上空传播。民国时期，钟楼还作为北平民众教育馆，放映电影，老北京人回忆过去，曾感慨看到钟鼓楼就想起老北京，像过电影一样，留下不可磨灭的城市记忆。

北京旧城中轴线上汇集了古都北京城市的许多重要建筑。因篇幅有限，只挑选重要的建筑加以介绍。北京旧城中轴线上的建筑不仅博大精深，而且十分丰富，除了永定门、正阳门、大清门、天安门、端门、午门、太和门、乾清门、神武门、地安门、太和殿、中和殿、保和殿、乾清宫、交泰殿、坤宁宫、钦安殿、寿皇殿、鼓楼、钟楼等，还有左右对称或呼应的天坛、先农坛，太庙、社稷坛，文楼（体仁阁）、武楼（弘义阁），万春亭、千秋亭等。桥梁不仅有天桥，还有正阳门大石桥、外金水桥、内金水桥等。作为建筑整体，还有皇城、紫禁城、御花园、景山等。

一条北京旧城中轴线可谓与华夏文化共生共荣，是华夏文化的最高表现形式。考古发现的众多华夏古都，都有中轴线规划。几千年来，随着朝代的更替和古都的迁移，在华夏大地上先后出现了数十个古都，北京则是最后一个古都，因此北京古都城和中轴线的历史规划就有了"活化石"的意义所在。[①]

[①] 郭超：《北京古都中轴线变迁丛考》，光明日报出版社2011年版，前言第1页。

第四章　中正和谐　城市灵魂

北京有着悠久的历史和灿烂的文化，熠熠生辉的传统文化使北京在世界城市中占有独特地位。北京作为城市经历了3000多年，建都也有860余年历史，文化不仅博大精深，而且根深叶茂、源远流长。目前，国内外无论是历史悠久的城市还是新兴的城市都注重城市精神的培育、提炼和宣传。北京既是历史悠久的城市，又是快速发展中的城市，是国家的首都，正在成为世界城市，因此更需要城市精神的培育、提炼和宣传。北京城市文化的特点是什么？北京大学哲学系王东、王放从北京文化特征视角入手，对北京城市精神做了深入探讨。[①]他们首先考察了北京九大名家谈论的北京文化特色，这些名家有陈独秀、李大钊、鲁迅、朱自清、冰心、林语堂、老舍、梁思成、侯仁之；然后进行归纳总结，提出北京城市精神多元和谐、综合创新。他们提出北京精神最显著的特征是多元和谐，并且将这种多元和谐分为七种关系或七个层面：（1）天人和谐——人与自然的和谐关系；

---

① 王东、王放：《北京魅力——北京文化与北京精神新论》，北京大学出版社2008年版，第1—16、422—431页。

（2）城乡和谐——北京城市与乡村的和谐关系；（3）古今和谐——古都神韵与现代都市的和谐统一关系；（4）人际和谐——人与人社会关系的和谐共处；（5）族际和谐——不同民族、不同民族文化之间的和谐关系；（6）国际和谐——源自不同国家的异质文化之间，力争保持多元和谐共生关系；（7）身心和谐——追求身体与精神的和谐发展。应该说这种归纳是非常有意义的，是他们博采众长对北京城市文化特征和北京城市精神的有益探索。在我要动笔著述本书的时候，北京大学王一川教授作为专家组成员又提出，希望能将北京城市的人文精神加以探索和简明概括，因为北京城市精神就是北京城市的灵魂。

第一节 大气、正义

一个国家、一个民族总是要有一种精神的。这种精神就是国家、民族的精气神。一座城市也要有精神，这种精神就是城市文化特点的集中体现，也是城市价值观的展现。北京市哲学社会科学规划办公室主任崔新建教授曾经说过，一座城市的建筑、道路、基础设施都是城市的"器官"，而城市的灵魂是什么？不是这些建筑本身，而是由这些建筑组成的城市风貌、传承的城市文化特色、凝聚的城市精神。相反，如果一座城市建设杂乱无章、新建筑奇形怪状、歪七扭八，表明城市人的心态扭曲、茫然，这是需要警惕和注意的。

2011年11月2日，经过290余万北京市民踊跃投票，最后确定北京精神表述语为：爱国、创新、包容、厚德。其中，爱国、创新分别出自当代中国社会主义核心价值体系中"弘扬以爱国主义为核心的民族精神和以改革创新为核心的时代精神"的表述，包容、厚德与树立和践行社会主义荣辱观有着密切关系。应该说，北京精神与北京城市文化特点有着密切联系，但是从北京城市文化特点来概括城市精神还是有一些不足。例如，有人认为，北京是国家首都，应有"首善"特点，这是其他城市所不能比拟的。作为首都居民，北京人最有大局意识，在政治方面最具有引领气质，爱谈论政治，关心国家大事，具有国家、民族的责任感，突出政治是北京首都文化的特点。著名学者马未都则认为，北京城市大气，主要建筑名称大气，人们说话、举止、办事大气，大气应该是北京城市文化的显著特征。还有专家讲，大义凛然也是北京城市的特点。例如，北京有著名的文天祥祠堂，

坐落在东城区府学胡同内，文天祥留下一句名言"人生自古谁无死，留取丹心照汗青"，一直激励着中国人。在日本侵略者入侵北平的时候，尽管军力相差悬殊，在北平地区还是出现了卢沟桥抗战、昌平南口抗战。在抵抗日本侵略者的战斗中，张自忠、佟麟阁、赵登禹等中国军人进行了英勇的抵抗，直到马革裹尸，战斗到生命最后一刻。为此，1946年北平市政府确定北京旧城内三条街道为张自忠路、佟麟阁路、赵登禹路。

还有人提出，忠诚、精忠报国也是北京城市文化特点。在北京东单西裱褙胡同，有明朝忠臣于谦的祠堂，一代代守护祠堂的人坚守着先人留下的这种品质和精神。还有专家认为，北京城是方的，北京的路是正的，"方正"是北京城市文化的显著特征。由此可以看出，归纳北京文化特点、概括北京城市精神是难度很大的一项工作，这也更加反映出北京城市文化的博大精深。

通过对北京城市文脉的梳理，尽管北京城市文化有首善、大气、大义、方正、大局意识、华丽、包容、厚德等诸多特点，但是从北京城市中轴线来考察，北京城市更加突出的特点是"中正和谐"。

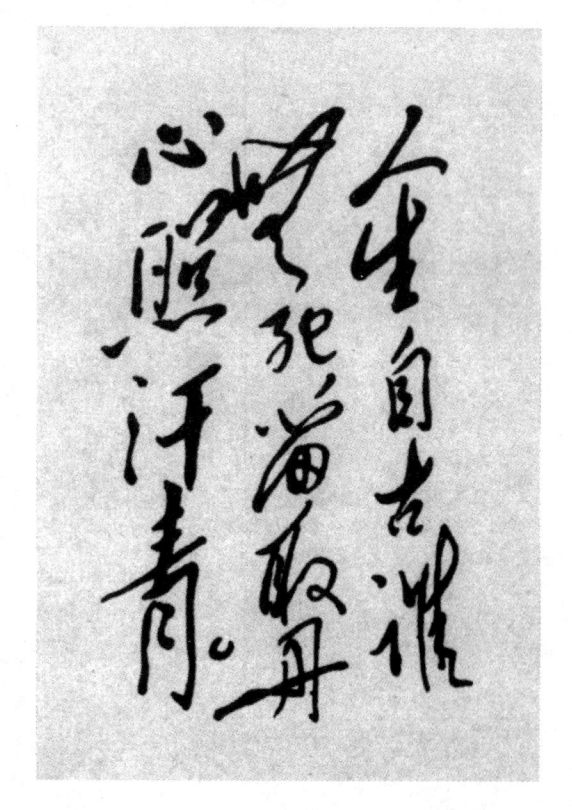

在北京市东城区府学胡同文天祥祠堂内有毛泽东的手书"人生自古谁无死，留取丹心照汗青"

第二节 "中正"文化理念

对北京旧城和中轴线研究后，我认为"中正"的思想最突出。例如，在刘秉忠规划元大都城的时候，首先将城市中轴线确定在城市中心点上，使整座城市坐北朝南，呈方正形状。因此，确定中轴线为城市左右的中心，成为城市的脊梁。其次，将皇宫放置在城市中轴线上，使皇宫与中轴线正中相交，形成"中"字的独特城市景观。明清北京城市继承了这一传统，使北京旧城依然保留有这一城市景观。列入国家出版基金项目的"中国红丛书"中《北京中轴线》在开篇中就认为："中华上下五千年，中心的思想、中正的意识深入人心。而中心、中正、对称则是人们常说的'中式'的重要内容。在中国古代都城的建设中，很早就引入了这一传统设计思想。而北京城的建设，则最充分地体现了中心、对称的思想和观念。"[1]

紫禁城为"口"字形，中轴线为一竖，组合在一起成为"中"字

---

[1] 林山编著：《北京中轴线》，黄山书社2013年版，第1页。

"中正"包括中心、核心、左右对称。左右对称进一步突出中正、中心。北京城中轴线的显著特征是方位明确,中心、核心突出。北京城坐北朝南,中轴线呈南北走向,占据城市正中。皇宫不仅规划在中轴线上,而且占据中轴线的中心位置,皇帝的金銮宝殿又占据皇宫的核心位置。新中国成立后,天安门广场被改造成为新的城市政治中心。这一切都与北京城中轴线的存在有密切关系。

从北京皇城沙盘上,可以清晰地看到由明清故宫(紫禁城)与中轴线组成的"中"字造型

今日北京城中轴线奠基于大都城。元大都城是先有规划,而后建城,这一特点决定了北京城不同于中国大连、天津、青岛、上海、广州等城市。元大都城市以及街道的东、南、西、北、中五个方位非常明确。北京城坐北朝南,中轴线呈现南北走向,位于城市正中间,犹如城市的脊梁。在中轴线核心位置是大内,也就是皇宫;在皇宫正中间位置是皇帝的金銮宝殿;在金銮宝殿正中间是皇帝的宝座。皇帝的宝座可以说是古代人认为的天、地、人"三才"的正中间,占据着天、

地、人最主要的方位。"三才"即天、地、人，天指宇宙苍穹，地指山川平野，人生活在天地之间，居天地之中，人的所有活动都受天地运动的影响，与天地环境密切相关。因此，中、中心、中正成为北京城中轴线的灵魂，成为北京城市发展的命脉。明清北京城市发展有创新，但是基本继承了中轴线"中正"的发展理念。

"中心"也是中华民族根深蒂固的观念。古人认为，中国位于天下之中，北京城位于中国之中，中轴线位于北京城之中。清康熙年间绘制了《皇舆全览图》，是中国绘制比较早的世界地图。这张图是以北京城为中心，以北京城中轴线为绘图的子午线。在中国古代人的心目中，北京城就是天地之中，就是天下之中，天下的万物都是围绕北京城中轴线运转的，城市建筑布局与空间分配也是围绕中轴线展开的。古代北京城是帝王的都城，是首善之区，更应该遵循这一法则。综观北京旧城，天坛在南，地坛在北，日坛在东，月坛在西，还有祭祀风、雨、雷、云的庙宇，都是以北京城中轴线为依据布局的，也都是以皇宫为中心的。中轴线像天地之间、自然之中的指针，随着天地的变化而运转。

对中心有研究的专家阿城，著有《洛书河图：文明的造型探源》一书（中华书局出版），并在中华书局、中央美院讲述"从文物的造型看文明的源头"，其中提到，东西南北和四面八方交叉点的那个地方叫"中"。中国为什么叫"中"国？因为我们的祖先是以天上的星星——北极星为"中"的。我们的祖先通过对天体的观察，发现北极星是稳定的，相对静止的，而日月星辰是围绕它运动的，因此把它确定为中心。北极星为天极，也就是天的中心，作为神名"天极神"，人们站在地上观察天象，本身就形成天、地、人"三才"，这个观念引申就是强调天以北极星为中心，地以皇宫为中心，世间要以人为中心。在当代社会建设中，我们去掉封建迷信色彩，就要以人为本，以实现中国梦为中心，以中国共产党的领导为核心。

北京城还有一大特点，就是名称和建筑讲究对称。这种对称是有中心的，这个中心就是北京城中轴线。以中轴线为中心，形成"中心明显，左右对称"。而左右对称，又进一步烘托中轴线的中正。北京旧城的外城以永定门作为南城墙正中之门，也是中轴线南端的起点，在城门布局中出现左安门与右安门、广渠门与广安门、东便门与西便门对称。北京内城以正阳门（俗称"前门"，位于中轴线上）

为南城墙正中之门，崇文门与宣武门、朝阳门与阜成门、东直门与西直门对称。这种对称在北京旧城中可以说是比比皆是，从文化上讲，先是左、右（东、西）对称，然后是文、武对称，仁、义对称，日、月对称，春、秋对称，凸、凹对称，其核心是阴、阳对称，目的是突出中轴线的中正。这种对称最早源于《周礼·考工记》："匠人营国，方九里，旁三门。国中九经九纬，经涂九轨。左祖右社，前朝后市，市朝一夫。"《周礼·考工记》成书于我国春秋战国时期，是中国古代帝王最理想的都城设计蓝图，也是比较早的城市规划布局的思想。其中，专门提到"左祖右社"。"左祖右社"就是在坐北朝南的城市规划布局中，祭祀祖宗的太庙要建筑在城市左边（东边），祭祀江山社稷的社稷坛要建筑在城市右边（西边）。元大都城就是这样设计的，太庙在城市东面的齐化门内，社稷坛在城市西面的合义门内。到了明朝，修建北京皇宫的时候，要进一步突出中轴线和皇宫的中正，在承天之门（今天安门）左右安排了太庙和社稷坛，就是我们今天看到的天安门东西两侧的劳动人民文化宫和中山公园。这种"左祖右社"的紧凑安排，是明朝进一步突出"中正"的创新和贡献。

中正还是一种文化理念。中正也是端正，讲究做人、做事要大气、公正。大气就是光明正大，正气凛然，不徇私舞弊，也就是北京人常说的要堂堂正正做人、公公正正做事；公正就是不偏不倚，坚持原则，按规矩做人、做事。

第三节 "和谐"文化理念

在北京城中轴线上突出了"和谐"文化理念。从皇城天安门到紫禁城前朝三大殿突出了"内和外安"的文化理念。

明朝初年，天安门叫"承天之门"。为何叫"承天之门"？原来是想表明皇权是"奉天承运"和"受命于天"。因此，在紫禁城大殿的命名上，也称"奉天殿"。承天门与奉天殿在文化上是一脉相承的。到了清朝初年，这种文化理念做了调整。清顺治二年（1645年），将紫禁城三大殿改名为太和殿、中和殿、保和殿，作为要体现文化理念一致的承天门也必然要改名。清顺治八年（1651年），也就是紫禁城三大殿改名后仅6年，正好承天门被重新修建完成，清政府便将承天门改名为天安门，同时将北安门改为地安门，加上皇城东安门、西安门，正好形成"内

和外安"的文化理念。研究北京文化的学者认为，在北京城中轴线上的皇宫三大殿突出的是和谐之音，而皇城四门（天安门、地安门、东安门、西安门）突出的是平安之乐，合在一起就是"内和外安、天下太平"的有机组合。

在突出"内和外安"的文化理念中，中轴线还集中讲述了"和"文化的精髓——太和、中和、保和。何谓太和？在中国文化中，太和是一种境界，讲的是形成天地万物的原本之气——元气，是由阴阳二气会合，这种会合是一种冲和，这种冲和不是相互破坏，而是矛盾的对立统一，是和谐的，是你能承受我、我能承受你，然后是你中有我、我中有你，和谐共生。中国道家文化中的阴阳鱼就形象表达了这种思想。其中，白色代表阳气，黑色代表阴气，两者相交形成冲和，用"S"线表示，虽然有冲突，但是能承受，组合在一起形成对立统一，即为"冲和"。更可贵的是在白色中的黑色鱼眼，在黑色中的白色鱼眼，也是对立统一，表明你中有我、我中有你，可以共生共赢。这就是中国的"和"文化，在当今世界上，中国"和"文化主张不同国家、不同地区、不同民族，包括不同肤色的人都可以和平共处、互利互赢，从而奠定了中华人民共和国的和平共处外交原则。

《易经》在乾卦中说："保和大和，乃利贞。"这里"大和"与"太和"在古字中相通，意思是说"太和"为吉祥之照，利于万物生长。"太和"的另外一种解释就是"天下太平"。什么是"中和"或"致中和"？"中和"讲求和谐至中，不偏不倚，恰到好处。也就是我们前面讲的"中正"思想，孔子提倡的"中庸之道"。什么是保和？即讲求和谐到圆满的境界。"太和、中和、保和"是对和谐最圆满的追求，是和谐的最高境界。

中华"和"文化有着丰富的内容。"和"文化还包括"包容"与"宽容"。孔子提出的"和而不同"是中华和谐文化的重要升华，也是和谐文化发扬光大的生命所在。然而，和谐还有最高境界，这个境界就是天人合一。天人合一的精髓是提倡人与自然的和谐，其本质是人要敬畏自然、尊重自然，按照客观规律行事。敬畏、尊重自然不是否定人对自然的改造，而是强调人在改造自然的过程中尊重自然规律，改造的目的是让人与自然更加和谐，而不是通过人的主观能动性去征服自然，破坏人与自然的和谐关系。北京城中轴线在建筑布局上非常突出的文化理念就是天、地、人的和谐关系。例如，中轴线南有天坛，北有地坛，南有天桥，

北有地桥（万宁桥）；在皇宫内，前（南）有天（乾清宫），后（北）有地（坤宁宫），东有日（日精门），西有月（月华门），讲究的就是天地文化，强调的就是在天地之中是人，人是天地间的生灵。同时，人有相对独立活动能力，但从根本上讲，人的生存依赖于天地。我们常说，有天才有地，有地才有家，有家才有你。讲的就是这样一个本源的道理，人离不开天地自然的变化，人的生存依赖天地自然的变化。这种把人与自然融为一体的现象在北京城随处可见。例如，天坛是敬天的建筑，明代的祈年殿分三种颜色，即上青（蓝色）、中黄（黄色）、下绿（绿色），表示天、地、人和谐地成为一体。到了清代，乾隆皇帝为了使祭坛建筑的颜色更加和谐，将祈年殿统一为蓝色，更突出了人对天的敬畏和建筑的美观。天坛的圜丘坛也是人与天"对话"的地方。只是这种对话在中国封建社会让皇帝独占了。皇帝站在圜丘坛正中的中心石上，对天祷告。现在，广大民众也可以站在中心石上与天"对话"了。人们还认识到与天"对话"不过是利用回声的原理，但是，古人留给我们的人与天地（自然）要和平相处的思想对我们今天强调社会经济协调发展，建立和谐宜居的环境是一种有益的启迪。古人还认为，"天行健，君子以自强不息；地势坤，君子以厚德载物"，也是强调天地与人的关系。清华大学校训就来源于《周易》的这两句话，表明北京的最高学府尊重中华文化传统。而实际上，在整个中华文化圈也崇尚这种文化境界。

　　有人认为在中轴线上所展示的和谐文化是一种祥和。在正阳（正阳门）的天气里，天下安定（天安门、地安门、东安门、西安门），人们遵守礼法，社会秩序井然（端门），朱鸟展翅飞翔（午门，又称朱雀门），天子统治下的北京城充满和谐（太和殿、中和殿、保和殿），这样的景象应该万年春（景山中峰建有万春亭）。试想，这是多么美好的和谐意境啊！清朝北京城市中轴线上建筑名称的变化，既反映了清朝政府对统治长久稳定的追求，也表明了希望社会安定的愿望。在今天我们游览故宫的时候，一定要去养心殿看看，这是清雍正皇帝及以后8位皇帝的寝宫，也是雍正朝以后国家的政治决策中心，在养心殿前殿的明间正中皇帝宝座上方悬挂着一块雍正皇帝亲笔御书的"中正仁和"匾，也表明北京帝都文化的特点。

　　这种文化观念的提升显然比简单地否定前朝（明朝）政权受命于天，而强调

北京故宫养心殿内的"中正仁和"匾

自己是"真命天子"的做法要高明得多,以至300年来没有人再提出更好的名字来改变紫禁城三大殿的名称。同时,北京皇城四门(天安门、地安门、东安门、西安门)的名称在清朝得以明确,与紫禁城外朝三大殿的名称(太和殿、中和殿、保和殿)正好组成"内和外安"的帝都文化意境。

第五章 一座棋盘 整齐对称

中国古代先民认为，天是圆的，地是方的，天圆如张盖，地方如棋盘。因此，最早的田地为方块形，称"井田制"，最早的城市规划成棋盘状，街道横平竖直，如黄金分割。

北京旧城如棋盘的最早说法源于意大利旅行家马可·波罗在游记中对元大都（汗八里）城市的描述："全城地面规划如棋盘，其美善之极，未可宣言。"[1]

形如棋盘的北京旧城中最出名的是街巷胡同景观，这些街巷胡同横平竖直，编织在一起就像棋盘。在北京旧城有两条南北向干道，即从东单到北新桥干道，从西单到新街口干道。这两条干道的东西两侧就是从元代保留下来的城市格局，是北京旧城最标准的整齐排列的胡同。而作为棋盘布局的整座城市又是以中轴线为中心、以两条干道为副中心，胡同沿两条干道东西向整齐排列。研究北京胡同的专家翁立认为"整个北京城的胡同就像这条中轴线穿过的棋盘街一样，以中轴线为中心，方正平直地纵横垂直相交成一个大棋盘。如果说这条中轴线像根脊梁

---

[1] 余士雄：《中世纪大旅行家马可·波罗》，中国旅游出版社1988年版，第59页。

骨的话，那么北京城的胡同就如同两边对称的肋巴骨，脊梁骨加肋巴骨就构成了整个北京城的骨架。由中轴线和胡同所组成的这个北京城的骨架，画成平面图，就可以看出来，仍旧是像元大都那样的棋盘式格局，这里所指的棋盘当然是我国的围棋盘了，只是明朝这个棋盘比元朝那个棋盘更方正了些，更规范了些，元大都城还是个长方形，而明北京城由于向南缩了五里，则基本是正方形了"[1]。

北京旧城不仅如棋盘，在城市中间还有棋盘街。清代北京有一首竹枝词这样描述北京旧城棋盘街："棋盘街阔净无尘；百货初收百戏陈。向夜月明真似海；参差宫殿涌金银。"大意是说，天色将晚，夜幕降临的时候，老北京棋盘街显得宽阔、安静，这时各种百货商家关门了，各种演出（百戏）要开始了；月光明亮，洒向京城，照耀着错落有序、金碧辉煌的皇家宫阙。北京旧城棋盘街在皇城大门前面，也就是今日毛主席纪念堂到正阳门城楼北面的空间。当时，皇城大门（明代称"大明门"，清代称"大清门"）前面是御路，古代也称"御街"（如宋代都城汴京，今开封古城），北京老百姓称之为"天街"，也就是说在天子皇城大门前，离天子住所最近的街市。这条街市的特点是呈现正方形，东、西两面是六部衙署，街市不仅服务京城百姓，还直接服务六部衙署。因街区呈正方形，商铺与通道形如棋盘，因此老百姓俗称"棋盘街"。这一俗称不仅形象地概括了街市的特点，也是北京旧城街巷格局的特点，因此，北京旧城的城市肌理或称文脉也被形容为"棋盘式"。

北京旧城棋盘式街道是由大街、小巷、胡同、四合院组成的，在胡同内还散落着众多的寺庙，围绕着城市的有"五坛八庙""五镇""五顶"等建筑布局。这座城市在中轴线的统领下，是在天、地、日、月中间运行，整座城市似棋盘，人们在棋盘式街区中生活。从总体布局来看，北京旧城是按照天、地、日、月运行来布局的，而下这盘棋的应该是上天或者说是天帝，而对棋的应该是人世间的皇帝、大臣、黎民百姓。

由北京旧城的城墙城门、街巷胡同组成的棋盘式街道也是北京城市文脉的重要组成部分。这种城市肌理与中轴线关系密切，中轴线是核心和城市脊梁骨，城墙城门是外围，是棋盘的界限，而对着城门的主要街道和街道两侧的胡同就组成

---

[1] 翁立：《北京的胡同》，北京图书馆出版社2003年版，第87—88页。

了完美的棋盘式格局，一座座精美的四合院、寺庙、王府就如同棋子，分布在棋盘上。北京旧城棋盘式街道与城市中轴线堪称是一个完美的整体。

第一节　三颗棋子

棋盘式城市布局形成元大都城。在元大都城的营建过程中，有三座佛塔成为城市规划、建设的印记，也是今日北京城市历史文脉传承的依据，这就是北京旧城西单双塔庆寿寺内的双塔、阜成门内白塔寺的大白塔、西四丁字街的砖塔。这三座佛塔犹如三颗棋子，最早出现在棋盘之中，成为北京旧城规划、营建、布局的文化之根，城市景观的标志性建筑。

"双塔"是指位于今西单电报大楼位置的原庆寿寺内双塔。庆寿寺始建于金大定二十六年（1186年），因寺内有双塔而又称"双塔寺"。双塔均为八角密檐砖塔，一东一西排列，其中高的（九级）是海云大师灵塔，塔额上有"天光普照佛日圆明海云佑圣国师之塔"，可见其在当时社会之地位；矮的（七级）是海云大师弟子可庵灵塔，塔额上有"佛日圆明大禅师可庵之灵塔"，说明其在佛界有重要影响。根据历史文献记载，元至元四年（1267年），当元大都城南城

庆寿寺内双塔造型精美，极具佛教建筑特色，是北京地区早期佛教建筑的精华。双塔与大都城修建有关联，当元大都城南城墙向西修至庆寿寺双塔时出现了冲突，忽必烈要求给双塔让路，双塔及庆寿寺便得以保留，成为大都城以至明清北京城的标志性建筑，也是北京古都风貌的城市记忆。1955年4月，因拓宽长安街，双塔被拆除，其位置在今西单电报大楼

墙向西修建时，被双塔挡住，于是忽必烈下旨，要求城墙给双塔让路，西南城墙向南移"远三十步环而筑之"。这样，双塔便保存下来，成为大都城西南角的标志性建筑。同时，忽必烈作为杰出的政治家，对待佛教与历史文化的敬畏、保护的做法也流传下来，成为北京城市文化建设值得借鉴的历史经验。

再说白塔寺内的大白塔，它是元大都城修建时的标志性建筑。白塔寺原称"妙应寺"，寺内白塔是元世祖忽必烈在营建元大都城之前，受佛学大师万松行秀的影响，决定采取"以儒治国，以佛治心"的主张，将藏传佛教奉为国教，下旨在辽代永安寺遗址修建大型喇嘛塔，供奉释迦牟尼，作为蒙古中央政权和神权的象征。据说，在白塔竣工后，忽必烈命人以白塔为中心向四方各射一箭，以此界定白塔寺院的范围。根据蒙古族巴特（英雄、勇士）射出一箭的距离，保守为200米，当时整座寺院占地为16万平方米，远比今日寺院面积大。同时，方向的确定对北京城市正南、正北方位的布局也有影响。

妙应寺白塔始建于元至元八年（1271年），是当时兴建元大都城的一项重要工程，也是当时从吐蕃（古代青藏地区）传入北京地区的第一座藏式佛塔。据寺内碑文记载，忽必烈对建造白塔十分重视，亲自察定塔址，并邀请尼泊尔著名工匠阿尼哥主持修建工程。白塔经过8年精心设计、修建，建成后忽必烈对白塔非常满意，重赏阿尼哥，将白塔视为元朝皇室礼佛的重地，当时著名的佛教大师八思巴也非常重视该塔，赐塔名为"胜利三界大宝塔"。白塔成为如今北京城兴建最早、规模最大、对北京城市文化有着深远影响的藏式佛塔

目前，北京市对白塔的保护极为重视，20世纪90年代为恢复白塔寺山门，拆除了白塔寺副食商店。为了从街面上看到白塔，恢复老北京街市景观，白塔寺药店建筑由五层降低为二层。老北京市民讲，保护白塔就是保护北京城市的根和魂。

大白塔历经元、明、清，一直在传承着北京的城市文化，更是与民族、国家命运息息相关。1976年，唐山大地震波及北京，众多著名古建筑受损，其中西城区妙应寺白塔受损严重。为保护国家文物，1978年下半年北京市政府开始维修白塔。1978年10月2日，在塔刹顶部发现了皮藏塔内的《大藏经》，那是清乾隆十八年（1753年）所敬藏。经文物工作者的进一步清理，又在塔刹盖板缝隙处发现了一些清晚期的纸币和民国时期的报纸等文物，其中有一幅墨笔书写的文书，署名人是罗德俊，以工程铭文的形式记叙日寇大举侵略北京和华北的情况。

罗德俊文书内容：今年重修此塔，适值中日战争，六月廿九日，日军即占领北京。从此，战事风云弥满全国，飞机大炮到处轰炸。生灵涂炭，莫此为甚；枪杀奸掠，无所不至；兵民死难者不可胜计。月之中，而日本竟占领华北数省。现战事仍在激烈之中。战事何时终了，尚不可能预料，国家兴亡难以断定。登古塔，追古忆今而生感焉！略述数语，以告后人，作为永久纪念！民国廿六年十月初三日，罗德俊

最后说"砖塔"。砖塔就是位于北京旧城西四丁字街的"万松老人塔"。万松老人名蔡，字行秀，自称"万松野老"。他15岁出家当和尚，云游四方，曾受到金朝皇帝重视，被聘请到金顶妙峰山前的仰山栖隐寺做住持。他精通佛学，看到蒙古骑兵南下，屠戮劫掠，提出"以儒治国，以佛治心"，对元世祖影响很大，尊其为师。他圆寂后，因其思想、修行对后世影响大，后人修此塔纪念他，该地胡同因此塔而得名为"砖塔胡同"，是北京旧城棋盘式街道中著名的标志性建筑。说其著名，是因为砖塔胡同是北京棋盘上有文献记载的最早胡同名称。北

京史研究专家曹尔泗在"北京胡同丛谈"[①]中讲道,"胡同"这个名称究竟是怎么来的?它最早见于元曲,如关汉卿的《单刀会》中有"杀出一条血胡同来"的词句。还有元杂剧《沙门岛张生煮海》中,张羽问梅香:"你家住哪里?"梅香说:"我家住砖塔儿胡同。"砖塔胡同至今犹存,胡同口的"万松老人塔"也还存在。由此可见,胡同之名始于元代,至今已有700多年历史。研究北京胡同历史文化的专家学者莫不到砖塔胡同,砖塔胡同被誉为"北京胡同之根"。

砖塔胡同的标志——砖塔。砖塔位于北京市西城区西四丁字街砖塔胡同东口,是从元代保存下来的建筑,胡同因砖塔得名。砖塔胡同是北京旧城内最古老的胡同,被称为"北京胡同之根"

第二节　棋盘街道

一般了解北京城市街区的人都有这样的感觉:北京这座古城是经过精心设计建设的,方正的城池和横平竖直的街道是依据棋盘的形式。

中国棋盘式城市街道划分据说产生于"井田制"的田野分割,还有人说是依据"黄金分割法"等。不管怎样看,北京旧城棋盘式街道源于元大都城市规划设计,这种设计既有对古代都城街区制的继承,又有发展创新。据《北京历史图集》介绍,元大都"大城共十一门,门内大街构成全城主干道。主干道相交形成若干长

---

① 北京史研究会编:《北京史大事记年·北京胡同丛谈》,载《北京史研究通讯·增刊》1981年第7期。

方形居住区，居住区中又有等距离东西向若干条胡同，组成整齐的街道体系。大街宽二十四步（约合37.2米），小街宽十二步（约合18.6米），胡同宽六步（约合9.3米）。除相互正交的主干道外，在积水潭沿岸与河道附近又有斜街和丁字街"①。

现存的北京旧城是由元代奠定的城市基本格局，现在遗存的胡同和四合院布局也是源于元大都城的规划，尤其现在东城区、西城区从长安街以北到北二环路之间的街道、胡同基本保持了元大都城的城市格局。因此，后人讲"元大都奠定了北京城"是有根据的。

元建大都城修建时，由于城市是先有规划，辨正方位，所以城市街巷基本保持横平竖直。大街宽阔，几辆马车可以并排行进；小街宽度减半，马车、轿子通行无阻；胡同最窄，轿子和马车仍可穿行。当时城市街区以皇宫为核心，向四面放射出主要街道，在街道两侧东西向排列着一条条小巷，这些小巷就是北京特有的胡同。

北京的胡同多是东西走向，这也是从元代开始的。元代为鼓励在大都城内建造民房，元世祖忽必烈颁诏，让金中都旧址居民特别是有钱的商人和有官职的贵族到大都新城建房，规定每户建房者可以占地8亩。这一政策使元朝统治者及贵族大批迁入城内，出现了大规模建造院落式住宅的现象，使院落式民宅以独特的营造方式得以完善。到了明清两代，基本沿袭了元大都的城市格局，只是在胡同内的院落修建上更加讲究，形成了具有北京特色的四合院。在北京旧城东单到雍和宫大街两侧，南、北锣鼓巷，西单到新街口大街两侧还保留了完整的元大都时期留下的胡同和明清时期非常讲究的四合院。

元大都城的坊巷也值得重视。元大都城内有50个坊，为城市基层管理单位。元代设置的坊和以前中原城市的坊既有继承又有变化，继承的是以坊为城市行政管理单位，变化的是不再建坊墙，坊界根据实际情况依据街区划定。到元朝末年，已经有不止50个坊的建制。这种开放式的里坊制度，是城市建设的一种新尝试，对今日北京城拆除小区院墙和进一步完善街区制也是一种借鉴。

大都城坐北朝南，呈一个规则的长方形，开十一门，南城墙正中为丽正门，

---

① 侯仁之主编：《北京历史图集》，北京出版社1988年版，第28页。

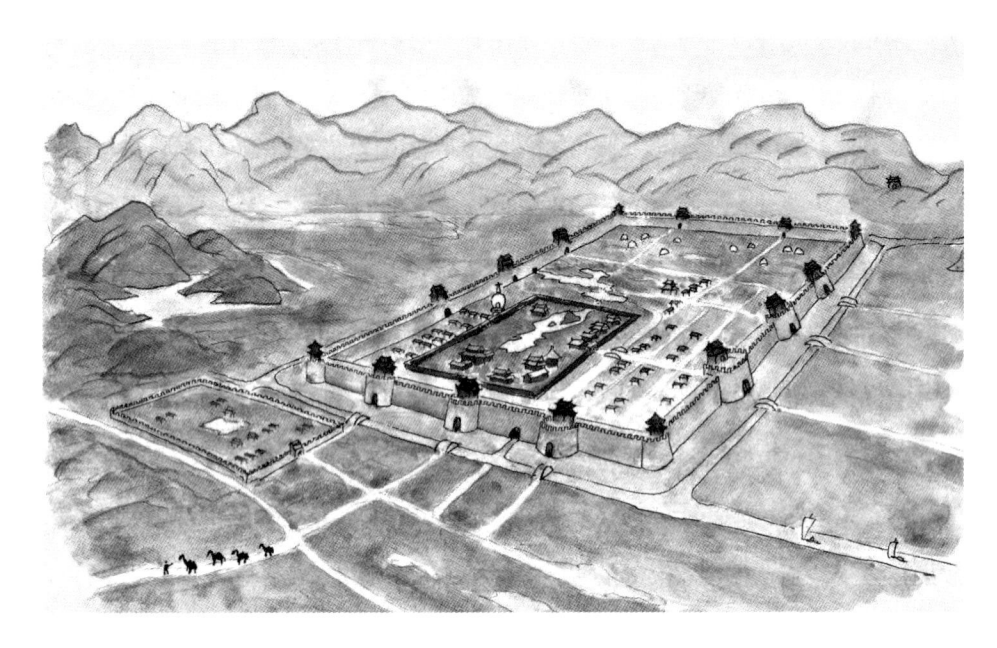

元大都城示意图。元大都城是建在金中都城东北郊的一座新城，是按照《周礼·考工记》所规定"匠人营国，方九里，旁三门。国中九经九纬，经涂九轨。左祖右社，前朝后市"的原则修建的，是中华儒家文化与蒙古草原文化的完美结合，也是中华大地上先有规划而后建城的典范

南之左为文明门（俗称"哈德门"），南之右为顺承门；北面城门未按照礼制，而是适应中国北方气候环境开二门，北之东为安贞门，北之西为健德门；东面正中为崇仁门（今东直门），与西面的和义门遥相呼应，东面之南为齐化门，与西面的平则门遥相呼应，东面之北为光熙门，与西面肃清门遥相呼应。从文化上看是源自阴阳、五行、《易经》和孔子的儒学思想。其中"丽正、文明、健德、顺承、安贞"等都是源于《易经》，而且突出了文与武、仁与义、光熙与肃清的对应或呼应，是值得重视的城市文化现象，是汉文化在中国北方城市规划中的系统运用。

现存北京旧城继承了元大都城的规划布局，又有拓展与创新。明代修建北京城分为三个阶段。第一个阶段是洪武元年（1368年）八月二日（公历9月12日），明征虏大将军徐达攻陷元大都城齐化门，占据大都城，命指挥华云龙"经理故元都，新筑城垣，南北取径直，东西长一千八百九十丈"。（见《明太祖实录》卷

三十）这次筑城墙是为了防止元朝逃到蒙古高原的部族势力反扑。在明军破城前，元顺帝已于五天前开健德门，走居庸关，逃到蒙古高原。为防止蒙古势力的反扑，明军将士及京城百姓迅速在大都北城墙向南约五里之地筑起一道新的城墙，仍开两门，左面命名为"安定门"，右面命名为"德胜门"。这道新的城墙就是明清北京内城的北城墙，其位置就是今日的北二环路。在新筑北城墙的同时，明朝守军还对与北城墙衔接的东、西、南三面城墙用砖石进行包砌。由此，拉开了明朝修建北京城的序幕。

第二个阶段是明永乐四年到十七年（1406—1419年），由于明朝决定迁都北京，又一次开始大规模修筑北京城。其中，永乐十七年（1419年）拓展北京南城墙，将原南城墙从今日长安街一线拓展到前三门一线。这是因为新修建的皇城、宫城整体向南推移，还要将五府六部衙署放在皇城前面，城南空间就显得太狭小了，不符合大都市的气魄和发展要求。因此，将南城墙向南拓展二里到今日崇文门、前门、宣武门一线，东、西城墙也同时向南延长（现存的北京旧城东南角城墙和西便门东侧的内城墙南段残城墙就是这一时期修建的）。修建后的北京城城门名称也做了调整，新拓展的南城墙城门依旧用原城门名称，正中为丽正门，左为文明门，右为顺承门，东城墙北面的崇仁门和西城墙北面的和义门因瓮城为直角而改称东直门和西直门，其余城门名称未变。

第三个阶段是明嘉靖年间北京旧城"凸"字形轮廓定型。明嘉靖三十二年（1553年）为了抵御北方蒙古部族南下劫掠，明世宗嘉靖皇帝决定兴建北京城的外城。原计划将北京旧城的内城包围起来，让北京城成为"回"字形。结果因为修城用砖量大，国库财政困难，因此采取了折中办法，将东、北、西三面外城修建计划搁置，对已经修建的外城南城墙东、西两侧与内城连接，在连接处各开一门，即东便门、西便门。于是北京城就由"口"字形变成了"凸"字形。

北京老百姓有"内九外七皇城四"这样的说法，分别是说北京旧城城门的建制。内城九门为正阳门、崇文门、宣武门、朝阳门、东直门、阜成门、西直门、安定门、德胜门。外城七门为永定门、左安门、右安门、广渠门、广安门、东便门、西便门。皇城四门为天安门、地安门、东安门、西安门。

北京内城九门各有自己的职责和功能。正阳门是北京城内城正南门，中间门

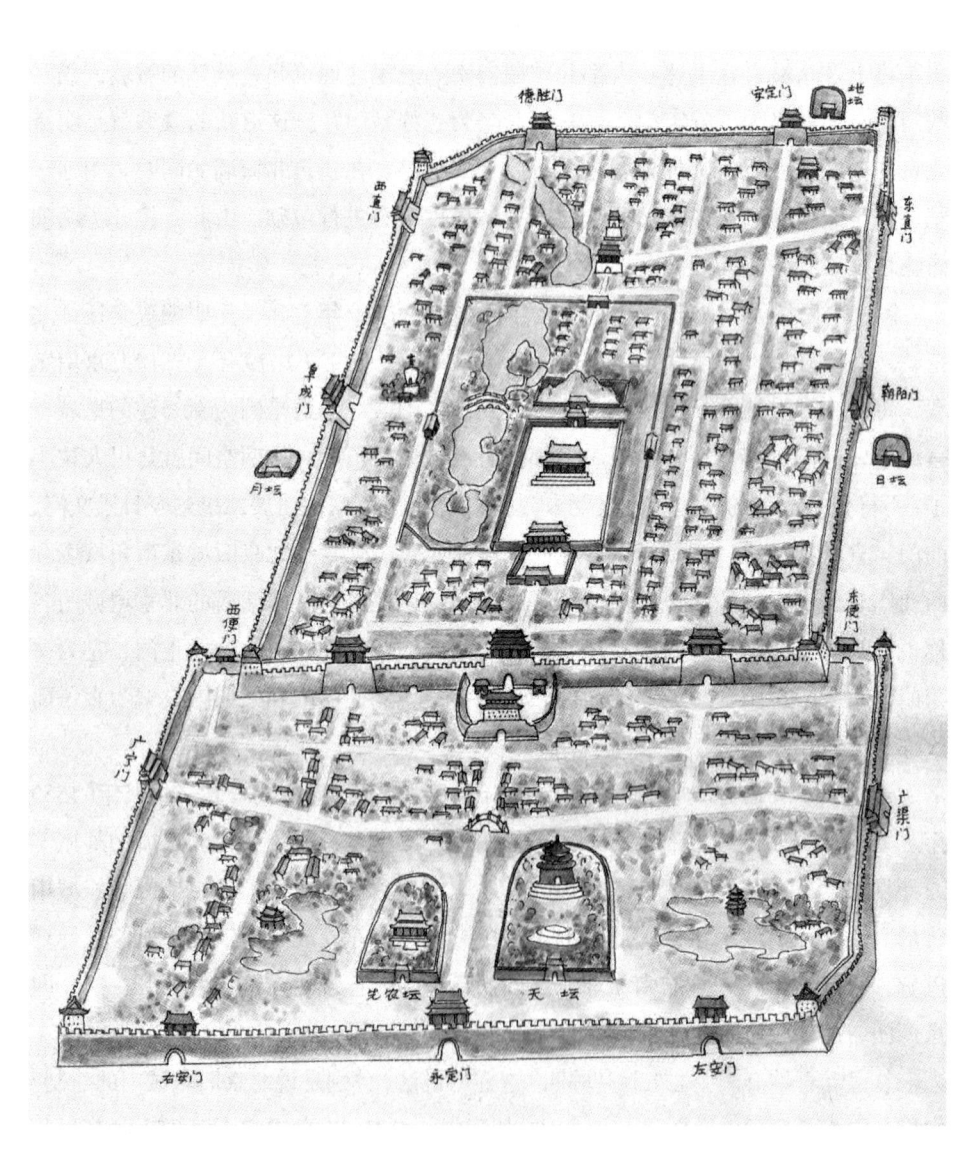

北京旧城示意图

洞只有举行国家大典和皇帝出行才开启，故称"国门"。崇文门是税收管理部门所在地，管理前三门外市场税收，故称"税门"。宣武门是行刑送葬必经之门，清代行刑杀人多在宣武门外菜市口，故称"刑门"。阜成门外对着西山，西山骆驼运煤进此门，故称"煤门"。西直门外对着玉泉山，玉泉山泉水水质清澈、甘甜，有"天下第一泉"的美誉，每日清晨给皇宫运水的大马车进西直门，故称"水门"。德胜门是出兵征战要走的门，出此门表示出师有名，是正义之战，同时要以威德治天下，故称"出兵门"。安定门是得胜班师的军队回城要走的门，故称"进兵门"。东直门是运送砖瓦木料进京城的专用城门，故有"砖瓦门"或"木门"的俗称。京城所用青砖多来自山东，由运粮船捎带，经运河到通州，经通惠河、护城河抵达东直门。朝阳门是经大运河漕粮进京城的主要城门。元、明、清京城粮食主要靠漕运，粮食来自南方产粮地区，漕粮通过漕运到通州，一部分漕粮再经通惠河、护城河，入朝阳门存入粮仓。因此，朝阳门内多粮仓，有禄米仓、海运仓、东门仓等，故称"粮食门"。

北京旧城内城开九门，九门既是进出城的通道，又是城市与郊野密切联系的纽带。内城九门各有功能和分工。这种功能或者分工可概括为：正阳门走龙车，是说皇帝出行、归来要经过正阳门；崇文门走酒车，是说崇文门外有烧酒作坊，烧酒运进内城要走崇文门，同时缴税；宣武门走囚车，是说判刑、流放的犯人要出宣武门，行刑在宣武门外菜市口；朝阳门走粮车，是说沿着通惠河运进城的漕粮要走朝阳门，朝阳门内外多粮仓；阜成门走煤车，是说西山多煤矿，开采出来的煤要经阜成门运进内城，因此阜成门内外多煤铺；东直门走木车，是说从大运河运来的木料在东直门外存储，东直门内外多棺材铺和劈柴厂；西直门走水车，是说最好的水源在西山，玉泉山泉水被称为"天下第一泉"，给皇官拉水的车要经西直门进城；德胜门出兵车，是说打仗军队多从德胜门出城；安定门回兵车，是说凯旋班师的军队从安定门进城，表示天下安定。中华民国建立后，安定门也有走粪车之说，这是因为北京旧城淘粪的车要进出安定门，在安定门外地坛墙根专有晒粪的场子，经过晾晒的粪饼可以作为京郊农作物的有机肥料

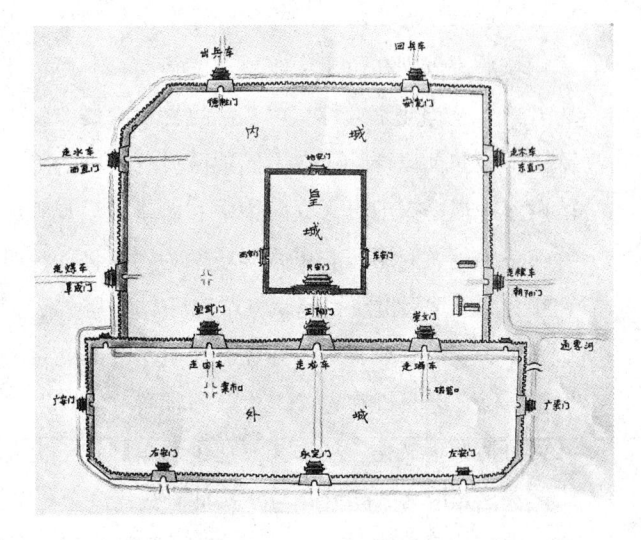

第三节　对称与平衡

在北京旧城棋盘式街区中，最讲究的是对称与平衡。北京旧城坐北朝南，中轴线是南北走向，城市房屋建筑讲究以中轴线为中心，左（东）右（西）对称。这种对称不仅体现在建筑体型大致一样，更强调从空间上左右呼应，在文化上形成一脉。例如，东单、西单，东四、西四，崇文、宣武，履仁、行义等。总之，要保持棋盘式街区的对称与平衡。北京城是皇帝居中居住、大臣上朝的地方。皇帝坐北朝南，文武百官要有序站立。太平盛世，强调文官在左，武将在右；只有动乱之时，左右都是武将。北京城是追求安定、和平的帝都，当然要保持太平盛世。因此，左文右武的对称与平衡是不能动摇的根基。正阳门居中，左为崇文门，右为宣武门；在天街两侧的街巷（今东交民巷、西郊民巷）中各有一座牌坊，东为"敷文"，西为"振武"。

1. 东单与西单

"东单"与"西单"的名称源于东单牌楼、西单牌楼。明朝初年向南拓展北京内城后，分别在位于今东单北大街南口、西单北大街南端修建了两座牌楼。因为各修一座，北京人称"单"，故称单牌楼。牌楼是北京都城文化的重要象征，除了等级象征以外，还在不同地区设置不同的牌楼加以区别。在东单、西单设立的两座牌楼是拱卫以天安门为中心的皇城景观牌楼。据清朝人朱一新著述的《京师坊巷志稿》介绍，东单牌楼坊额为"就日"，西单牌楼坊额为"瞻云"。民国初年，为庆贺袁世凯登基，将"就日"改为"景星"，将"瞻云"改为"庆云"。后来因长安街交通贯通，修建有轨电车（老北京人称"铛铛车"），两座牌楼因而被拆除，老百姓在称呼上也就习惯称"东单""西单"了。进入新时期，西城区为打造西单文化广场，又复建了西单牌楼，仍在坊额上取明朝初年的名称"瞻云"。这是因为"瞻云"与"就日"文化底蕴更加深厚。"就日"表示在东方，靠近太阳升起的地方；"瞻云"表示西面，可以看到远处的浮云。"就日"与"瞻云"均出自《史纪·五帝本纪》，原文为"帝尧者，放勋。其仁如天，其智如神，就之如日，望之如云……"。意思是说尧的功德就像太阳一样给人们带来光明，

位于西单文化广场上的"瞻云"牌楼是新复建的,应与东单"就日"牌楼相互呼应。因东单没有空地,西单牌楼真成了"单牌楼"。复建西单"瞻云"牌楼是让人们增加对北京旧城的历史记忆,同时也表明北京旧城文脉整体建设的紧迫性

尧的恩泽像祥云一样能厚泽人间。在山西临汾的尧庙门首,即山门两边旁门的楣额上刻有"就日"(东边)和"瞻云"(西边)。北京城是帝都,其文化渊源是由三皇五帝的正统文脉传承而来。因此,在东、西长安街各立了一个牌坊,以诠释这一文化现象。

2. 东西与西四

"东西"与"西四"的名称源于东西牌楼、西四牌楼。明朝初年规划建设北京城,在位于崇文门内大街与朝阳门内大街交汇处的十字路口四个方位分别修建了牌楼;在宣武门内大街与阜成门内大街交汇处的十字路口四个方位分别修建了牌楼,北京老百姓俗称"四牌楼",位于城东的称"东四牌楼",位于城西的称"西

新复建的西四东牌楼,位于地铁出站口。在蓝色匾额上书写"行义"二字,与"履仁"相对应

四牌楼"。东四牌楼、西四牌楼主要是集市荟萃之所,因此在东四牌楼、西四牌楼中的南北牌楼坊额上书写"大市街"三个字,以突出街市特点。在南北牌坊上则是北京城市平衡与对称的展示,在东西牌楼东牌楼坊额上书写"履仁",西牌楼坊额上书写"行义";在西四牌楼西牌楼坊额上书写"履仁",东牌楼坊额上书写"行义"。目前,北京市西城区在地铁西四站出口(大街路东)复建了西四东牌楼,在坊额上书写着"行义"二字。

明代西四牌楼还有一个特殊用途就是作为杀人的刑场。这也是传统文化,东为吉,西主凶,行刑杀人一般安排在人流比较多的西市,西四牌楼就成了明朝北京城的西市,清朝则改在宣武门外菜市口。1923年从东四牌楼到西四牌楼之间通有轨电车,牌楼做过改造,将木柱更换为水泥柱,同时增加了牌楼高度,以便通车。1954年年底到1955年年初因城内交通量不断增大,因此将东四牌楼、西四牌楼

东四牌楼旧照片

西四牌楼旧照片

拆除。这样，人们不再称呼"四牌楼"，而是称"东四""西四"了。

3. 隆福寺与护国寺

在北京旧城平面布局中，有两座寺庙格外突出，这就是东城的隆福寺、西城的护国寺。这两座寺庙一东一西，被老北京人称为"东庙""西庙"，均为皇帝敕建的藏传佛教寺庙。隆福寺在东，象征国运兴隆，蒸蒸日上；护国寺在西，象征国泰民安，风调雨顺。在北京城市布局中它们也是对称与平衡的重要标志。

在清末民初时期，隆福寺和护国寺不仅香火旺盛，而且是北京人逛庙会的最佳去处。据《乾隆大清一统志》记载[①]，隆福寺在东城大市街之西北，明景泰四年建，清朝雍正元年重修。每月之九、十日有庙市，百货骈阗，为诸市之冠。护国寺在皇城外西北隅，旧名崇国寺，元至元中建，有赵孟𫖯所书寺碑。明宣德中重建，赐额"大隆善护国寺"。清朝康熙六十一年奉敕重修，有《圣祖御制碑文》。每月七、八日庙市最盛。在这里，不仅可以烧香礼佛，还可以买卖商品，特别是品

现在隆福寺基本看不见，新建的寺院被抬升到隆福大厦顶端，完全脱离实地

[①] 北京市东城区园林局编：《北京庙会史料》，北京燕山出版社1999年版，第87、95页。

尝北京风味小吃，买卖旧书和其他文化用品。据北京市东城区园林局编的《北京庙会史料》介绍，隆福寺以古玩玉器出名，来往富人多，吸引商贩多，规模大，在庙会期间日用百货和衣着用品多。护国寺庙会是适应城区市民需求的庙会，山货虽有但不多，主要是日用小百货和家具。20世纪90年代，一场大火烧毁了隆福寺，由于当时还没有文物保护的意识，更没有北京城市对称与平衡的意识，隆福寺没有按原样修建，在市场大潮的推动下，修建了隆福大厦。寺庙被架到商业大楼顶部，原有的文化被破坏了，乡愁也就没了。北京城市的对称与平衡被毁坏需要特别引起北京人的警醒，东城区、西城区进行的原文化生态的修复就成为隆福寺地区、护国寺地区文化建设的重要任务。

第四节 棋盘中内环

北京旧城继承了元大都城市肌理，也就是城市的街巷胡同。明清北京城中紫禁城居中，然后是皇城，皇城外围是内城，内城南面是外城。在明嘉靖年间修外城时原计划是环绕内城的，因施工量大、国库空虚而未能如愿。否则北京旧城会成为"回"字形，而不是"凸"字形。在北京旧城"凸"字形城市平面布局中，一条中轴线把城市分为东、西两个部分，在东、西两个部分中各有一条大的南北干道，这就是从崇文门南达磁器口、北抵北新桥的干道，从宣武门南达菜市口、北抵新街口的干道。这两条干道和节点非常重要，它是20世纪50年代北京"城市回廊"规划之一，这个规划也是北京人寻找城市"一环"的踪迹，被称为"四口"城市环形道路规划，即从北新桥向西到新街口，再向南一直到菜市口，折向东到磁器口，再向北一直到北新桥十字路口。

在老北京人的记忆中，对民国年间的有轨电车的记忆非常深刻。今日在前门外作为旅游景观而修建了一段有轨电车线路，并配有铛铛车。而据老北京人回忆，民国时有轨电车总站在前门外天桥，然后进入中轴线北行，沿着前门外大街到珠市口、前门，再向北到天安门，开始环行，车站依次为天安门、司法部街北口、石碑胡同、西长安街、西单、商场、甘石桥、缸瓦市、西四、报子胡同、平安里、厂桥、东官房、北海、地安门、烟袋斜街、宝钞胡同、小经场、交道口、北新桥、十二条、魏家胡同、钱粮胡同、东四、灯市口、米市大街、西总布胡同、东单、

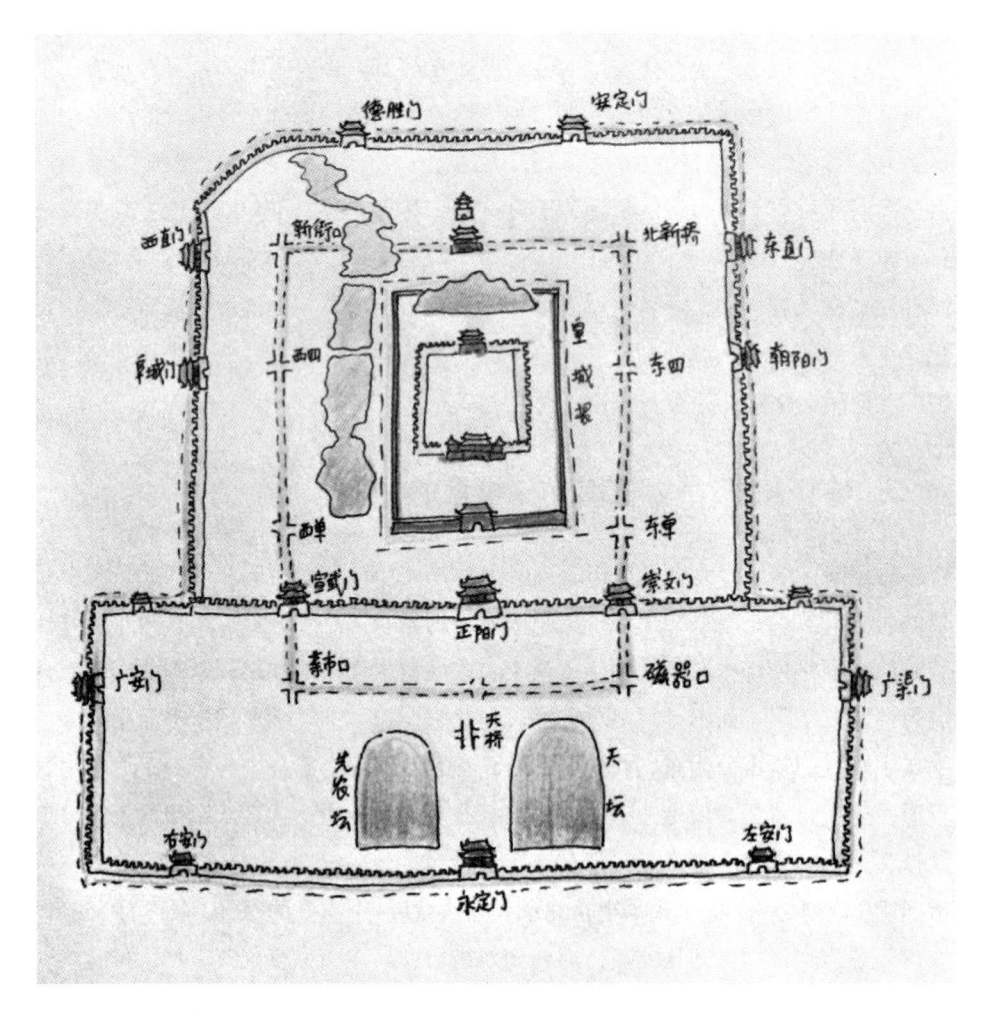

北京城市沿着"凸"字形旧城外围轮廓形成二环路，而旧城内却不见一环路。一些来北京的人常常问起北京的"一环"在哪儿？如果要追寻北京城市一环路，就要追寻到元大都皇城，皇城由萧墙（俗称"红门阑马墙"）围绕，周回约20里。到了明清两朝，北京城市核心为紫禁城，围绕紫禁城的是皇城，皇城为黄琉璃瓦和红墙身，用大城砖垒砌而成，在皇城墙外没有护城河。为保证皇城安全并与民居有所区别，除了皇城的黄琉璃瓦和红墙身的建筑颜色、体量以外，还留有空间距离，这种空间距离就成为环绕皇城的通道，也就是老北京人说的"皇城根"。可以说围绕皇城的皇城根是北京内城最初的"一环"。20世纪50年代，为了方便交通，曾有城市回廊设计，就是文中提到的"四口"交通节点，作为城市"一环"

王府井、御河桥、南池子、天安门。对于这条环路，也有人认为是"一环"。

北京大学历史地理研究中心的唐晓峰教授还提出，老北京人记忆中的4路汽车环线可视作内城"一环"。1950年3月16日北京旧城内开辟4路有轨电车，线路为环形，从平安里经西四、西单、天安门、东单、东四、北新桥、鼓楼、地安门，返回平安里。1958年有轨电车陆续停运，改为汽车，仍旧沿路环行。

第五节　五坛八庙

北京旧城还体现了敬天、敬地、敬神的传统礼仪。这种礼仪在明嘉靖年间得到进一步拓展。这种拓展就是形成五坛八庙环绕北京城，使北京城成为全国最高级别的礼仪之城。嘉靖皇帝是由藩王继承皇位的，他始终保持着倔强的性情。他继承皇位后经过"大礼仪之争"而获胜，更坚定了自己对传统的颠覆和再造。他对北京旧城改造是最多的。首先将敬天地山川诸神的天坛改为只敬天神，围绕北京旧城另建地坛、日坛、月坛，整个北京城仿佛被置于八卦图中。其中，天坛在南，为乾卦；地坛在北，为坤卦；日坛在东，为离卦；月坛在西，为坎卦。这和嘉靖皇帝信奉道教有直接关系。后人研究认为，北京旧城四合院是紫禁城的平民化微缩建筑，而天、地、日、月围绕北京旧城是皇宫内八卦图的放大。这是因为在明朝初年修建北京紫禁城皇帝起居的后宫的布局是南面乾清门、北面坤宁门、东面日精门、西面月华门，中间是皇帝和皇后居住的乾清宫、坤宁宫。乾清宫在前（南），为天，坤宁宫在后（北），为地，皇帝和皇后的宫殿是在天、地、日、月中间。还有人认为，后宫四门代表天、地、日、月，其中乾清门代表天、坤宁门代表地、日精门代表太阳、月华门代表月亮。后人认为这样的布局就是按照八卦方位设置的，到明嘉靖年间北京旧城和皇宫已经形成大小两个八卦图，即宫城内是用乾清门代表天、坤宁门代表地、日精门代表太阳、月精门代表月亮，组成天、地、日、月小八卦图，北京内城是由天坛、地坛、日坛、月坛组成大八卦图。

北京旧城与五坛八庙也有着密切的联系。这种联系表现为皇宫（紫禁城）居中，五坛八庙呈现环绕态势。

五坛为天坛、地坛、日坛、月坛、先农坛，也就是在皇城外围绕北京内城的五座皇家祭坛。其中，天坛在内城南，地坛在内城北，日坛在内城东墙外，月坛

在内城西墙外。先农坛在西南，与天坛一起位列中轴线南端两侧，遥相呼应。天坛内有圜丘坛、祈谷坛；地坛内有方泽坛；日坛内有朝日坛；月坛内有夕月坛；先农坛内有先农神坛、太岁殿和封建帝王的观耕台等。如果再加上皇城内祭祀社稷的社稷坛（五色土）、先蚕坛，北京共有祭坛九座（圜丘坛、祈年殿、方泽坛、朝日坛、夕月坛、社稷坛、先农坛、太岁殿、先蚕坛），故又有"九坛八庙"之说。

天坛位于北京旧城外城东南，始建于明永乐年间，与北京紫禁城同时修建，最早为皇家祭祀的天地坛。天坛是明清皇帝冬至祭天和正月祈求五谷丰收的地方，内有圜丘祭坛和祈谷祭坛。

祈年殿在天坛的北部，也称为祈谷坛，原名大祈殿、泰享殿，始建于明永乐十八年（1420年），是天坛最早的建筑物。清乾隆十六年（1751年）修缮后，改名为祈年殿。清光绪十五年（1889年）毁于雷火，数年后按原样重建。祈年殿是一座直径32.72米的圆形建筑，鎏金宝顶蓝瓦三重檐攒尖顶，层层收进，总高38米。祈年殿内有28根金丝楠木大柱，里圈的四根寓意春夏秋冬四季，中间一圈12根寓意12个月，最外一圈12根寓意12时辰以及周天星宿。

地坛位于北京旧城安定门外路东，内有方泽祭坛，是明清皇帝夏至祭祀"皇地祇神"的场所，也是我国最大的祭地之坛。

日坛位于北京旧城朝阳门外路南，内有朝日坛，是明清皇帝在春分时节祭祀大明之神（太阳）的地方。

月坛位于北京旧城阜成门外路南，内有夕月坛，是明清皇帝在秋分祭祀夜明之神和褚星宿神的地方。

先农坛位于北京旧城永定门内大街西侧，整体建筑与天坛整体建筑东西对峙，东门与天坛西门隔路相望。先农坛又名"山川坛"，是明清帝王祭祀先农、山川、神祇、太岁诸神的地方。先农坛始建于明朝初年，明清两朝都不断修建和完善，有内、外两重围墙。先农神坛位于内坛墙西北方位，建于明嘉靖年间，清乾隆年间曾重新修建。祭坛坐北朝南，为砖石垒砌的方形平台，长宽各15米，高1.5米，四面各有八级台阶。在祭坛正北面为大殿，歇山顶面阔五间，内供奉先农神牌位。在大殿两侧为神库、神厨。在先农坛内还有太岁殿，也称"太岁坛"，位置在内坛墙东北方位，原址为露天山川坛，明朝初年修建，主要祭

祀太岁、风云雷雨、五岳、四海、五镇、四渎、天寿山、京畿山川、都城隍等神灵。

明嘉靖年间先农坛内还专门修建了太岁殿。大殿坐北朝南，面阔七间，为黑琉璃瓦绿剪边歇山顶建筑，专门祭祀太岁。太岁为值年之神，因为每个人都有一位"太岁星君"主管一生命运，称为"本命太岁"，而每年又有一位"值年太岁"，也称"流年太岁"，主管人们一年的事业、健康等。人们一年的运气全依赖此神，因此封建帝王非常重视。皇帝拜太岁是代表江山社稷祈求风调雨顺、五谷丰收、国泰民安

先农坛内还有一处重要的景观是"观耕台"，位于太岁殿东南。此台修建于明嘉靖年间，最初为木结构建筑，清乾隆年间改为砖石结构，并在台的四周饰黄琉璃瓦，在台面四周环绕汉白玉护栏，十分精致、美观。在观耕台北面为具服殿，面阔五间，绿琉璃筒瓦歇山顶。每年农历三月上亥日（月初），皇帝都要率领文武百官来到先农坛，先祭祀先农神，然后到具服殿更衣，到观耕台东面的亲耕田扶犁耕地。亲耕田为一亩三分，皇帝要右手扶犁，左手执鞭，往返耕作，明朝规定4趟，清朝规定3趟，王公大臣在两侧从耕。这一活动表明封建帝王重视农业

位于先农坛内的观耕台

生产，而且有带头和示范作用。因为皇帝亲耕，有皇帝的一亩三分自留地，所以还要有收成，在太岁殿东面建有神仓，专门用来贮藏五谷、祭品等。丰收后还要有庆祝活动，在内坛东北修建了庆成宫。庆成宫在明朝初年是斋宫，是皇帝进行祭祀活动前修身静养、沐浴吃斋的地方。因此庆成宫建筑非常讲究，主体建筑坐北朝南，建筑在台石上，围有宫墙，正南面有三座石券门。清乾隆年间改名称为庆成宫，成为皇帝亲耕后休息和犒劳百官的地方。

八庙也称内八庙，是建筑在北京旧城内的皇家寺庙。这些寺庙包括天安门东侧的太庙、西城区阜成门内的历代帝王庙、紫禁城内的奉先殿、景山北面的寿皇殿、安定门内成贤街中的文庙（孔庙）、内城东北的雍和宫（喇嘛庙）、地安门外火德真君庙（俗称"火神庙"）、原北京饭店西面的堂子。有关北京"五坛八庙"或"九坛八庙"有多种说法。"五坛"与"九坛"已有定论，唯独"八庙"说法不一致，认可度比较高的有太庙、历代帝王庙、文庙（孔庙）、寿皇殿、雍和宫这五座国家级大型祭祀庙宇；其他的说法有紫禁城内奉先殿、传心殿，紫禁城外堂子、火德真君庙、宣仁庙、昭显庙、凝和庙。其中，传心殿位于故宫文华殿东侧，如果列入八庙之中，可能是最小的一座皇家祭祀先贤的庙宇，始建于清康熙二十四年（1685年），整座建筑坐南朝北，大殿（传心殿）面阔五间，殿内供奉尧、舜、禹、成汤、周公、孔子的牌位。所谓"传心"就是继承古代帝王先贤治理国家的心得和经验。

北京旧城地安门外新修复的火神庙山门外有"老北京九坛八庙"标识。"九坛"有天坛公园内的祈谷坛、天坛，安定门外的地坛，朝阳门外的日坛，阜成门外的月坛，天安门西侧的社稷坛，先农坛内的太岁坛、先农坛，北海公园西北的先蚕坛。八庙为天安门东侧的太庙、西城区的历代帝王庙、紫禁城内的奉先殿、景山北面的寿皇殿、安定门内成贤街中的文庙(孔庙)、京城著名的喇嘛庙雍和宫、地安门外火神庙、北京饭店西面的堂子

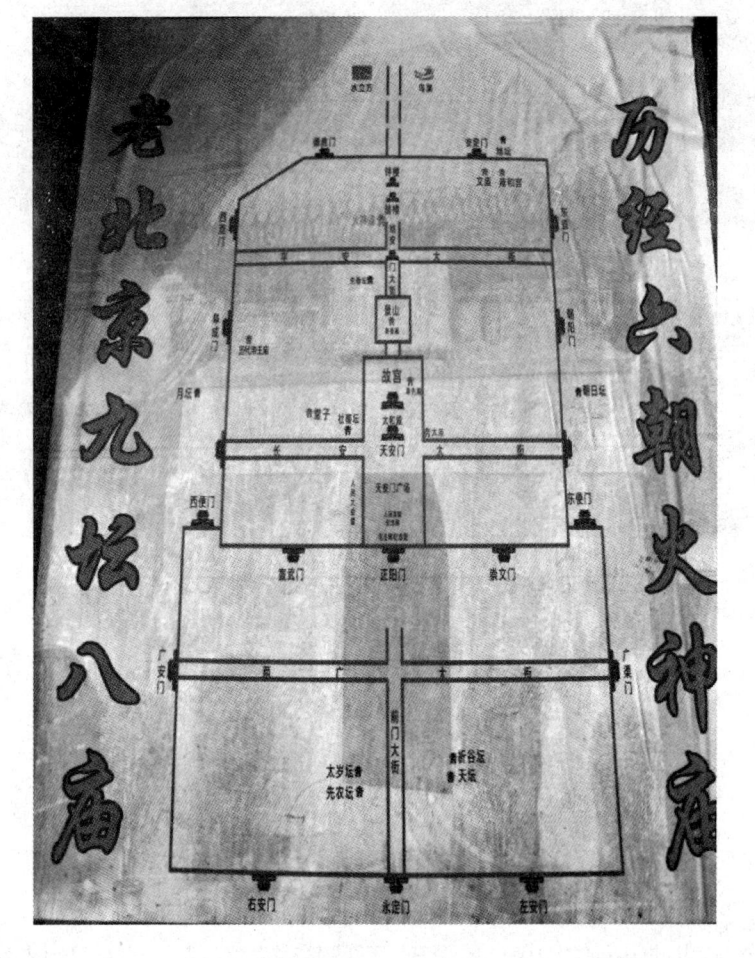

明永乐十八年（1420年）修建太庙，是明清皇帝的"家庙"，是皇帝供奉祖先的重要场所，同时也是北京皇城内"左祖右社"都城布局的重要建筑，皇室非常重视每次的太庙大祭活动，不仅规格高，而且庄重。

太庙之制，自古有之。北京太庙建筑金碧辉煌，极具中华民族特色，与紫禁城建筑融为一体。太庙整体布局呈现南北向的长方形，由红墙和黄琉璃瓦顶的院墙围绕，种植了苍松翠柏，主要建筑坐北朝南，有戟门，面阔五间，黄琉璃筒瓦庑殿顶，建筑在三层汉白玉台基上，殿前金水河流过，上面有七座汉白玉石桥，

太庙大殿是北京皇家建筑最高等级,为重檐庑殿顶。在重檐之间正中有木匾,上书"太庙",为满、汉文竖写。大殿墙身、柱子、门窗均为红色,重檐殿顶均为黄琉璃筒瓦,面阔十一间,与太和殿规制相当,建筑在三层汉白玉石台阶上,俗称"三台",非常庄重、大气,是中国古代建筑的典范

十分高贵;进入戟门可以看见太庙大殿,黄琉璃瓦重檐庑殿顶,面阔十一间,建筑在汉白玉石基座上,前面有宽敞月台,后面连接中殿;中殿又称"寝宫",面阔九间,黄琉璃筒瓦庑殿顶,殿内供奉历代帝后神龛、牌位;中殿之北是后殿,后殿与中殿之间用红墙隔开,后殿又称"祧庙",即专门用来祭祀老祖宗的庙堂,内供奉清代立国前的四代先王的牌位。在大殿、中殿两侧还建有配殿等祭祀建筑和设施。太庙总面积为139650平方米。新中国成立后,太庙被列入全国重点文物保护单位,并成为劳动人民文化宫。

历代帝王庙修建于明嘉靖九年(1530年),位于北京旧城皇城西侧、阜成门内,是明清两朝祭祀三皇五帝、历代帝王和文臣武将的皇家庙宇。由于历朝都有入祀人物,使庙中供奉的人物不断增加,在清乾隆年间做了调整,在历代帝王庙主殿——景德崇圣大殿内供奉三皇五帝和历代开国帝王、守业帝王188人的牌位,

同时在东、西配殿供奉历代文臣武将79人的牌位。这次精选既体现中华各民族的包容，又实事求是。历代帝王庙占地21500平方米，建筑面积6000平方米，整体气势恢宏，为中国古代建筑精品。尤其是景德崇圣殿坐北朝南，面阔九间，进深五间，黄琉璃瓦顶，体现的是"九五之尊"的皇家建筑。1996年国务院公布历代帝王庙为全国重点文物保护单位。

景德崇圣大殿是历代帝王庙的主体建筑。景德崇圣大殿坐北朝南，面阔九间，进深五间，重檐庑殿顶，黄琉璃瓦，金丝楠木大柱，地面铺金砖，金龙和玺彩画，为典型的皇家"九五之尊"建筑。大殿在清乾隆年间大修后供奉三皇五帝、历代帝王和贤臣

奉先殿是紫禁城内皇帝的"家庙"，位于故宫东侧，景运门外，是明清皇帝供奉祖先牌位的宫殿；最初修建于明永乐年间，是仿照南京皇宫内建制修建，明嘉靖年间在此处修建崇先、观德二殿，明末宫殿建筑毁于战火；清顺治十三年（1656年）在原址重新修建宫殿，大殿为"工"字形建筑，前殿、后殿各七开间，内设暖阁、宝床、宝椅，安放神龛以供奉先祖，成为清朝皇帝祭祀太祖、太宗的宫殿。"奉先"就是祭祀先人，与太庙有相同的作用。不同的是太庙的作用是国家祭祀民族列祖列宗、先贤，而奉先殿的作用是清朝皇帝祭祀家族祖先、先贤，属于皇家私庙。在殿内供奉先皇、先后要求按照日常生活进行，即终日要有人进香、

敬奉，皇帝、皇后在每月初一、十五和每年元旦、冬至、万寿节要进香，重大忌辰要行礼拜祭，尤其是皇帝大婚后，要携新皇后到此拜祭、感恩。

堂子是满族祭祀祖先和神灵的场所。在北京旧城的堂子始建于清朝顺治皇帝入关定都北京后，内有满族入关前四位祖先的遗物在堂内供奉。堂子是满族特有的神灵祭祀，其地位在满族人心目中比太庙还重要，清朝建立政权后，凡重大的政治、军事行动之前，都要在堂子内举行祭祀、誓师，在一些重要日子里皇亲国戚要到此举行缅怀活动。堂子建筑主要有祭神殿、圜殿、尚神殿等。堂子的最早地址在东交民巷（今台基厂对外友协院内）路北，清光绪二十七年（1901年）由于签订《辛丑条约》，东交民巷划为使馆区，堂子被划入意大利使馆占地范围，清朝皇帝祭祀很不方便，于是迁至今东城区南河沿南口路北，在北京饭店西侧。1985年修建北京饭店国宾楼时被拆除。

寿皇殿始建于明万历年间，当时位于万岁山（今景山）东北。清乾隆年间将旧殿拆除，在景山后面正北也就是在北京旧城中轴线上重新修建。寿皇殿是明清两朝皇帝祭祖的场所。

文庙始建于元代，坐落在北京旧城安定门内国子监街，北京老百姓俗称"孔庙"。元代定都北京后，为加强利用儒家文化治国，笼络汉族贵族和士大夫，元世祖忽必烈下令沿袭历代规制，于大都城东建庙祭祀孔子，元大德六年（1302年）开始修建文庙，十年（1306年）建成。元朝末年文庙荒废，明永乐九年开始重修，宣德四年（1429年）重修大成殿以及两侧配殿，嘉靖九年（1530年）为祭祀孔子五代先祖而增加了崇圣祠。到清乾隆年间又修文庙，乾隆皇帝钦谕文庙大成殿用黄琉璃瓦顶，由于提升为皇家礼遇，使北京文庙成为仅次于山东曲阜的全国第二大孔庙，即国家祭祀孔子的皇家庙宇。

雍和宫位于北京内城东北小街豁口内，今雍和宫大街路东，是北京最大的喇嘛庙。雍和宫坐北朝南，主体建筑从南向北有牌楼院，在东、北、西各建有一座牌楼，南面为黄绿琉璃瓦影壁，其中北面的为京城少有的"九牌楼"。进牌楼院向北面对的是昭泰门，黄琉璃瓦歇山顶，上刻有满、蒙、藏、汉四种文字。过昭泰门可见雍和门，也称"天王殿"，面阔五间，黄琉璃瓦歇山顶，殿中布袋尊者居中，左右为四大天王。过雍和门可见御碑亭，为黄琉璃瓦重檐四角攒尖顶，亭

位于北京旧城安定门内成贤街的文庙，北京老百姓称之为"孔庙"。图为孔庙内大成殿

内立有四方碑，四面分别用满、汉、蒙、藏四种文字刻有乾隆皇帝亲自撰写的《喇嘛说》，这是一篇非常重要的治国安邦的论文。在御碑亭东、西两侧有配楼，东为密宗殿，西为讲经堂，均为灰筒瓦硬山顶重楼重檐建筑，面阔七间。御碑亭之北为雍和宫正殿，面阔七间，黄琉璃筒瓦歇山顶，殿内供奉三尊青铜质泥金佛像，为过去佛燃灯、现世佛释迦、未来佛弥勒，殿内东、西两侧是彩塑十八罗汉像。在雍和宫大殿后面是永佑殿，面阔五间，黄琉璃筒瓦歇山顶，殿内供奉三尊铜佛像，分别为药师佛（居左）、无量寿佛（居中）、狮吼佛（居右），殿东北有观音化身佛，殿西北有千手观音像，殿东、西两侧墙壁上悬挂唐卡。永佑殿后是法轮殿，面阔七间，黄琉璃筒瓦歇山顶，前出轩后抱厦，殿顶及天窗顶上建有藏式风格五座鎏金宝塔，整座建筑呈现十字形，殿中供奉喇嘛黄教派创始人宗喀巴大师的铜坐像，铜像背后是用檀香木雕成的五百罗汉山，同时在殿内东、西墙壁上彩绘有释迦牟尼成佛的故事，在殿内东、西墙壁下存放有大藏经和续藏经。在法轮殿东还建有班禅楼，在法轮殿西侧建有戒台楼，均为黄琉璃筒瓦歇山顶。在法轮殿后

是万福阁,也是雍和宫内最高大的建筑,重楼重檐,黄琉璃筒瓦歇山顶,楼高30多米,分上、中、下三层,阁内供奉一尊由白檀香木雕刻而成的大佛像,为目前国内现存最大的木雕佛像。在万福阁东、西两侧还建有永康阁和延绥阁,以悬空阁道式飞廊相连通,气势宏伟。在万福阁之北是绥成殿,也是雍和宫最北端的建筑,面阔七间,重楼重檐,黄琉璃筒瓦硬山顶,上下出廊,殿前有月台与万福阁相连接。雍和宫占地总计66400平方米,主要建筑从南到北有牌楼院、昭泰门、雍和门、御碑亭、雍和宫、永佑殿、法轮殿、班禅楼、万福阁、绥成殿等,是北京旧城内集汉、满、蒙、藏等各民族建筑艺术之大成而又独具艺术风格的古代建筑群。

北京旧城内等级最高的牌楼为"九楼牌楼",这座北京旧城内保存完好的"九楼牌楼"位于雍和宫的入口处,很多游客容易忽略这一重要建筑。进入牌楼后,当年的"潜龙府"现在是规制严谨的藏传佛教寺院。每年正月初一,这里香火极为兴盛,烧香礼佛的民众几乎堵塞了雍和宫大街

在雍和宫出生了两位帝王，因此雍和宫还被称为京城"潜龙府"。在北京出现"潜龙府"与清代分封制度有关，和明代不一样，清代被分封的王爷没有封地，只有王府和私宅，而且不能随便离开京城。清康熙三十三年（1694年）在安定门内国子监、孔庙东面的明代太监官房旧址修建了胤禛成人后第一座府邸，名为"禛贝勒府"，康熙四十八年（1709年）胤禛被封为和硕亲王后改称"雍亲王府"。1722年，也就是康熙六十一年，康熙皇帝驾崩，雍正即位，王府随即成为皇帝的行宫和"潜龙府"。雍正在位13年，雍正十三年（1735年）八月二十三日雍正驾崩于圆明园，乾隆皇帝即位。据史书记载，乾隆出生在康熙五十年（1711年），地点在雍亲王府的东院，那里有亭、台、廊、室，栽种了各种树木花草，是吉祥之地。因此，雍和宫地位更加重要，是清朝两位皇帝的"潜龙府"。乾隆即位后，雍和宫正式改为藏传佛教寺院。

位于雍和宫的雍和门内的御碑亭，位于雍和宫建筑群中轴线上。御碑为方形，乾隆用汉文撰写的《喇嘛说》分别用满、汉、蒙、藏四种文字刻在御制碑四面，清晰地梳理了清代治国安邦的国策和民族宗教文化发展的脉络

从贝勒府、雍亲王府、皇帝行宫、藏传佛教喇嘛寺院等可以看出，雍和宫是清朝定都北京后统治的缩影。雍和宫还是清朝中央政府管理全国喇嘛教事务的中心，全国各地重要藏传佛教寺院的住持喇嘛由雍和宫抽签选定，然后派往全国各地寺院履职。同时雍和宫又是全国藏传佛教的最高学府，藏传佛教造像、佛教经典、大师讲坛、学术研讨、佛教音乐、藏医藏药等在这里都有，前来庙内出家、学习的喇嘛最多时达到500多人。清光绪年间主管全国教务的喇嘛印务处设在雍和宫东花园内。

今天，人们来到雍和宫，一定会被这里的藏传佛教造像和神秘的文化所吸引。然而，最重要的是这里有"安藏辑蕃，定国家清平之基"的《喇嘛说》御制碑文，全文2000余字，分别用满、汉、蒙、藏四种文字刻在碑的四面，清晰地梳理了清代治国安邦的文化脉络。

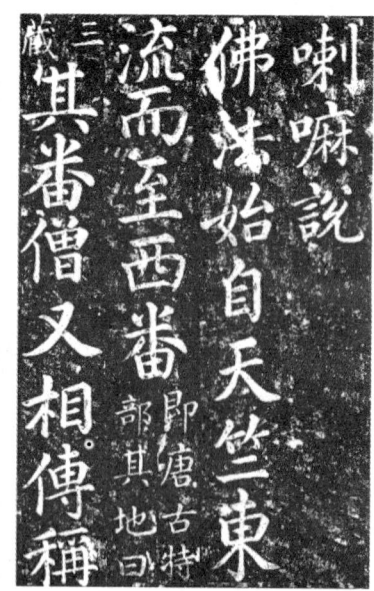

《喇嘛说》拓片样式，读后可以清楚地了解藏传佛教的要义，理清国家与宗教之间的关系，是清朝对治国安邦文脉的重要梳理与贡献

火德真君庙位于地安门外大街路西，紧邻什刹前海，是北京旧城内最早的寺庙之一，传说为唐贞观六年（623年）所建，距今有1380多年。元至正六年（1346年）修建后成为皇家御用寺庙，明万历三十三年（1605年）重修，殿宇改为琉璃瓦顶，显示出皇家寺庙气派。据《乾隆京城全图索引》统计，当时北京旧城有火神庙30余座，几乎在旧城东、南、西、北、中各个区域都建有火神庙，说明当时人们对火的重视。火既能给人们生活带来方便，人们做饭、照明、取暖离不开火，同时控制不好也会给人们的生活带来灾难。由此人们尊重火神，希望火神（火德真君庙）能施惠于人，减少火灾。位于地安门外的火神庙不仅规格高、庙宇大，而且位居内城正中，地位显赫。特别是营建元代大都城后，从通州到积水潭（今什刹海），通惠河上的漕船到岸后，人们都要先拜火神，祈求平安。作为皇家御用寺庙，每年朝廷都要在火神庙举办盛大礼仪，祭拜火神，明朝万历皇帝、清朝乾隆皇帝等还亲自到火神庙进香祭拜。特别是清光绪十四年（1888年）准备皇帝大婚时，突然紫禁城内失火，烧了紫禁城内宫殿，慈禧太后在大臣陪同下，亲自到庙中进香，祈祷火神保佑平安。

图为位于什刹海东岸坐北朝南的火德真君庙庙门

火德真君庙坐北朝南，在山门东向（面向旧城中轴线）另辟一门，内外各有一座牌楼，坊额上书"丹天圣境"，面向北京旧城中轴线中心点——万宁桥，凸显其位置的重要。山门坐北朝南，三开间，黄琉璃瓦绿剪边歇山顶。进山门为前殿，也称"灵官殿"，匾额书"荧惑宝殿"四个大字，面阔三间，歇山灰筒瓦绿琉璃瓦剪边；二殿面阔三间，勾连搭建筑，前为硬山箍头脊，后为歇山灰筒瓦蓝琉璃瓦剪边；三殿最讲究，殿为二层，殿顶灰筒瓦蓝琉璃瓦剪边；四殿为二层，硬山调大脊，黄琉璃瓦，名为"万寿景命宝阁"；在主殿两侧有东、西配殿。在清乾隆年间火德真君庙曾进行大修。1984年9月火德真君庙被列为北京市文物保护单位。进入21世纪后，为配合人文奥运建设和北京城中轴线申遗，再次大修火德真君庙，现已对外开放。

第六节　紫禁城外八庙

北京城除了有五坛八庙，还有紫禁城外八庙。紫禁城外八庙成形于清雍正年间。雍正年间在紫禁城外、皇城内修建了宣仁庙、凝和庙、昭显庙、福佑寺，分别用来祀风、云、雷、雨神，祈盼风调雨顺、国泰民安。与紫禁城外、皇城内原有的普渡寺、万寿兴隆寺、静默寺、玉钵庵组成八庙，合称"紫禁城外八庙"。其中，祀风、云、雷、雨的庙宇大致在清雍正年间建成，与雍正皇帝敬道教、尊重自然的思想有关。尤其是将风、云、雷、雨等自然变化与城市中轴线布局、皇宫建筑融为一体，成为中国古代城市文化建设的一大奇葩。

宣仁庙位于东城区北池子大街路东，俗称"风神庙"，清雍正六年（1728年）敕建，嘉庆九年（1804年）重修。此庙的主要建筑有山门、钟鼓楼、前殿、正殿、后殿。在山门前有琉璃砖大影壁，山门三间，为歇山顶调大脊，黄琉璃瓦绿剪边，两侧有八字墙，门额上有"敕建宣仁庙"。一看就是皇家寺院。此庙专门祀风神，庙内有雍正皇帝御书的"协和昭泰"匾额，前殿祀风伯，后殿祀八风神。祭祀风神之意在于祈求神灵保护，使国家、社稷尤其是农业生产不受风灾影响。

凝和庙位于东城区北池子大街，俗称"云神庙"。清雍正八年（1730年）敕建，专门祀云神。此庙门面西临街，主体建筑均坐北朝南，有山门殿、钟鼓楼、前殿、正殿、后殿。其建筑形制与宣仁庙类似，庙内有雍正皇帝题写的"兴泽昭彩"匾额。

第五章 一座棋盘 整齐对称 | 159

位于东城区北池子大街路东的宣仁庙，俗称"风神庙"。图为临街大门

位于东城区北池子大街的凝和庙，俗称"云神庙"。图为临街大门

中华民国建立后该庙改为小学校，现为北池子小学，属于北京市文物保护单位。

昭显庙位于西城区北长街路西，俗称"雷神庙"，清雍正十年（1732年）敕建，专门祀雷神。庙大门朝东临街，主体建筑均坐北朝南，从南向北依次建有影壁、山门、前殿、中殿、后殿。中华民国建立后这里是北京教育会所在地。1925年3月10日—4月15日在这里召开了"国民会议促成全国代表大会"，影响很大，目前已经列为北京市文物保护单位。

福佑寺位于北长街北口路东，北京老百姓俗称这座庙为"雨神庙"。寺庙坐北朝南，历史文化积淀丰厚。寺庙于清顺治年间修建，为康熙皇帝幼年时读书避痘之所，雍正皇帝即位后赐给宝亲王（也就是后来的乾隆皇帝）为府邸。乾隆登基后，将此处改为喇嘛庙，赐名"福佑寺"。1919年12月毛泽东来北平时曾在此庙中临时居住，在寺庙油灯下撰写"湘江评论"文稿，如鱼得水，思路顺畅。1927年寺庙成为西藏班禅驻北平办事处。目前寺庙已经列为北京市文物保护单位，经过重新修缮，大殿金碧辉煌，保存完整，在山门前有照壁，照壁东、西两侧有精美的牌楼，东牌楼匾额上书"佛光普照"，西牌楼匾额上书"圣德永垂"。

福佑寺内可以看到精美的雕龙画栋的牌楼

普渡寺位于东城区南池子大街内普庆前巷，俗称"玛蛤噶喇庙"。"玛蛤噶喇"为印度梵语，意为"大黑神"。此庙始建于元代，为皇家祭祀太乙神坛所在地。明永乐年间，朱棣喜欢长孙朱瞻基，在此修建皇太孙住所，相对皇宫西面的西苑，此地被称为"东苑"。朱瞻基之父朱高炽（明仁宗）即位后，把这里当成吉祥之地，规模扩展后改成"南内"，也称"小南城"。"土木堡之变"后，也就是明景泰元年（1450年），明英宗朱祁镇被蒙古瓦剌部送回京城，被尊为太上皇，居住于此。清顺治初年改建为睿亲王多尔衮的府邸。康熙三十二年（1693年）改建为喇嘛庙，供奉"大黑天神"。乾隆四十年（1775年）大修扩建，于次年赐名为"普渡寺"，并为大殿题写名称"慈济殿"，题写殿内匾额"觉海慈航"，说明对此寺的重视。1984年此寺被列为北京市文物保护单位，然后上升为全国重点文物保护单位。经过修缮，如今大殿雄伟，院落花草树木繁茂，山门庄重，成为紫禁城外八庙中历史文化积淀最厚重的一座寺庙。

普渡寺山门

普渡寺大殿

  万寿兴隆寺位于北长街路西，原址为明代兵仗局内佛堂。清康熙二十年（1681年）改为寺庙，供奉佛像。现存山门，上书"万古长青"四个大字，山门内殿宇已经改为民宅。

  静默寺位于西城区北长街，原址为明代崇祯年间修建的关帝庙。清康熙五十二年（1713年）重修，赐名"静默寺"。该寺坐西朝东，面向紫禁城，主体建筑有山门、前殿、中殿、后殿以及南北配殿，寺内供奉有关羽的青龙偃月刀。从东向西看，在大门外有一对石狮子，山门三间，硬山调大脊筒瓦顶，石门额上有"敕赐静默禅林"。前殿、中殿、后殿均为三开间，硬山调大脊筒瓦顶，带有彩绘，中殿和后殿为和玺彩画。现在该寺为民居。

  玉钵庵在紫禁城西华门外的玉钵胡同内，原为真武庙。因庙内藏有元代万岁山（今北海琼华岛）上广寒殿内"渎山大玉海"（玉瓮）而闻名，改成"玉钵庵"。

据传说"渎山大玉海"在元末明初流落民间后，被真武庙道士当作腌咸菜的容器。后被发现，乾隆十年（1745年）将"渎山大玉海"请回北海，放置在团城承光殿前。同时，乾隆十六年（1751年）重修玉钵庵，并新制石钵放置在原玉钵石基座上。玉钵庵坐北朝南，从南向北的建筑依次有山门、东西配殿、大殿。山门为硬山脊，灰筒瓦，三开间；东西配殿各三间，硬山箍头脊，合瓦顶；大殿三间，为硬山调大脊。现在玉钵庵为民宅，石钵及元代石基座在法源寺陈列保存。

现存北京旧城内的寺庙多为明清两朝修建的，特别是明清两朝宦官捐钱修庙、捐宅修庙成为一种风气，一些寺庙的建筑规模、名气也不比紫禁城外八庙逊色。例如，在今日东城区禄米仓胡同路北的智化寺就是明正统年间由司礼监太监王振出资修建的寺庙。在今东城区钟楼后面的豆腐池胡同西口，有一座规模很大的寺庙"宏恩观"，据庙内碑文记载，修庙之人为刘素云，是清宫太监、慈禧太后的二总管，修观目的是感谢太后恩典，作为退休养老之所。北京旧城内几乎每条胡同都修建有大大小小的寺庙或者道观，这就是老北京人的宗教信仰，实用、朴素，同时也使北京棋盘式街巷胡同更具有人文宗教色彩。

宏恩观位于北京市东城区豆腐池胡同西口，是研究北京城市肌理的重要标志之一。元代这里是大天寿万宁寺的一部分，明代为千佛寺，清朝光绪年间重修，成为太监退养之所，名"宏恩观"。宏恩观现存山门、帝君殿、石碑等重要古迹。图为宏恩观山门，现在是当地人购物的农贸市场

说到北京旧城的宗教，可以说自元代以来就汇聚了世界著名的五大宗教，即道教、佛教、伊斯兰教、天主教、基督教。其中道教有东岳庙（正一派）、白云观（全真派）；佛教有众多寺院，其中还有相当丰富的藏传佛教；伊斯兰教有牛街清真寺、东四清真寺、花市清真寺等；天主教有南堂（宣武门内顺城街）、北堂（西安门府右街）、东堂（王府井北街）、西堂（西直门内大街）；基督教有东交民巷教堂、珠市口教堂等。其中，非常有意思的是天主教四大教堂是按照北京旧城内城中方位称呼的，老北京人可能不了解堂内供奉什么，但是对教堂的方位却非常清楚。这就是北京先有规划而后建城的特点，方位非常明确，是一座正南正北、正东正西的棋盘，以至棋盘上的每一粒棋子的位置都是非常明确的。

明清北京城与天坛、地坛、日坛、月坛示意图。明清北京旧城南有天坛、北有地坛、东有日坛、西有月坛，城市是在天、地、日、月中间运行。作为城市文脉——中轴线明显，南起永定门，途经天桥、正阳门、皇宫、景山，一直延伸到鼓楼、钟楼。整座城市被称为"帽子城"，即内城方正，外城东西两侧突出，像一个人头戴着帽子。整个形状为"凸"字形，外轮廓是今天的二环路。在旧城内，街道整齐排列，多东西向胡同、街巷，组成北京独特的城市肌理

北京天主教东堂位于王府井大街北面，原八面槽小学院内。东堂始建于清顺治十二年（1655年），由葡萄牙传教士设计修建。东堂正中悬挂"若瑟画像，故又称"若瑟堂"。堂坐东朝西，正面开三门，南北两侧各有旁门。在正门石柱上刻有"庇民大德包中外，尚父宏勋冠古今"竖联，横批为"惠我东方"。堂顶上有钟楼，是典型罗马式建筑。现在教堂经过修缮已经对外开放，与周边现代化建筑相映成辉

第七节　旧城与"五镇"

北京城是按照"五行"来运行的。"五行"中金、木、水、火、土最具代表性，即东方木、西方金、南方火、北方水、中央土。按顺时针来运行，就是金生水、水生木、木生火、火生土、土生金。反之相克，即木克土、土克水、水克火、火克金、金克木。

我国劳动人民在长期的农业生产中，为了计时方便，创造了天干地支纪年，用"甲、乙、丙、丁、戊、己、庚、辛、壬、癸"为十天干；用"子、丑、寅、卯、辰、巳、午、未、申、酉、戌、亥"为十二地支。其中十天干分别对应十二地支组成一甲子，也就是60年，如此循环往复。其中，为了表示五行中五个镇物相生的顺序，采用了十天干对应东、南、西、北、中五个方位和镇物，也就是两个天干成一组，形成东方甲乙木、南方丙丁火、西方庚辛金、北方壬癸水、中央戊己土。

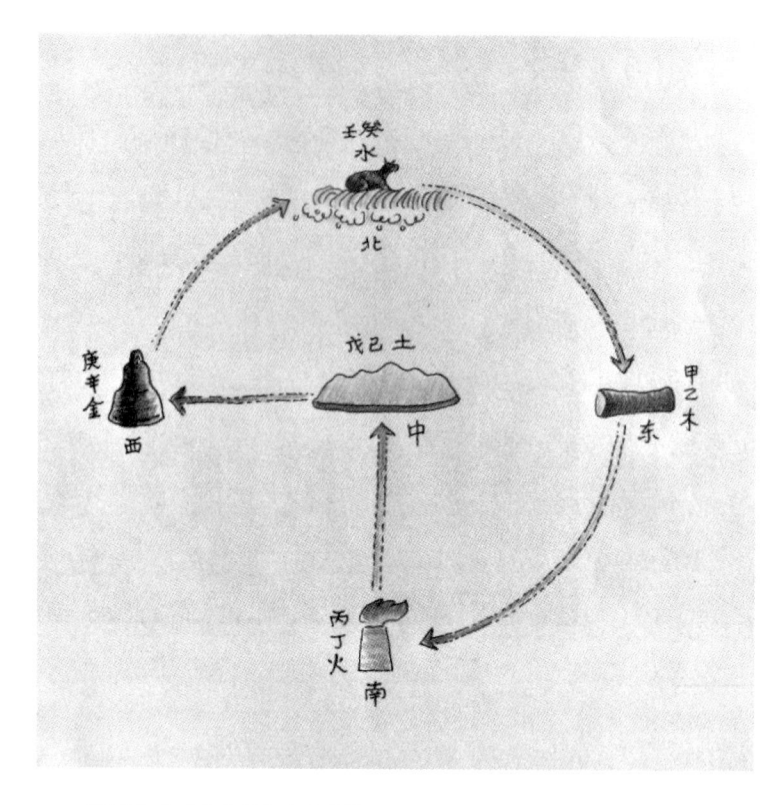

"五行"中五种物质相生示意图

　　关于"五镇",明清两朝传说不一样,是有变化的,就像元代皇城太液池内"一池三山"与明代西苑内"一池三山"一样,有传承又有变化。明代"五镇"传说为东方神木,即东郊皇木场最大的一根金丝楠木;南方燕墩,谐音"烟墩";西方大钟,当时铸钟后安放在汉经厂,后移至万寿寺;北方为镇水观音庵,在什刹西海西北小岛上,邻近德胜门西水关;中央为万岁山,也俗称"煤山",即今日景山。到清代,由于乾隆皇帝重视这一文化现象,同时修建了清漪园,在拓展昆明湖后,在东岸放置了镇水铜牛,清乾隆后进一步明确"五镇"为东方甲乙木——神木、南方丙丁火——烟墩、西方庚辛金——大钟、北方壬癸水——铜牛、中央

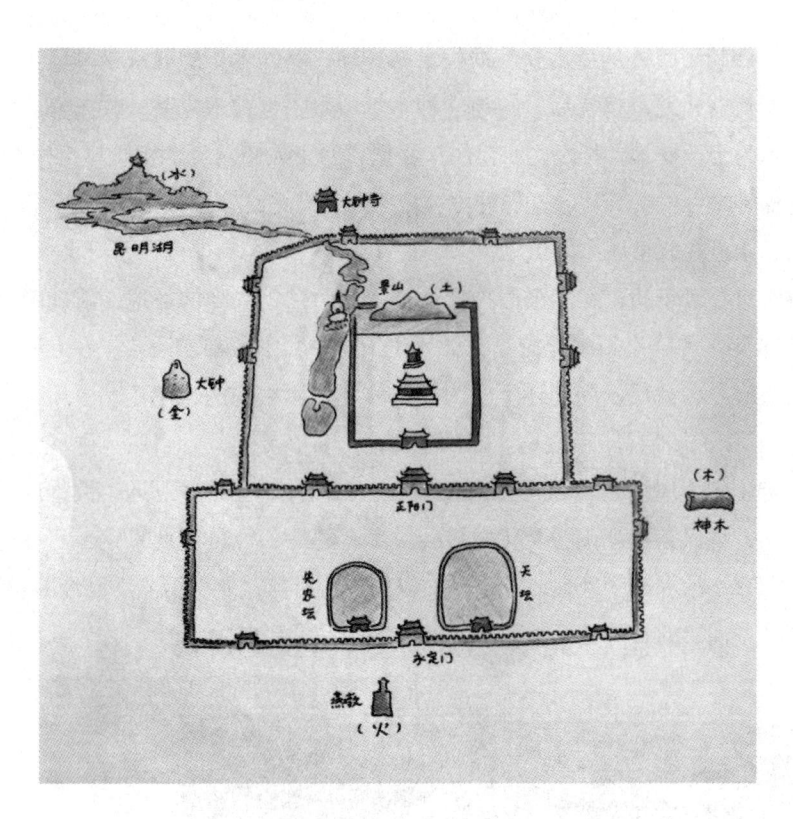

北京旧城"五镇"方位示意图

戊己土——景山。

　　东方甲乙木是说北京旧城东边的镇物为木，在北京老百姓心目中的镇物就是位于北京市朝阳区东三环南路东侧原皇木场内的"神木"。据说明代定都北京后，明成祖下令修皇宫，工部尚书宋礼受命主持采办木料，他多次深入江南原始森林寻找大木料。一次在四川省大凉山采获一批特大金丝楠木，报告朝廷，明成祖非常高兴，认为这是"祥瑞之兆"，下旨封产地之山为"神木山"，建祠岁月祭祀，封这批特大金丝楠木为"神木"。这些神木沿着运河运到北京城外通惠河南岸。当时为营建北京皇宫，在京东城外通惠河两岸设有多个皇木场。其中设在通惠河南岸的皇木厂因保存巨大的金丝楠木，又被称为"神木厂"，用以区别西单牌楼

的大木仓和朝阳门外的皇木仓。据位于东三环南路神木厂的北京钢琴厂宣传部门介绍，明代营建北京皇宫后，特地在神木场留下一棵神木样品，并派官兵守卫。这棵神木为金丝楠木，长六丈，粗的一头据说两个人骑马隔木相望却互相看不见，足见这棵神木巨大。日后，这棵神木就成为明代营建北京后按照阴阳五行金、木、水、火、土设在北京城东的镇物。

在明清数百年间，在广渠门外观看神木成为访古寻幽的圣地，清乾隆二十三年（1758年）乾隆皇帝来此游览，触景生情，撰写了"神木谣"，并立碑刻字，同时修建碑亭。此后，朝廷还下令为神木修建瓦木结构的大屋，减少风雨侵蚀。1953年北京市乐器厂（后改称"北京钢琴厂"）在此建厂，目睹风雨侵蚀的碑亭和覆盖神木的大屋坍塌。在"文化大革命"中，神木也难逃厄运，被锯成板材后做成条桌，现保存在朝阳区文化委员会。幸运的是，1985年北京钢琴厂在施工中出土了刻有"神木谣"碑刻，并建亭加以保护。目前，北京钢琴厂已经落户通州，刻有"神木谣"的石碑已经被朝阳区文物部门保管起来。

北京钢琴厂保留的原皇木场内乾隆御笔"神木谣"碑刻拓片

第五章　一座棋盘　整齐对称 | 169

南方丙丁火是说北京城南边的镇物，在北京老百姓心目中就是城南的燕墩。"燕"谐音"烟"，与"火"有联系。

位于永定门外的烟墩据说是元代修建大都城的遗物，原为土墩，其位置正对大都城丽正门。明嘉靖年间修筑北京外城时，将其四面用砖包砌。清乾隆年间在台顶立石碑，为乾隆皇帝御制《皇都篇》和《帝都篇》，成为北京城市的标志性建筑和文脉梳理的起点。烟墩建筑为下面基座大、上面略有收缩的正方形。台底每边长14.87米，台上每边长13.7米，台底到台平面通高9米，原来台顶四周有半米高的女儿墙，现已毁

燕墩又俗称"烟墩"，在永定门外大街路西铁路南侧为砖台建筑，上面竖立清乾隆皇帝御制碑。因建筑造型似长城上的烽火台，又在京城正南，故在北京旧城"阴阳五行"中被认定为五镇中南方丙丁火之镇物。在"五镇"传说中，也有文献记载南方丙丁火为房山良乡塔下之红土。[1]在房山良乡古城东北方向有燎石岗，岗上岩石为赤红色，相传"石赤色如燎，可以取火"，于是称此地为燎石岗。在岗上有多宝塔一座，青砖灰瓦，为辽代佛塔，建筑造型为玲珑宝塔。塔为五级楼

---

[1] 北京钢琴厂志编辑办公室编：《北京钢琴厂志1949—1992》，第299页。

阁式，平面呈八角形，高 36 米，四面有门，砖雕精美。登塔可以向远处眺望，晴天可见北京旧城，战时可观敌瞭阵。由此，当地人称塔为"昊天塔"。这里因为是辽宋边界的前沿阵地，还流传着杨家将的故事，传说宋将孟良、焦赞在此栖身，这里的红土是孟良用火烧红的。

西方庚辛金是说北京城西边的镇物是金，在北京老百姓心目中就是大钟寺明代刻满经文的大钟。

北京大钟寺山门

大钟寺位于北京市海淀区西北三环路北侧，原称"觉生寺"，建成于清雍正十二年（1734 年），因寺内有明永乐年间铸造的大钟，又俗称"大钟寺"。作为觉生寺还有一个功能，就是祈雨。从乾隆五十二年（1787 年）开始，皇帝亲自到觉生寺祈雨，一直延续到清朝末年。

永乐大钟的安放最体现"五行"学说。永乐大钟铸造于明永乐年间，是明成祖迁都北京后下令铸造的。铸造地点在今鼓楼大街铸钟胡同内，由汉经厂主持制造，为每年万寿节做佛事时敲钟用，因此钟体庞大，并且刻满了经文。据说，每日要安排 6 个僧人敲钟，钟声洪亮，能传数十里。可是，汉经厂离宫城太近，钟声又影响皇宫安宁，于是将大钟移至旧城外西郊万寿寺内。明天启年间由于时局

至今仍然悬挂在大钟寺的明永乐年间铸造的大钟，高 6.75 米，直径 3.7 米，口外径 3.3 米，重 46.5 吨。钟唇厚 18.5 厘米，钟体光洁，无一处裂缝。钟体内外铸有经文 230184 字，铸造工艺精美，为世界罕见的佛教文化和书法艺术珍品。永乐大钟撞击时音色好、衰减慢、传播远，方圆 50 千米皆能闻其音响。据冶金部门分析，该钟配方科学，钟体强度达最佳值，故历经 500 多年撞击，仍完好如初。此钟的悬挂方法符合力学原理，悬钟木架采用八根斜柱支撑，合力向心，受力均匀，大钟悬挂在主梁上，全靠一根长一米、高 14 厘米、宽 6.5 厘米的铜穿钉，穿钉虽承受几十吨重的压力却安然无恙，表明古代劳动人民拥有高超智慧

动荡，大钟被荒废。荒废原因之一仍然和北京旧城中心是皇宫有关。北京皇宫位于中间，仿照天象是前朱雀、后玄武、左青龙、右白虎。有大学士提出，京城白虎方位不宜有金声，于是废弃大钟，不再敲击。到清雍正年间，又有官员提出将大钟移至京城之乾方，也就是北京旧城西北，靠近北方壬癸水，金生水，更有利于朝廷兴旺。于是，大钟被移至觉生寺，成为该寺镇寺之宝。觉生寺建筑布局为五进殿宇，即山门殿、天王殿、大雄宝殿、观音殿、藏经楼，楼后存放镇寺之宝最合适。于是，在寺院最北面专门修建了一座上圆下方的二层钟楼，存放永乐大钟。

北方壬癸水是说北京城北边的镇物是水，在北京老百姓心目中就是昆明湖的一池净水，镇物在清朝明确为昆明湖边的镇水兽——铜牛。同时，清乾隆二十六年（1761 年）重修明代在什刹西海西北角修建的镇水观音庵，改名为"汇通祠"。研究北京历史文化的专家认为，这是一种文化上的流变，表明城市范围的发展扩大，特别是在清朝西郊的"三山五园"已经成为清朝政府的"第二政治中心"，清漪园也就是后来的颐和园，是清朝修建"三山五园"时最后修建的皇家园林，里面的镇水铜牛与北京城市关系密切，理应纳入。

位于昆明湖东岸的铜牛朝西面对昆明湖水面，有人说是遥望着昆明湖西岸的织女（耕织图）。铜牛铸造于清乾隆二十年（1755年），因质地为铜，也称"金牛"。铜牛卧伏于雕花石座上，造型生动，与真牛大小相似。传说为镇压水患，中华大地有置铁牛于水边的传统。而设置在皇家园林中的镇水牛更讲究，一是形象逼真，二是铜质。在牛背上还铸有乾隆皇帝撰写的《金牛铭》，篆文，计80字

中央戊己土是说北京城正中央应该是土。哪里有土，在故宫三大殿下面的三层丹陛台阶造型是个"土"字，坐北朝南，是标准的汉字造型。在北京文脉的研究中，这个"土"字设计得好，大有说头。从镇物讲，"土"字后面是保和殿，有一块巨石，被称为"保和殿后大石雕"，然后是景山（明代的万岁山），用挖河（紫禁城护城河）泥土堆积而成，均与土有关。正是中轴线精髓段落与东南西北相联系，组成相生的"五行"。古年间老百姓进不了皇宫，只知道皇宫内有一座土山，即明代的万岁山或清代的景山，俗称"煤山"。因此，中央戊己土即北京旧城中轴线上的景山。

北京旧城"五镇"核心是景山，景山在明代称"万岁山"，俗称"煤山"

第八节　旧城与"五顶"

"五顶"属于中华东岳文化的一个支脉。自秦汉以来，祀东岳泰山就成为稳定国家社稷的一种政治文化和礼仪制度。唐宋以后，伴随着中国城市发展，不仅出现皇帝祀泰山，还出现泰山分香天下，其根据是东岳大帝还具有主管人的生死轮回的职能，因此在中国城乡出现了皇帝祀泰山、老百姓祀东岳大帝女儿——碧霞元君的现象。从元代开始，北京地区这种现象就十分突出，在元大都齐化门（今朝阳门）外由道教天师张道陵第 38 代传人张留孙化缘筹资修建东岳庙，这座大型高规格的庙宇要修建很快就得到元朝统治者的重视，元成宗铁穆耳于大德八年（1304 年）正式封张留孙为玄教大师、正一派（又称"清微派"）教等。东岳庙于元延祐六年（1319 年）开始修建，至治三年（1323 年）竣工，被赐名"东岳仁

圣宫"，成为京城首座东岳大帝行宫，明清时期又不断得到皇家重视，建筑和规模不断得到修建和拓展。同时民间祀碧霞元君的庙宇也得到迅速发展。

旧时北京城近郊多娘娘庙，堪称"千庙之城"，祀碧霞元君。在京城众多的娘娘庙中，围绕京城形成"五顶"。"五顶"是指京城五座比较著名的娘娘庙：东直门外的称东顶、海淀蓝靛厂的称西顶、永定门外大红门之北的称南顶、安定门外的称北顶、丰台草桥的称中顶。为什么称"顶"？据说宋朝真宗皇帝祭拜泰山时，封东岳大帝的女儿为"天仙玉女碧霞元君"，并命人在泰山顶上建祠供祀。由于最初碧霞元君祠是建在泰山顶上，于是人们就简称碧霞元君庙为"顶"。因此，北京皇家敕建的几座著名的碧霞元君庙也被称为"顶"。据《北京传统文化便览》介绍，"北京自明代起，供祀元君之风盛行，庙称娘娘庙或天仙庵，元君称'泰山顶上天仙圣母'。京郊有五座元君庙较著名，合称'五顶'。中顶在广安门外草桥北，北顶位于安定门外曹八里屯西北，东顶在东直门外，南顶在永定门外马驹桥东，西顶在西直门外蓝靛厂"[①]。

北京的五座碧霞元君庙还有一个特点，就是围绕北京城东、南、西、北、中的方位，形成北京旧城独特的人文景观。据清代《光绪顺天府志》中记载，"五顶"实为五鼎，意为京郊供奉碧霞元君的五大庙宇，如五足鼎立在北京城周围，拱卫或者说保佑着北京城。民间传说的碧霞元君神通广大，能保佑农耕、经商、旅行、婚姻，能疗病救人，尤其能使妇女生子、儿童无恙。因此，在古代社会，妇女信仰碧霞元君特别虔诚。在各地修建的娘娘庙中，在碧霞元君左右常常配祀送子娘娘、催生娘娘、眼光娘娘、天花娘娘，这四位娘娘救苦救难，能满足人们的心愿。因此，人们仍不辞劳苦地登上泰山绝顶，许愿还愿，向其祈祷，香火不断。在北京地区，人们不辞辛苦地到"五顶"祭拜，或者去金顶妙峰山、平谷丫髻山朝拜。在祭祀活动中，还有各种文化、娱乐、商贸活动。其中，城内庙宇多为香火之地，城外庙宇多为游春、庙市场所。京城"五顶"又各具特色，中顶以社火、走会为主，南顶以跑车、赛马闻名，西顶为皇太后祝厘之所，北顶、东顶为庙市，是民间物资交流的场所。

---

① 陈文良主编：《北京传统文化便览》，北京燕山出版社1992年版，第288页。

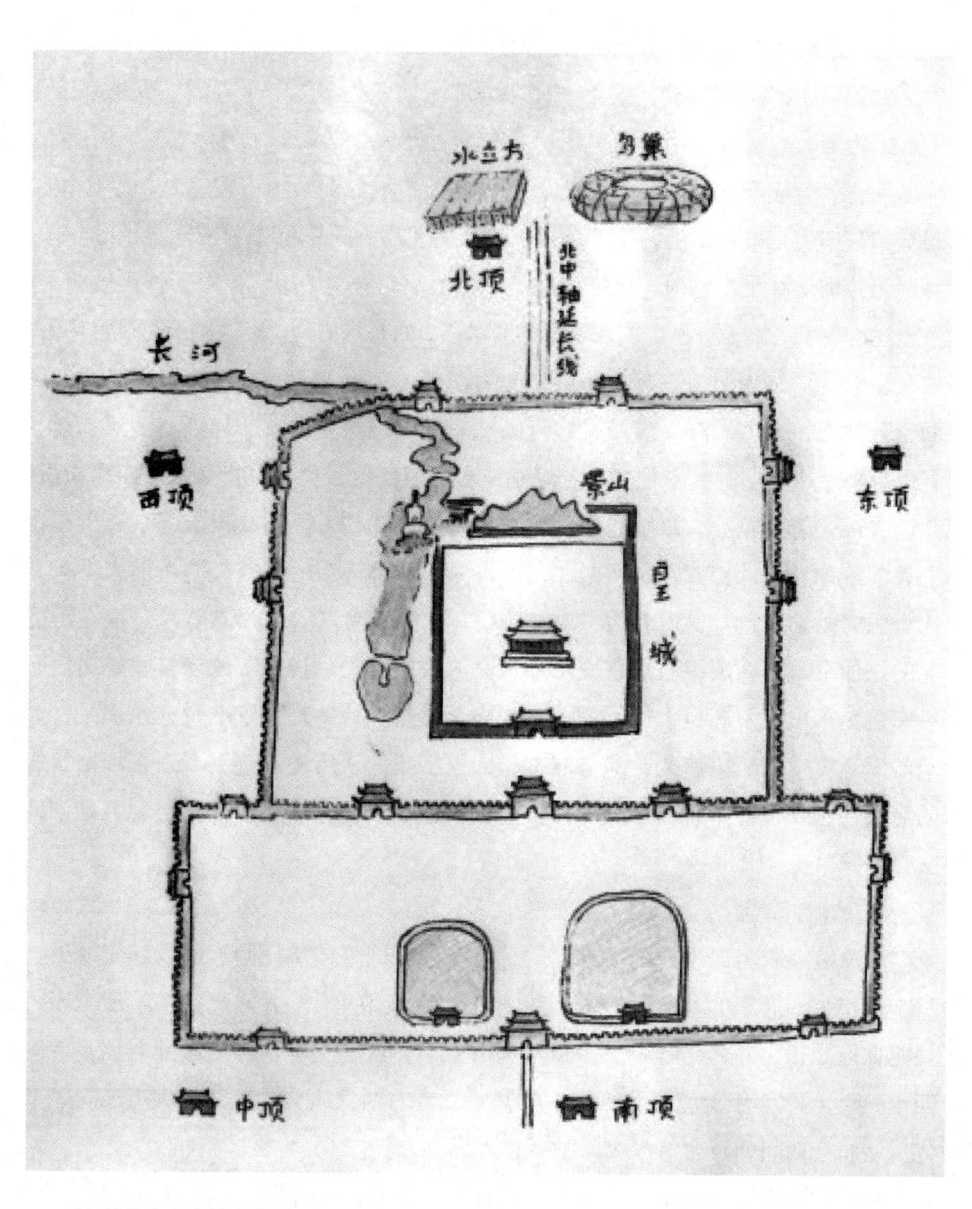

"五顶"与北京城示意图

1. 东顶娘娘庙

东顶娘娘庙在东直门外,俗称"行宫庙",始建于明正统年间。1949年尚残存,后为太阳宫生产队牲口棚,毁于"文化大革命"。此庙位于东直门外今华都饭店南,因庙侧有一株数百年的老榆树,顺义、通州一带的人又称之为"孤榆树庙",现已无存。整座庙宇建筑规模宏大,由三进殿组成。前殿为王灵官殿,塑像相貌凶猛,其作用是镇守山门,镇恶驱邪。二殿为主殿,正中供奉碧霞元君娘娘。东、西两侧分别供奉眼光娘娘、斑疹娘娘、子孙娘娘、送生娘娘。该殿悬挂虔诚弟子、信士送的牌匾、帐子极多,文字多为感谢敬语,如有求必应、心诚则灵、娘娘神佑、佑我全家等。每年旧历五月初一到初七为东顶(东坝)碧霞元君娘娘庙庙会,场面十分壮观,人山人海。虔诚香客近则从东郊四面八方而来,远则从三河、蓟县昼夜赶来。庙会期间,东坝主街、娘娘庙街两侧商贾云集,百货杂陈。庙内祭祈,鼎溢香灰,磬音盈耳。娘娘庙山门的对面是座大戏楼,民间戏班子、杂耍多在台上表演酬神。五月初一,东坝西北门的舞狮子和高碑店的高跷表演者前来助兴,前者为"狮子扫殿",后者为"虎跳山门",表演者踩着三尺高跷跳过摆在山门前的八仙桌。东坝娘娘庙是京城东郊最大的娘娘庙之一,东郊的诸多娘娘庙没有一座能比东坝娘娘庙更大、更繁荣、名声更显赫。从地理位置上看,东坝是座古老的漕运重镇,历史悠久,地势居中,人居密集。从历史遗迹上看,东坝娘娘庙的后殿在东坝中心小学的修复和保护下,现存建筑保存得相当完整,现为朝阳区文物保护单位。

2. 西顶娘娘庙

西顶娘娘庙名曰"护国洪慈宫",位于西直门外蓝靛厂附近,始建于明万历三十六年(1608年),康熙四十七年(1708年)奉敕重修,并赐匾额"金阙宣慈",并赐珠冠二顶,并袍幡等物。因供奉碧霞元君,此庙又名西顶碧霞元君庙。乾隆四十三年(1778年)乾隆帝御制广仁宫瞻礼诗。西顶庙会是京西的大型庙会,清代每届庙会期间朝廷会特派大臣拈香,此乃独一无二。

庙内藏有历代皇帝颁赐的珍宝,后遭英法联军和八国联军两次焚烧洗劫。

西顶娘娘庙坐北朝南,分中、东、西路。中轴线上的主要建筑有戏楼、牌坊、山门、山门殿、"工"字殿、后殿、垂花门及藏经楼。山门面阔三间,进深一间,

单层歇山顶，青石拱券门洞三个，中门前檐石匾额镌"敕建广仁宫"，两侧为"八"字墙。山门殿面阔三间，进深二间，前有月台，两侧各有顺脊房五间，内设七十二司；二进院有东、西配殿各三间，前殿、后殿各五间，进深各二间，前殿有前后廊，后殿为两卷中穿，殿堂三间；前后殿相连呈"工"字殿，东配房十间，西配房九间；藏经楼面阔五间，进深二间，绿琉璃瓦黄剪边，两层硬山调大脊。东路和西路配房及中路前戏楼、三面牌坊已毁。民国时期庙内有松柏古树3000余株、石碑20余通，大部分毁于"文化大革命"时期，现存古树三株、石碑五通。庙址先后被北京市第一精神病疗养院和市橡胶五金厂所用。2004年被划定为保护范围及建设控制地带，保护范围南起老营房路规划北道路红线，北至后罩楼最北端外墙，东起中殿最东端外墙，西至配殿最西端外墙。据明末刘若愚《酌中志》记载："万历三十六年始建西顶娘娘庙于此。"据《京城古迹考》，该庙于康熙四十七年（1708年）敕重修。据《日下旧闻考》记载，庙初名"护国洪慈宫"，清康熙五十一年（1712年）改名为"广仁宫"。正殿高悬康熙皇帝御书"金阙宣慈"匾额。殿前立有康熙皇帝御制碑。碑文记述了重修西顶娘娘庙的经过和奉祀碧霞元君以广其仁之辞。"宫门坊楔内额曰'泰岳同瞻'，外额曰'坤贞普育'。左右坊楔各一：左坊内额曰'安贞福地'，外额曰'弘育仙都'；右坊内额曰'资元真境'，外额曰'怀保春台'。皆圣祖（康熙帝）御书。"到了乾隆朝，正殿内又增悬乾隆皇帝御书"坤元广毓"匾额及对联"蕃滋遍锡寰区福，长养宏敷雨露恩"，并立碑一通："钦赐监生内官学教习徐挺撰"。庙内还有明碑二通："一敕谕碑，一护国洪慈宫碑，大学士朱延禧撰。"

3. 南顶娘娘庙

南顶娘娘庙位于丰台区南苑大红门，具体位置在永定门外南顶村，庙已无存，其旧址为今北京橡胶五厂。南顶娘娘庙始建于明代，清康熙五十二年（1713年）和乾隆二十八年（1763年）两次奉敕重建。该庙有殿宇三层，前殿供奉碧霞元君，有乾隆御题匾额"神烛碧虚"；中殿供奉东岳大帝，有御题匾额"神功出震"；后殿供奉斗姥娘娘，有御题"妙握璇构"；门外有二坊：左边题额"广生""长养"，右边题额"群育""蕃滋"，均为乾隆皇帝御书。牌坊原为该庙放生池前的牌楼，为四楼三柱七券门式，楼顶为筒瓦大脊歇山顶，五彩重昂斗拱。民国年间该庙已毁。

南顶娘娘庙还称"小南顶"。原弘仁桥元君庙则被京城人称为"大南顶"。清乾隆年间励宗万所撰《京城古迹考》记载："今此庙曰大南顶,旧曰南顶。"南顶之称由弘仁桥元君庙转移到大红门外元君庙,大概是弘仁桥离城太远而城里人前往不易的缘故(弘仁桥即元时马驹桥,在今通州区马驹桥镇)。

4. 北顶娘娘庙

北顶娘娘庙位于北京中轴线北延长线的北端,是北京旧城北端的标志性建筑。北顶娘娘庙始建于明代,是皇家敕建的庙宇,原址为北京市朝阳区北四环中路北顶村,庙内供奉碧霞元君,2007年被列为北京市级文物保护单位。

北顶娘娘庙原有四进五层殿,庙前有大戏台,早年每逢庙会必唱几日大戏。当地老百姓回忆说,每年四月这里都有庙市,市场内多日用农具,游者多为附近农民,是京北昌平、沙河一带农民的商品交易所。庙市一直到新中国成立初期才中断。"文化大革命"后北顶娘娘庙存有山门、前殿、钟楼、鼓楼。庙内有古桧柏三株,树龄最大的有500余年;古槐五株,树龄约300年。据《日下旧闻考》记载,北顶娘娘庙有明万历年间造的香炉和宣德年间铸的钟。民国时期该庙占地20亩,附近茔地十亩,香火地五亩。有房殿40余间,泥像120尊,碑四座,门五进。现建筑大部被拆除,石碑埋于地下。

北顶娘娘庙位于奥体中心国家游泳馆(水立方)的南面,庙内供奉碧霞元君,是北京历史上著名的"五顶"之一,又在北京城市中轴线北延长线上,在奥体中心建设中得到妥善保护。原有四进五层殿,1998年重修山门、二进殿、钟楼等,不仅残缺的建筑得到修缮,未修复建筑进行了遗址保护,殿内彩塑了碧霞元君,以及送子娘娘和眼光娘娘等,并在正殿东西两侧增加了彩画,现已对外开放

进入 21 世纪后，北顶娘娘庙历经沧桑，大殿和山门尚存，门前横额上的"敕建北顶娘娘庙"的字迹清晰可见，其他殿堂破旧或被毁，原大屯公社七队曾在前殿西厢房办公。在规划国家奥运场馆建设时，为保护这一古建筑，庙址被保留，并且成为北京城中轴北延长线上的标志性建筑。国家游泳馆（水立方）从原规划位置北移 100 多米，成为北顶娘娘庙的背景和靠山，是国家奥林匹克公园现代化建筑中不可多得的名胜古迹。

北顶娘娘庙内泰山娘娘塑像

5. 中顶娘娘庙

中顶娘娘庙位于右安门外草桥以北，始建于明天启七年（1627 年），清乾隆三十六年（1771 年）重修。该庙是"五顶"中距城市最近者，所以游人甚多。开庙时各种花会如中幡、狮子、五虎少林、开路、杠箱、什不闲等均来此进香、献艺。北京的"五顶"环列于京城，既是过去许多北京人寄托精神之所，又是民俗活动之地，同时也是商品交易场所。

中顶娘娘庙现存山门和前殿。唐代此处建有万福寺，后寺废。明天启七年（1627 年）在其址稍北建碧霞元君庙。清乾隆三十六年（1771 年）发帑重修，额曰"护国中顶岱岳普济宫"。"前殿奉碧霞元君，额曰'资生溥化'，中殿奉东岳，额曰'大德曰生'"，均为乾隆皇帝御笔。该庙有康熙年间大学士王熙、李天馥所

撰的两通石碑。民国时期又重修，现存山门、大殿以及石狮、张玉书篆额、史夔撰文石碑等。数年前，该庙已经重新修复。当地人讲，村子里正在排练"大鼓会"，许多长辈演练濒临失传的古乐。坐在他们面前倾听着这些百年古乐，恍如隔世。传说李世民带兵攻打高丽国，路过此地建"前身万福寺"，此地便具有了传奇色彩。该庙附近水田极多，且土质肥沃，属于沙性，适宜种花。这一带的人们自明清以来大多以育花为业。《帝京景物略·草桥》记载："右安门外南十里草桥，方十里，皆泉也……土以泉，故宜花，居人遂(以种)花为业。都人卖花担，每辰千百，散入都门……圃人废晨昏者半岁，而终岁衣食焉。"《燕京岁时记》描绘花市繁华景象："市中花木甚繁，灿如列锦，南城士女多往观焉。"《帝京岁时纪胜》载："六月朔日，各行铺户攒聚香会，于右安门外中顶进香，回集祖家庄回香亭，一路河池赏莲，箫鼓弦歌，喧呼竟日。"

第六章　一条水脉　流向通州

说到北京水脉，一定要说北京水系。北京有五大水系，即永定河水系、拒马河水系、温榆河水系、潮白河水系、泃河水系。在这五大水系中首先要说永定河，这条河流是北京的母亲河，因为它对北京小平原的形成功劳最大，永定河上游为桑干河，经过西山流域，满载着泥沙来到北京小平原，滋润着这片土地，灌溉着桑田，养育着人类。说到永定河，一定要说北京的门头沟区。门头沟区98.5%的面积为山区，只有1.5%为平滩，百里山峡多沟壑，永定河水在这里流淌，然后从三家店出山。于是，三家店成为永定河经过崇山峻岭来到北京的标志，人们习惯说这是永定河的出山口，是在北京小平原扇面摆动的扇轴。对于母亲河，人们总想依赖它，或者从它的身上获取更多营养滋润。于是，从古至今，人们不断尝试引用其水源灌溉农田、发展漕运等。有文献记载，早在曹魏时期，人们就在三家店附近修建了戾陵堰和车厢渠水利工程，隋唐时期漕运依靠桑干河，到辽、金时期，又开凿金口河等进行不断的尝试，直到1956年在三家店修水库，在下游建泄洪区，才稳定住永定河。

三家店水库是北京铁路丰沙线（丰台—沙城）经过之处，因此留有不同时期修建铁路桥梁的痕迹，有中国桥梁博物馆之称。桥下是蓄水区域，浅水区域为湿地

图为三家店龙王庙。龙王庙位于京西门头沟区三家店村西街，是京西水路、陆路（西山大道）的交汇口，地理位置十分优越。在古代，由于永定河是浑河、无定河，出山时不仅挟带大量泥沙、滚木，而且每到夏季则水量集中，如脱缰野马，咆哮而出，人们无法控制，于是在三家店建有龙王庙。在龙王庙内，不仅供奉有东、南、西、北龙王，还有人形化的永定河神。人们祈盼永定河神能保佑三家店村民不被洪水侵害。据说，永定河神与龙王有交往，能说服龙王管控好水。在北京民俗中，每年农历六月十三日为龙王生日，这一天三家店的老百姓会举行盛大祭拜活动

第六章　一条水脉　流向通州 | 183

图为永定河出山后的门城湖景观。远处是太行山余脉西山，中间是河水，河水之西北是门头沟区九龙山，河水之东北是石景山区香峪大梁，永定河河水由于有橡胶坝拦截，加上中水汇入，形成门城湖。在湖水之左有历史文化名村——三家店，在湖水之右是专为皇官烧制琉璃构件的琉璃渠古村落

　　说起北京城的水脉，还要说莲花池。莲花池位于北京西客站西面，古称西湖。这里碧波荡漾，每到夏季莲花盛开，是古代北京蓟城的水源地。相传，金朝在北京（时称燕京）建中都时，海陵王完颜亮曾要求在水域中植莲二百株，用以证明燕京比黑龙江阿城的地理位置更加优越，更适宜建都。莲花池因此得名。北京大学侯仁之教授在研究北京历史地理后认为，北京城市水脉有两个位置特别重要，作为北京城市发展要好好保护。一是莲花池，它是北京早期城市的水源地，被称为北京城市的摇篮；二是后门桥（万宁桥），它是现在北京旧城规划的起点，桥下流经的玉河水是元大都城通惠河的咽喉要道，也是流经北京旧城的大动脉。

今日莲花池是北京早期城市的水源地

第一节　源自西山通惠河

　　北京旧城水源来自西山的河水，也就是永定河的故道，以及西山山前众多泉水溪流汇集成河，保证了古代北京城市用水。同时，处在上风上水的海淀，又因多水而著称，古代这里是西山山前地带，不仅河流纵横，还随处涌现泉水，呈现的景观是湖光山色、水田棋布、多湿地、多园林。因此有山则西山，水则玉泉，湿地海淀。一条水脉，也就是流经北京旧城的通惠河，源于大西山，流经北京旧城西水门（西直门旁边的水关），进入北京城市良性循环的水系，然后出城东南大通桥，注入通州张家湾。因此，在北京形成"门前一条沟，河水东南流，流经北京城，一直到通州"的特色。门指门头沟，河是永定河，在北京形成扇面形摆动，留下众多水源与故道，人们在此基础上修建了养育京城的通惠河。

　　通惠河水脉分为两部分，上游是由郭守敬开凿的白浮引水渠，下游是从通州

到北京旧城的京杭大运河北京漕运段。由于 2015 年 12 月 28 日京杭大运河申遗成功，这条水脉正式被列入我国第 46 个世界遗产项目，更加引起世人关注，沿线保护工程涉及通州区、朝阳区、北京旧城（东城区、西城区）、海淀区、昌平区。这条水脉已经成为北京城市重要的文化遗产。

在大运河申遗过程中，由北京市人民政府制作的世界文化遗产"京杭大运河遗产区界桩"，将通惠河北京旧城段列入文化遗产，是对北京城市文脉保护与传承的重要认知成果。图为矗立在万宁桥旁的界桩

北京城市发展离不开水源，作为都城更离不开水源。水不仅是城市发展的命脉，更是城市消费的最主要资源。在元大都修建之初，郭守敬不仅重开金口河，还成功从白浮引水，奠定了今日北京城市水系格局，造福都城北京。

失败是成功之母，郭守敬白浮引水是在两次引水失败后形成的一个创新思维。元中统三年（1262 年），郭守敬引玉泉山水济漕，因水量不足，没有成功；至元二年（1265 年）郭守敬开金口河，引浑河（永定河）水济漕，因浑河水不仅混浊，挟带泥沙量大，淤塞河道，且来水忽大忽小，水势难以控制，也未成功。据《元史·河渠志》介绍，至元二十八年（1291 年），61 岁的郭守敬身为督水监再次建言，提出汲取西山山前诸泉水，济大都城积水潭，修运河解决大都城漕运。这个方案是疏凿通州至大都河，改引浑水灌田，于旧闸河踪迹导清水，上至昌平区白浮泉

村引神山泉，西折南转，过双塔、榆河、一亩、玉泉诸水，至西水门入都城，南汇为积水潭，东南出文明门，东至通州高丽庄入白河，总长一百六十四里一百四步，成功解决了清水济漕运，又丰富了北京城市水源。这真是前人栽树，后人乘凉，这条引水渠至今我们还在享用，只是引水渠更长，延长到怀柔、密云，被称为"京密引水渠"。京密引水渠全长110千米，流经北京密云、怀柔、顺义、昌平、海淀5个区，已经成为一条水动脉、一条线性文化遗产、一条古代与当代人利用和改造自然的人工引水渠，把北京西北部山区生命之水源源不断地输入京城百姓之家，这也是值得称赞的人间奇迹。

京密引水渠

郭守敬提出的白浮引水济漕运方案得到忽必烈大力支持。据说忽必烈看到方案后大喜，要求"当速行之"。引水工程开工后，忽必烈要求一切听从郭守敬指挥调度，丞相以下文武百官都要拿起工具参加劳动。至元三十年（1293年）八月引水工程竣工，忽必烈结束在上都的巡幸，回到大都城路过积水潭"见舳舻蔽水，大悦"，正式赐名白浮引水至通州漕运河渠为"通惠河"。

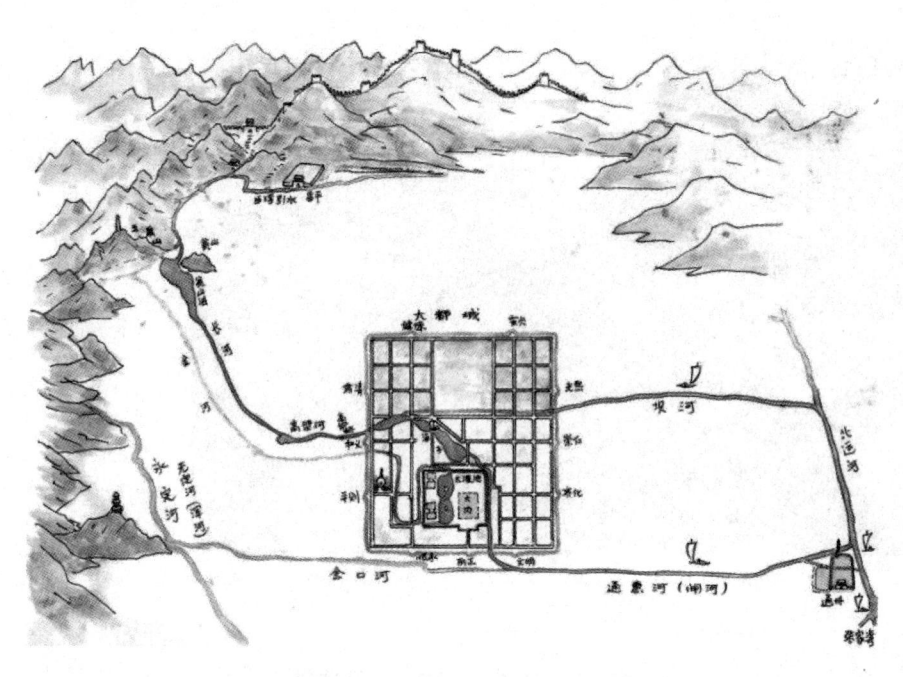

白浮引水与大都城漕运示意图

通惠河作为大运河文化遗产,不仅表现在郭守敬白浮引水解决了清水济漕运,还解决了"水往低处流,船往高处走"这样一个难题。从通州张家湾到大都城内积水潭,地势特点是张家湾地势低,大都城地势高,河水是从高处流向低处,而装满漕粮的船却要从张家湾驶向高处的大都城。面对这样的难题,郭守敬采取沿河道设闸,即每十里水路设闸提高水位的推进方法,即当漕船通过闸门后,关上闸门,利用上游来水将水位提升,漕船继续行进,进入下一闸。如此反复,将漕船从通州推进到大都城积水潭码头。据统计,从通州河口,也就是张家湾镇李二寺村西到北京旧城西郊万寿寺东苏州街沿河道设有河口闸(后改名广利闸)、通州闸(后改为通流闸)、杨尹闸(后改为溥济或普济闸)、郊亭闸(后改为平津闸)、籍东闸(后改为庆丰闸)、魏村闸(后改为惠和闸)、文明闸、海子闸(后改为澄清闸)、朝宗闸、西城闸(后改为会川闸,又称高粱闸)、广源闸。因此通惠河又被称为"闸河"。

位于西直门外苏州街万寿寺前面的广源闸是通惠河上24座闸的最后一闸，有"京杭运河第一闸"之称，水岸两侧尚存元代镇水兽四只，是目前仍可见的当年闸口的重要遗存

通惠河上游至下游 24 闸位置简介

闸名	地理位置
广源闸（公元 1289 年建）	上闸在今海淀区万寿寺东约 100 米处 下闸在今首都体育馆西，白石桥下
西城闸（后改名为会川闸，又称高梁闸）	上闸在西直门西北约 1 里处，今高梁桥西 下闸在和义门（今西直门）西城墙下
朝宗闸	上闸在和义门（西直门）内亿万库南约百步 下闸距上闸约百步
海子闸（后改为澄清闸）	上闸在万宁桥（后门桥）西侧、海子东岸 中闸在东不压桥胡同与平安大街交汇处 下闸在厚载红门（地安门）东望云桥下，今北河胡同东口
文明闸	上闸在今正义路北口东南 下闸在文明门（崇文门）西南约 1 里
魏村闸（后改为惠和闸）	上闸在文明门（崇文门）东南 1 里 下闸距上闸 1 里
籍东闸（后改为庆丰闸）	上闸在东便门外约 5.6 里庆丰闸村 下闸距上闸约 3.6 里

续表

闸名	地理位置
郊亭闸（后改为平津闸）	上闸在郊亭北，约在今高碑店闸处 中闸在今高碑店闸东约 2 里 下闸距中闸约 3 里
杨尹闸（后改为溥济闸，又称普济闸）	上闸距平津下闸约 5.6 里，今杨尹闸村 下闸距上闸约 3.6 里
通州闸（后改为通流闸）	上闸在通州西门外，距溥济下闸约 7.2 里 下闸在通州南门外，距上闸约 3.6 里
河门闸（后改为广利闸）	上闸距通流下闸约 8 里 下闸距河口约 2.1 里，通州张家湾镇李二寺西

资料来源：北京市西城区郭守敬纪念馆。

白浮引水汇集西山山前诸泉水。在众多泉水中，首先要说白浮泉。白浮泉位于今日昌平区龙山东麓山下。龙山又名神山，为土石山，高 150 米，直径约 200 米，是一座小山，但林木茂盛，山顶有明朝修建的"都龙王庙"。每遇大旱之年，周围老百姓聚集于此求雨。山脚下白浮泉又名"龙泉"，水流旺盛，是郭守敬兴修水利的首选，并在出水口修建水池，将出水围起，因池内出水处是用青石雕刻的

白浮泉位于北京市昌平区东南龙泉山东麓白浮村，又名"龙泉"。清澈的泉水不仅源源不断，而且稳定，在出水口形成一潭清水。明朝在出水口修建九龙池，池壁用花岗岩垒砌，出水口为汉白玉雕刻的龙头，总计 9 个，故有"九龙口""九龙池"之称

九个龙头,故又被称为"九龙池"。泉水从雕刻的龙头嘴中喷出,水花四溅,水点如同玉珠,当地人把这一景观称为"九龙喷玉"。

白浮引水沿途现在可寻的重要景观有黑龙潭龙王庙。黑龙潭龙王庙位于海淀区寿安山北麓,属于西山北部山区山前地带,始建于明成化二十二年(1486年),又称"神龙祠"。

位于北京市海淀区寿安山北麓的黑龙潭龙王庙

据《老北京旅行指南》介绍,黑龙潭"在西直门西三十里,冷泉村北画眉山。山后产石,黑色,金时宫中取此石为画眉之用。山上有潭,广约十亩,潭深丈许,水甚清而稍带褐色"[①]。明万历十四年(1586年)重修,清康熙二十年(1681年)再修。龙王庙坐西朝东,依山而建,殿堂建筑层层升高,规模虽然不大,但建筑规格完整,布局严谨,殿堂顶部的吻兽都是龙的造型,特点鲜明。黑龙潭周围有33间回廊,潭水明如镜,当地百姓饮水、灌田均从此处取水。据当地传说,庙中供奉黑龙,时常潜入廊前潭水之中,故名"黑龙潭"。尤其是黑龙潭位于山前地带,潭水平稳,遇到大旱之年,附近水源干枯,这里潭水依然如故,人们认为这是掌管云雨的黑龙王神力所致。因此,黑龙潭和龙王庙成为封建帝王和当地百姓求雨

---

① 马芷庠著、张恨水审定:《老北京旅行指南》,北京燕山出版社1997年版,第221页。

的场所。根据历史文献记载，明朝万历皇帝和清朝康熙、乾隆皇帝在干旱之年都曾经来此祈雨、观潭，场面十分壮观。老百姓祈雨时还伴有民间花会等民俗活动，十分热闹。乾隆三年（1738年）封黑龙为"昭灵沛泽龙王之神"。

第二节　玉泉与西郊园林

说到西山诸泉，不能不说"天下第一泉"——玉泉。玉泉出自玉泉山。玉泉山在今海淀区颐和园西面，山势呈现西北走向，海拔100米，高出地面50米，山中流出的泉水清澈，晶莹如玉，故称"玉泉"。玉泉水量丰沛，据当地人讲，丰水时泉水从山石中涌出的水柱高达尺许，早在金代就有"玉泉垂虹"的景观。由于水源充足，金章宗明昌元年（1190年）就开始引玉泉山的泉水接济高梁河水。元代郭守敬引玉泉山的泉水汇入通惠河，增加大都城内水源。到了清代，因玉泉水质清澈、纯正，在西山诸泉水质中质量第一，被乾隆皇帝赐名"天下第一泉"，并被指定为皇宫用水，每日装80大罐，由内监轮值专司其事，派人用马车从玉泉山运送到宫廷各处。

在颐和园昆明湖上可见玉泉山玉峰塔。玉泉山也为小西山一部分，即西山山前地带，为独立山峰，清漪园修建时采用借景手法，从东向西观看又成为颐和园西部的屏障和景观，特别到落日时刻，景致十分优美壮观

观赏玉泉景观可到玉泉山南坡，这里向阳开阔，有玉泉湖及水道。玉泉湖东西宽约150米，南北长约200米，湖中有岛屿，为皇家园林中的"一池三山"景观。在湖的南面是"廓然大公"建筑，匾额为乾隆御笔，院落为宫廷院落；在湖的北岸有"翠云嘉荫"景观，为园中园，园内竹篁丛生；在湖的西岸为景观区，有乾隆皇帝参考山东济南城内趵突泉而命名的"玉泉趵突"景观，也是玉泉泉眼所在地。在泉眼旁边有两座碑刻，左为乾隆御书的"天下第一泉"，右为汪由敦书《玉泉山天下第一泉记》。利用玉泉和玉泉山的自然生态环境，清朝在这里修建了三山五园中的静明园。玉泉山顶有标志性建筑玉峰塔，也称"大塔"或"定光塔"。塔中供奉燃灯佛，也称定光佛，与通惠河东端通州西海子公园内燃灯佛舍利塔遥相呼应。此塔修建于清乾隆年间，坐北朝南，为平面八角七层楼阁式。据说是乾隆下江南的收获，仿照镇江金山寺慈寿塔修建。

元代从西山引水，还造就了北京地区第一座水库——瓮山泊。瓮山泊就是今天颐和园昆明湖的前身。在元代以前，这里是天然湖泊，因在湖水北面有一座山丘，形似石瓮，得名"瓮山"，湖泊得名"瓮山泊"。当地传说山原来没有名字，

昔日瓮山泊，今日昆明湖。远处可见西山，近处为开阔的水面

有一老翁观看山形后说，山麓魁大而凹秀，瓮之属也，因此山得名"瓮山"。元至元二十八年（1291年）郭守敬由白浮引水至玉泉山，沿山前汇集诸泉水至瓮山泊，使湖水量加大，形成在瓮山前的千余倾湖泊，成为引水工程中名副其实的大水库，可以保证充足水源沿着引水渠进入大都城。

瓮山与湖水还是北京城西郊著名风景区。有文献记载，元文宗天历二年（1329年）在瓮山泊西北建大承天护圣寺，在寺前还修有驻跸台、观花台、钓鱼台等，湖中植被丰富，尤其岸边柳树成荫，水中荷花盛开，沿湖有桥梁、水阁、湖船、市肆。明弘治七年（1494年）在瓮山南麓也就是向阳面水的地方修建了圆静寺，瓮山上开始大面积植树。因瓮山泊在京城西北面，明朝文人墨客把这里称为"西湖"，许多书画家来此采风游览。明朝著名书法家文征明曾写诗赞美西湖："春湖落日水拖蓝，天影楼台上下涵。十里青山行画里，双飞白鸟似江南。"[①]到清乾隆十五年（1750年），由于社会稳定，经济发展，乾隆皇帝又以给母亲祝寿为名，在瓮山顶上修建大报恩延寿寺，同时将瓮山加号为"万寿"，将湖水改成"昆明"。由此，瓮山改名为万寿山，山前水域命名为"万寿山昆明湖"。在修建报恩寺和改名万寿山之前，乾隆还以兴修水利为名，修整了瓮山和山前水域，使用的方法就是中华传统造园方法，即"挖湖堆山"。挖湖是将瓮山东面水域扩大，使整个湖水呈现寿桃形；堆山是用挖湖的泥土将瓮山改造为左右均衡的元宝形，乾隆皇帝的造园与审美得到充分发挥，同时也为北京城留下了一座经典的皇家园林。在整修山形水域后，乾隆正式命名这座皇家园林为"清漪园"。"清漪"二字是讲水态实景，乾隆在御制诗中有说明。例如在《清漪园即景》中"山称万寿水清漪，便以名园颇觉宜"，讲明对水态的关注。乾隆对水的关注为北京城市水脉增加了文化色彩。孔子讲，智者乐水，仁者乐山。山水在中国人眼中不仅有脉，还有思想、气质、文化。

第三节　长河水系

说到白浮引水必然要说长河。长河全长30多里，是元、明、清北京城的引水渠道，也被称为北京城的生命线、大动脉。在不同历史时期，长河有不同名称，

[①]　刘若晏：《颐和园》，国际文化出版公司1996年版，第2—3页。

辽代时这条河被称为"高粱河",金代称为"皂河",元代称为"金水河",明代称为"玉河",清代始称"长河"。郭守敬的白浮引水工程,过了瓮山泊就是沿着这条河道将西山诸泉水引进大都城和义门(今西直门),然后进入积水潭。到明清时期,由于在西郊多园林、寺庙、行宫,皇室去西郊多乘船走这条水道。尤其清朝在北京旧城西郊修建"三山五园",这条水路就更加繁忙和重要。乾隆十六年(1751年)曾经对长河进行根治,不仅清挖河底、拓宽驳岸、疏通河道,还在河道两边植柳。因此,在老北京城景观中有"天坛观松,长河看柳"的说法。1860年英法联军和1900年八国联军进北京,不仅毁坏了西郊"三山五园",还焚毁了长河水边的垂柳,是对北京城市人文与自然景观的破坏。进入21世纪后,北京市水务部门对长河进行整治、疏通,现在已经开通了沿着长河水系直达颐和园的水上游览路线,沿途有高粱桥、清朝末年开辟的万牲园(动物园)和畅观楼建筑、万寿寺(慈禧太后去颐和园中途休息场所)、广源闸遗址、白石桥、紫竹院、五塔寺等历史文化遗迹,不仅是北京城市的水脉,还是一道人文景观画廊。

长河风光包括柳树和人文景观。河的北岸是万寿寺,1577年由明神宗朱翊钧母亲慈圣宣文皇太后出资修建,距今有400多年的历史,慈禧沿长河去颐和园时多在此停歇,现在为北京艺术博物馆

长河止于西直门外高粱桥。高粱桥修建于元至元二十九年（1292年），是北京一座历史文化名桥，因位于高粱河（长河）上而得名。明清时期，高粱桥因在西直门外，是交通枢纽，桥头地区商铺、酒肆、茶馆林立，古庙红墙在绿树中掩映，往来人员如织，为西直门外繁华之地。现今还有高粱河斜街、大柳树的地名可考。

西直门在内城九门中被称为水门，有两个原因：一是北京皇宫饮用水来自西山玉泉山的泉水。每天早上，天刚蒙蒙亮，插着龙旗的水车就要进西直门门洞，然后直接送水进皇宫。因此，在西直门有汉白玉雕刻的水纹石镶嵌在城门洞墙壁上。二是在西直门北面城墙下有水关，长河之水可以通过水关进入城内，导入什刹西海。在什刹西海汇通祠有入水口，水流经过入水口导入什刹西海、前海、后海水域。

汇通祠位于什刹海西海北岸，地铁 2 号线积水潭站出口处。汇通祠始建于明永乐年间，原称法华寺，又称镇水观音庵、白衣观音庵，是明代京城"五镇"中

今日汇通祠

北方镇水的建筑。因为该寺位于北京旧城西北水关内，成为长河进入北京旧城水系的咽喉要道，又有石螭镇守，民间传说有镇水功能。清乾隆二十六年（1761年）重修镇水观音庵，改名为汇通祠。20世纪70年代修二环路地铁时汇通祠被拆除，1986年利用挖地铁的泥土在原址堆砌成高坡，在坡顶重新复建汇通祠。

水进北京旧城后，从积水潭西北角流入，左图为龙头吐水，视为出水口。右图水关迎水的石雕为镇水兽——石螭。石螭为传说中没有角的一种爬行怪兽，有四只脚，为龙的一种造型，当年的石螭长约1.90米，在汇通祠改造过程中丢失，现存石螭为新雕刻的。两图均拍摄于北京地铁2号线积水潭站汇通祠入口处

图为郭守敬纪念馆。郭守敬，河北邢台人，中国元代杰出科学家，毕生从事水利、天文、测量、立法、算学研究和实践，先后在元上都、大都治水，尤其是白浮引水，开凿通惠河，实现了京杭大运河的贯通，为定都北京和北京城市发展做出了巨大贡献。后人为介绍他的事迹，在位于什刹西海北岸汇通祠内开辟了郭守敬纪念馆

在汇通祠北面还有一个景观为"鸡狮石",是一块天然陨石,石上有鸡和狮子的造型,鸡左向右走势,狮子头右向下伏式。传说此处地名"积水潭"来源于"鸡狮石",是当年镇水观音庵中的一件镇物。

汇通祠北面的"鸡狮石"为天然陨石,在石头上方刻有鸡和狮头,十分清晰

第四节　三海大河

20世纪70年代,地质学家在北京旧城内考察时发现了一条从中南海斜向东南的古河道遗迹,这一河道流向为北京旧城东南的龙潭湖、马驹桥方向,然后接天津上古河道遗址,最终汇入渤海。由于这条大河道近承元代太液池、明清西苑,远接北面的什刹三海,地质学者给它起了一个响亮的名字"三海大河"。这条大河可以说是北京的水脉,是北京城市的灵魂。

昔日"三海大河",今日京城的"六海"。图为六海水域中的南海、中海、北海、什刹前海和后海景观

大约在18000年前，永定河从西山三家店出山后，经过石景山、八宝山、田村，流经今日紫竹院、什刹三海（前海、后海、西海）、北海、中海，然后经沙滩、王府井、金鱼池、龙潭湖，继续向东南，经马驹桥，汇入渤海湾。元代郭守敬从白浮引水济大都城，也是传承了这一水脉，加大了什刹三海（时称"积水潭"）的水量，使此地汪洋一片，被人们称为"海子"。元代诗人兼画家王冕在《送人上燕》中曾描述当时的风光是"燕山三月风和柔，海子酒船如画楼"[①]。

什刹前海风光

从元代开始，三海大河位于今日北京西城的水域就被分为两部分，南部在元代为皇城御园太液池，包括今日中海、北海水域。明朝开挖南海，增大了水域，形成三海，即南海、中海、北海，统称皇家御园西苑。清代基本沿袭了明朝水域

---

① 北京什刹海研究会、什刹海风景区管理处编著：《诗文荟萃什刹海》，北京出版社1998年版，第21页。

布局，未做大的改动。而北面的后三海，也就是什刹三海，元、明、清一直为市民居住、经商、交往、游览的地方。经过元、明、清三代的积淀，北京地方民风醇厚，民居特色明显，而且多寺庙道观、王府、园林、名人故居。有

什刹后海风光

人粗略统计，在什刹三海周边有十余处府邸、20多处园林景观、30多处庙宇，以及众多历史文化名人留下的故居、文献。

　　什刹三海有三座重要的桥起着分界作用。第一座为德胜桥，始建于明代，是一座闸桥合一的单孔桥，是什刹后海与西海的分界桥，因地处德胜门内而得名。现在看到的桥是中华民国建立后为方便现代交通而改建的平缓桥，建筑保留了原来的风貌。银锭桥位于什刹前海与后海的分界线。老北京流传"银锭观山水倒流"的说法，是说在古年间，银锭桥不仅是观看西山的绝佳景观，还掌管什刹三海水的流动。当时什刹西海的水不直接进入后海，而是在德胜桥东南开挖一条直通前海的人工渠道，将水直接引入前海，再通过银锭桥流入后海。这样一来，什刹三海南面就增加了多处"小桥流水人家"的江南景观，这对于来北京旧城内居住的"南人"来讲是非常适宜的。万宁桥也俗称"后门桥"，是元代的海子桥，因位于旧城中轴线上，是旧城西什刹三海与旧城东玉河的分界线。

　　元末明初，由于对通惠河疏于管理，元代开创的白浮引水工程上游被荒废。明朝迁都北京后，进入北京旧城的主水源来自玉泉山，因此从玉泉山到北京旧城的引水河道被称为"玉河"；同时，通惠河下游，也就是从北京旧城东南城外大通桥到通州的水路依然称为通惠河。明正统三年（1438年）在北京旧城东南通惠河口修建了大通桥闸，因此通惠河上游被统称为"玉河"，下游也就是从新建大

昔日通惠河漕运码头，今日什刹西海风光

通桥闸到通州被称为"大通河"。由于城内玉河东不压桥以南河段在明宣德七年（1432年）被圈入东皇城墙内，与皇城内金水河、紫禁城护城河水系联通，清朝又将此段玉河称为"御河"或"御沟"，形成皇城服务的供排水系统。在东不压桥以北，由于穿越在胡同四合院之中，形成北京旧城内独特的江南水乡风光。这一城市景观，也成为老北京人不能忘怀的城市记忆。

玉河整治工程源于20世纪90年代。1998年4月3日，在平安大街拓宽马路的施工中，在地安门东吉祥胡同北口发现一段城砖垒砌的河堤，出土有云龙雕刻的基石，以及西北—东南走向的河道，宽6米，距地表深6米，底部铺有条石。当时北京史研究专家认出这是东不压桥南侧的玉河河堤。北京市文物研究所介入考古发掘，同时开始玉河整治工程。整治工程包括东不压桥遗址、御河庵配殿及山门修复、明清玉河堤岸、码头遗址等。

玉河是通惠河的重要组成部分，距今已700多年。在市政施工过程中发掘出明清古河堤和少量可能为元代旧址的遗迹。为保留玉河历史遗迹风貌，玉河修复后保留了部分原河堤以进行文物遗址展示。图为玉河东不压桥考古遗址

位于地安门东大街北面的玉河已由东城区人民政府投资修复。图为修复的玉河中间河段，桥的东部可以通向锣鼓巷内雨儿胡同。沿玉河两岸可以看到新修复的青砖灰瓦四合院落

第五节　大通桥与"二闸"

有河必有桥，在通惠河上游有很多的桥，例如高梁桥、白石桥、德胜桥、银锭桥、李广桥、万宁桥、东不压桥、御河桥、大通桥、八里桥等，其中位于北京旧城中心点的是万宁桥，俗称"后门桥"。目前，通惠河路直达通州，通惠河下游河道宽敞，当人们向东看，把目光聚集在北京城市副中心通州的时候，这些古桥在人们的记忆中更加具有历史文化价值，像珍珠项链一样串起北京城市发展的文脉。

在通惠河上首先要说大通桥。大通桥位于东便门外，是明代以后通惠河从张家湾到北京旧城漕运的终点。此桥为三孔闸桥，桥涵洞中设闸，可调节水位；桥洞为拱形，拱顶雕有龙头；桥墩迎水面为棱形，大砖石垒砌，十分坚固又便于分水；桥栏为明代风格，古朴大方。大通桥是通惠河下游五闸中的头道闸，距离庆丰闸（二闸）大约七里。在大通桥河岸边是货运码头，进出船只十分繁忙。由于开辟水上游"二闸"，这里还是客运码头。

通过照片可以看到大通桥与东便门陆路相通，桥下是水面，桥身有三孔，桥栏为方正石柱，是典型的明代建造风格。远处还可见北京内城东南角楼

大通桥与内外城护城河相连，这里水面宽阔，多游船画舫，岸边垂柳绿地，背后是西便门城楼，北望有内城东南角楼、碉楼，南望有广渠门城楼，向东是通向通州的水路、陆路。在水路上，"二闸"是老北京人沿着水路出旧城春季踏青、夏季避暑、游览观光的好去处，也是老北京人抹不掉的城市记忆。

"二闸"是俗称，据《通惠河志》记载，距大通桥五里，最初名为"籍东闸"，元至元二十九年（1292年）建，有上下二木闸。明嘉靖年间，并二闸为一闸，仍沿用旧名，后改称"庆丰闸"，是经通惠河从旧城东便门外大通桥乘船经过的第二道闸，故俗称"二闸"。"二闸"的特点是水面宽，水岸柳树成荫，既有自然风光，又有人文古迹，例如佛手公主坟、龙王庙、关帝庙、土地庙等。游客不仅可以踏青、水上游览，还可以寻古探幽，朝拜祭祀；既可以领略自然风光，又可以品尝地方风味小吃。1908—1930年在北京居住和工作的德国人约翰·拉贝曾经游览过"二闸"岸边的佛手公主坟，并留下了珍贵的旅游照片。他在书中是这样记述的："在北京的第一次郊游，我们的目的地是一座不起眼的、漂亮的、很少有人游览的陵寝——公主陵，沿途风景如画。出了使馆区的东门，穿过哈德门后左转，沿着运河河岸一直向前，过了东便门摇摇欲坠的桥之后乘小船走运河水路，行程过半后遇到一座闸，过了闸改乘大船，乘大船便可以直达公主陵的入口。"[1]"据说公主爱上了自己的马夫，皇帝下令将二人处死。但因公主毕竟是皇室血脉，所以死后仍为她修建了一座皇家陵墓。"[2]与京西公主坟不同，这座公主坟是清乾隆皇帝的第四个女儿和嘉和硕公主，她生于乾隆十年（1745年），乾隆三十二年（1767年）去世，享年23岁。传说公主手指之间有蹼相连，呈佛手状，故俗称"佛手公主"。她生前下嫁一等忠勇公傅恒之子福隆安，去世后葬于东便门外松公坟村，即清和嘉公主府家族墓地。佛手公主坟占地一顷多，紧邻通惠河，坟前有石供桌和石狮、石人、石马、石獬等石像生，还有一座三间四柱石牌坊，说明家族地位显赫。遗憾的是这些历史遗迹已经湮灭在历史长河中，未能保存下来。

在有关"二闸"的地方民俗活动中，"二闸的狮子会凫水"流传很广。这是因为从明正德年间"二闸"地区舞狮开始盛行，"二闸"的狮子不仅形象逼真，装饰绚丽，而且挂满钢铃，舞动时十分威风。因此，在舞狮会期间，各路花会都

---

[1] 约翰·拉贝著，邵京辉译，梁怡主编：《我眼中的北京》，东方出版社2009年版，第121页。
[2] 同上。

要参拜"二闸"狮子。"二闸"狮子在表演过程中不仅舞技高超，而且可以利用水域中石头的位置，在水上表演。传说一次在商船上表演时，"二闸"的狮子一只为青色，另一只为黄色，青色狮子不慎落入水中，黄色狮子立刻也跳入水中，好在水不深，有石头做支点，两只狮子表演更为精彩，获得岸边围观人群的喝彩，因此"二闸狮子会凫水"越传越广。冬天的"二闸"也不寂寞，不仅有拉冰车运送漕粮的人，还有溜冰赏雪的游人。

沿着水路还能看到历史文化名村——高碑店。高碑店是有着千年历史文化积淀的古村落，也是沿着通惠河从通州到北京旧城的漕粮中转站，因邻近平津闸码头，皇粮船在此停歇、中转，曾被俗称"高米店"。此处原来多枣林，村民以养蜂酿蜜为营生，前来此处购买蜂蜜者众多，又被称为"高蜜店"。随着时光流逝，村中地藏庵前成为商贸活动中心，庵前高大的石碑上有"齐化门"刻字，更突出了古村与北京旧城的联系，人们印象更为深刻的是高大的石碑，"高碑店"遂成为村子的名称。现在，高碑店以制作红木家具出名，有古典家具一条街

第六节 永通桥与石道碑

沿着水路东去，永通桥横跨于通惠河上。永通桥是明朝正式命名的，因距离通州八里而被老百姓俗称"八里桥"，是通惠河在今朝阳区的重要古代建筑。在古代北京，水路是最经济、最快捷的交通，永通桥是水路进京的必经之地，桥上行人来往，桥下漕船通行，是交通枢纽，有"八里桥不落桅"之说。桥身有三个桥洞，中间孔洞最大，高 8.5 米，宽 6.7 米，漕船可鱼贯而入。大孔洞两侧是略小的孔洞，高 3.5 米，宽 5.5 米，小船可通过，每到农历三月开汛后，舳舻蔽水，场面十分壮观。而到中秋之夜，万家灯火，漕船修歇，桥的三个洞孔又各映一轮明月倒影，形成"长桥映月"之美景。

第六章 一条水脉 流向通州 | 205

位于北京市朝阳区通惠河上的永通桥，因距离通州燃灯塔八里，又俗称"八里桥"，建于明正统十一年（1446年）。桥南北长60米、东西宽16米，由青石垒砌而成。桥下是坚固的花岗岩石。桥面两侧各有护栏33对望柱、33对栏板，须弥座柱头雕有石狮子，威武雄视。在桥两侧还垒砌拦土砖墙，在河道东西两侧有四只镇水兽俯卧

永通桥还是拱卫京城的交通要道，1860年8月22日英法联军攻占天津大沽炮台后直扑京城，在永通桥遭遇僧格林沁率领的蒙古骑兵拼死抵抗，一万多蒙古骑兵全部战死，这就是载入史册的"八里桥之战"。因此，永通桥不仅具有历史、艺术、文物、科学价值，还具有重要的纪念、教育意义。

1860年，英法联军攻占天津大沽口炮台后，直接向北京城进发，在永通桥遇到僧格林沁统率的蒙古骑兵拼死抵抗，出现了大刀长矛与洋枪洋炮的决战，蒙古骑兵全部战死，这就是发生在永通桥的"八里桥之战"

在永通桥以东的京通快速路北侧还有一处古迹，这就是著名的御制石道碑。碑南向，用艾叶青石制作，碑身高5米，上有螭首，下有龟趺，在螭首盘踞中有篆书"御制"二字；碑身阳面刻有修石道碑文，左为汉文，右为满文，汉文为楷书，字体苍劲厚重，分为十行，每行50字，为御制书法的楷模。元、明、清从朝阳门至通州是水路走漕运，陆路行马车，春季风沙弥漫，雨季道路泥泞，运粮马车行走艰难。清雍正七年至八年（1729—1730年）开始修石道，均用大石条铺砌，全长约7000丈，道宽1.5丈左右，路两旁植柳。工程完成后，立御制碑记述修筑石道经过。乾隆三十七年（1772年），因石道经30多年风雨剥蚀，出现坑洼，车马行走已经出现困难，乾隆仿效雍正做法，续修石道，以保证京城到通州的陆路运输畅通，同时又立"重修朝阳门外石道碑"，与雍正当年立的御制石道碑大小相同。为什么将石道碑立在永通桥附近？碑文也做了说明，这里是朝阳门至通州四十里水陆的要冲。从元、明、清三朝来看，这条路始终是通州联系北京旧城的经济、军事命脉，漕运经济命脉不用说，军事上战略要冲地位也十分突出。元朝末年，朱元璋任命的征虏大将军徐达就是沿着这条道路统领军队直抵齐化门（朝阳门）下。明朝末年，多尔衮率领清军也是从这条路进入旧城朝阳门的。现在，这条路为京通快速路，成为北京联系城市副中心的一条纽带。

位于京通快速路八里桥路北的石道碑，于2013年3月5日被列入全国重点文物保护单位，名称为"大运河——永通桥及石道碑"。图为新修复的石道碑御碑亭

第七节　运通桥与张家湾

通惠河流入通州，在通州城北关外面与北运河交汇。这个交汇点被称为"大运河—北运河交叉口"，是2013年3月5日公布的全国重点文物保护单位。通惠河水在这里流入北运河，船舶就可以一直南下到杭州。

图为通州城北关新修复的闸桥景观。原桥为七孔，名"七孔闸桥"。新修复的闸更高大、宽敞，桥下为南下的北运河道

沿着北运河南行，就可以到达通州著名的漕运古镇——张家湾。张家湾是京杭大运河北京段最著名的漕运码头。"张家湾"得名一说是元代漕运总督张万户督海运漕粮至此，一说是元至元十六年（1279年）大都地区闹蝗灾，粮食短缺，张瑄自东南沿海造平底船，走海路运来漕粮停靠于此。由此可以判定，从元代开始张家湾就是南北水运货物的集散地，尤其是沿着运河北上的漕船，装载的木料、

砖石等货物都在这里上岸，然后再转运至北京旧城内。因此，张家湾在明代筑有古城，十分坚固，城内一条古街，两侧多商铺、旅社、当铺、私宅等。传说城内有会商30余家、当铺三家，其中一家当铺是《红楼梦》作者曹雪芹家所开设。目前，张家湾古城保留有断墙残壁，1995年被列为北京市文物保护单位。运通桥是进入古城的交通要道。

运通桥是明万历三十三年（1605年）建成，桥对着张家湾古城南门，南北朝向，长43米，宽10米，是三孔洞大石桥。桥上石望柱上雕刻有石狮子，姿态各异，有一定的艺术价值。在桥的四周还有四只镇水兽，遍体鳞甲，头上有角，是明万历年间雕刻。传说镇水兽为龙生九子之一，主要功能是镇水和保桥。

通州张家湾运通桥与古城墙景观

图为通运桥上的石狮子与桥下的萧太后运粮河。当地有诗曰："昔日通运桥，地名张家湾。太后运粮河，万国来朝地。"

第八节　通州城历史与文化

自古以来有"一京二卫三通州"的说法。"一京"指北京城，"二卫"指天津卫所，说明自古北京城、天津卫、通州就是文化一脉相承的，陆路、水运相通。通州最大的特点就是一个"通"字，中医讲，不通则痛，通使万物生，由此可见"通"是吉祥之迹象，与北京故宫交泰殿中的"泰"一样，强调"通"天地和谐、阴阳相通，国家政令自然畅通。目前，北京城百里长街直达通州，八通线地铁、102国道、京沈高速、京津塘高速路也经过通州，拥有密集的公路网和便捷的轨道交通。而通州更重要的"通"还在于水路畅通。通州境内有大小河流13条，是北京地区河流的下游，形成多河、富水的特色。一座城市有水则灵，也就是说有水源的城市发展起来有灵气，更有精神。1780年朝鲜使者来北京路过通州时就记述自天津卫会于张家湾，天下船运之物皆凑集于通州。不见潞河之舟楫，则不识帝都之壮也。

说通州不得不说其历史沿革。通州在春秋战国时期为燕国属地，很早就是北京地域的组成部分。到秦朝设郡县，归渔阳郡；西汉正式置县为路县，县治在今潞城镇古城村。东汉由"路县"改为"潞县"，由陆路通突出了水路通。辽、金、元时期，通州已经成为北京城的门户，地理位置日益重要，在金天德三年（1151年）

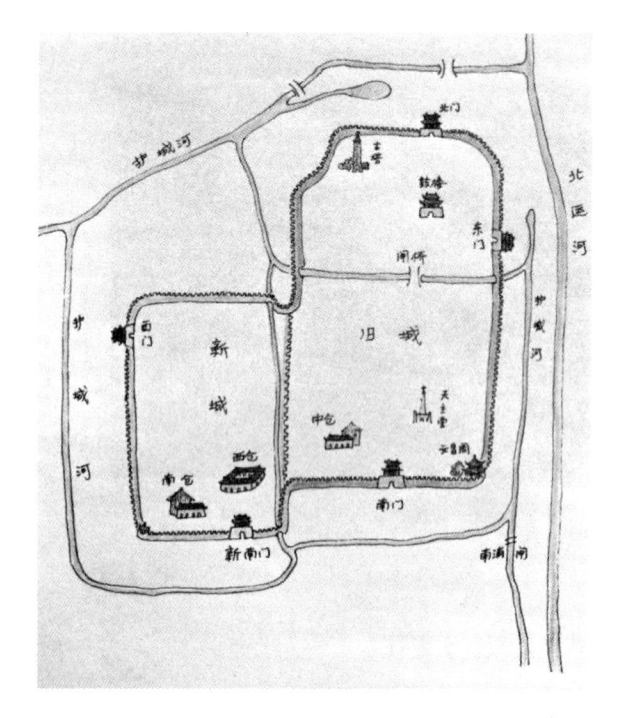

取"漕运通济"之意，被正式命名为通州。到民国时期，曾废通州，改称通县，以后又成为京兆特别行政区，一度有通州市的记载，划归河北省管辖。1958年4月，正式划归北京市管辖，1960年为北京市通县，1997年改为北京市通州区。

通州正式建制沿革始于西汉初年，距今已有2200多年历史，其运河文化更是源远流长，在古城区留下了丰富的人文古迹，有古城墙遗迹、古代粮仓建筑、燃灯佛舍利塔、李贽墓、乾隆御制石道碑、鼓楼、大光楼、文昌阁、三教庙、天主堂等。因古城被运河水系环绕，通州古城又有"水城"之称

位于通州北关新修复的大光楼建筑

今通州区位于京杭大运河北端、北京市东南部，距离天安门 20 千米。区域范围东西宽 36.5 千米，南北长 48 千米，面积 907 平方千米，平均海拔高 20 米，境内为平川，是永定河、潮白河冲击形成的平原，水路、陆路交通发达。近现代文化活动丰富，有潞河中学、韩美林艺术馆、宋庄美术馆、台湖国画院等，在宋庄画家村聚集了各种美术馆、展览馆 16 处，画廊近百家，各种艺术人才达 5000 多人。商贸旅游业也很发达，通州一直是北京城市的东大门和连接京津的纽带，曾经作为北京城市的卫星城、商贸中心、城市人口居住区进行规划建设。

说通州不能不说运河景观。古年间，这里是京杭大运河北方最大的漕运码头，来往的漕船、客船络绎不绝，当地的人们唱响运河号子，唱出了通州城的基本景观：远看通州城，好大一条船；高高的燃灯塔，是那大桅杆；钟鼓楼的仓，玉带河的缆，铁锚落在哪啦？张家湾！

燃灯佛舍利塔是北京地区早期具有代表性的佛塔建筑，内存佛舍利。燃灯佛亦称锭光佛、过去佛，佛教典籍中说其出生时身边一切光明，如黑暗中的明灯；"锭"为灯之足，起到光明的稳定作用。因此，燃灯佛修定律，佛塔像定海神针，坐落在大运河岸边，远道而来的漕船经过数月漂流，远远看见古塔，就知道到了通州，到了目的地一般都要上岸朝拜。这种朝拜可保佑平安，面对都城的繁华，远道而来的人们希望能像燃灯佛一样保持心潮平静，以面对商海的起伏。在通州文化景观上，人们也常常把通州古城比喻为大船，把古塔比喻为桅杆，更确切地说是人生漂泊的安全保证

说通州不能不说燃灯佛舍利塔。燃灯佛舍利塔(简称燃灯塔)是通州八景之一，位于北京市通州区北端运河西岸，有极高的艺术观赏价值，是通州地域标志性建筑。在通州民谣中，有"先有通州塔，后有通州城"的说法，说明古塔历史悠久。据历史学家考证，此塔最初修建应在南北朝北周宇文氏时期，现存古塔为辽代风格，应为辽代重新修建。古塔位于通州北城，大运河北端西畔，为密檐实心塔，砖木结构，八角形13层，塔全高56米，基围38.4米，塔基须弥座呈莲花形，塔身各角共雕有108尊佛像，塔内有一尊燃灯佛石像。塔第一层高大而明快，向上12层层层紧密相连。在塔座上有硕大莲花座，塔顶上有宝珠，塔身为直线，直指天空，在通州城内显得格外挺拔、突出。此塔在建造上有2个特点：一是神像多，有人统计神佛像总计415尊；二是风钟（铃）多，总计2224枚。

据《通州志》记载，清康熙十八年（1679年）发生地震，燃灯佛舍利塔维修时在塔内发现舍利。1976年唐山大地震时该塔略有损坏，进行了大修，1987年竣工。由于历史上古塔多次重修，使古塔不仅依然屹立于通州城中，成为通州标志性建筑，而且展现了不同时期的建筑材料和风格。据说北京大学校园内著名建筑博雅塔便是以燃灯佛舍利塔为原型修建的，此类塔造型美观，最适宜建在水边，水边美景之一为塔的倒影。

说通州不能不说通州的文化名人。通州地处京畿，又是水路交通要道，文人蔚起，名人辈出。历史文人有李贽，现代文人有刘绍堂、高占祥等。其中，李贽是明代著名的思想家，对中国乃至东亚影响极大。李贽，号卓吾，又号宏甫，福建泉州南安人。李贽7岁跟随父亲读书，26岁中举，30岁在河南辉县教谕，51岁任云南姚安府知府，因为人耿直、刚正不阿，54岁在任知府满三年后封印挂冠，云游四方，隐逸治学。明万历十八年（1590年）李贽著述的《焚书》在湖北麻城刻印，书中揭露了封建道学假面具，招来打击和迫害，于万历二十九年（1601年）由马经纶陪同北上到通州居住，继续著书立说，完成《九正易因》。万历三十年（1602年）他被捕入狱，在狱中夺刀自杀身亡。李贽死后，马经纶在通州北门外马厂村迎福寺旁将其安葬，后人凭吊时立碑并介绍其生平事迹。1953年卫生部在马厂村兴建北京结核病研究所，通州市政府决定将墓碑迁移到通惠河北岸大悲林村南，为便于文物保护和群众观瞻，20世纪80年代再次将李贽墓迁移到西海子公园。

图为坐落在通州西海子公园内的李卓吾墓。李卓吾，名李贽，生于明嘉靖六年（1527年），卒于明万历三十年（1602年），享年76岁。中国李贽研究会会长、首都师范大学张建业教授是这样评价李贽的："李贽是明代杰出思想家、文学家、史学家，具有国际影响的学者。李贽的思想具有开拓和进取精神，对明清两代及'五四'时期的思想家、文学家都产生了深远影响，对日本的明治维新也产生了直接影响。他的很多理论命题，如反对保守因循，主张与时俱进；反对唯圣唯上，主张以人为本；反对假人假言，主张童心真心；反对官吏贪赃，主张廉洁政治，在今天也具有强烈的现实意义。"[①]

第九节　北京城市副中心建设

在世界城市建设中，一个值得重视的现象是发挥首都的优势，建设以首都为核心的国际化大都市圈。目前，世界有五大都市圈，分别是纽约都市圈、伦敦都市圈、东京都市圈、巴黎都市圈、北美洲五大湖都市圈。这些都市圈不注重区划，而突出首都城市引领、带动作用，形成一种空间组织形态，呈城市群现象，集中资本和财富，发展高端、创意产业和先进科学技术，对整个国家或地区经济起到可持续、稳定的促进作用。韩国以首尔为核心，正在进行大首尔城市群规划建设，大有后来居上的态势，值得我们关注。

北京是中国的政治中心、文化中心、国际交往中心、科技研发中心，这些优

[①] 张建业：《李贽论》，社会科学文献出版社2010年版，封面。

势是建设北京国际化大都市圈的得天独厚的条件，拥有中国任何一个地区城市群建设都不具备的客观条件。如何发挥好首都北京的城市带动的优势，是京津冀协同发展的重要课题。北京城市副中心建设是第一步，是关键的一步，是疏解非首都功能的重要步骤，是京津冀协同发展中的战略部署，不仅能在京津冀协同发展中起到引领示范作用，还能为北京大都市圈建设发挥引领示范作用，在中国城镇化发展中起到示范作用，为东北亚世界级城市群建设起到推进作用。

从北京城向东看，北京城市副中心建设是一个创举，是新中国定都北京后北京城市发展的重要标志。副中心建设不仅为疏解非首都功能迈出了坚实的一步，成为京津冀协同发展的重要引擎，还为北京城市下一个千年发展奠定了基础，为京津冀打造东北亚世界级城市群建设留下浓墨重彩的一笔。为此，中共中央政治局专门召开会议，研究部署规划建设北京城市副中心，提出要坚持世界眼光、国际标准、中国特色、高点定位，以创造历史、追求艺术的精神进行北京城市副中

北京城市副中心"行政中心机关办公区工程鸟瞰图"

心的规划建设。北京城市副中心规划建设已经由原定的行政副中心 6 平方千米范围扩展到整个通州，同时还要拆除地区间的边界藩篱，与邻近的河北省县市、廊坊北三县共同编制跨区域发展规划。通州作为北京城东大门、今日副中心，现代化建设将掀开通州崭新的一页。

对于北京城市副中心选址，一些专家认为选择通州是一种必然。这是因为通州"陆扼东北，水控江南"，自古就是交通要冲和发展的战略要地。1986 年前后，著名社会学家费孝通曾在通州做过社会调查，并于当年 11 月 1 日举行过"通州卫星城及运河旅游区调查研究汇报会"，专家学者 200 多人参加。一年后，通州被确定为北京市卫星城。一些专家认为，通州西为沽水，北靠减河，东临潮白河，是三面环水的风水宝地。通州历史文化厚重，不仅汇集了中国南北的文化，而且宗教、教育发达，文化名人辈出，一直是京畿文化教育中心，著名的潞河中学以及清代在通州设立的科举乡试试院是文化人赶考的场所。因此，通州作为北京城市副中心有着得天独厚的自然条件和深厚的文化底蕴。

北京城市副中心建设要做到高点定位、具有特色，就要以创造历史、追求艺术的精神进行规划建设。创造历史就是要有文化内涵，让今天的规划建设经得起历史检验，体现中华文脉的传承；追求艺术就是要精益求精，像北京旧城规划设计一样，在世界上独一无二，让人们向往，让子孙后代感到舒适、愉悦，是物质与精神的家园。因此，北京城市副中心建设既要具有新时代特征，又要传承北京城市文化肌理，也就是北京城市文脉。从规划示意图来看，副中心建设不同于卫星城建设，而是具有相对独立的城市创造与发展。从目前草图建筑布局来看，设计者已经意识到北京城市"中心明显、左右对称"的文化特点；从环境建设来看，突出了绿色，体现了人与自然和谐；从建筑来看，体现了新时代特征，注意节能减排，是绿色前瞻建筑。北京城市副中心设计和国家奥林匹克体育中心设计一样，已经启动国际方案征集。在规划中要以自然为美，副中心不要全是高楼大厦，要突出人文与自然景观的融合，多一些节能减排的经典或示范建筑，多一些人文和自然景观结合的行政办公以及生活区域。特别是古代通州以水城著称，要深入挖掘通州以运河为核心的历史文化资源，延续北京城市文脉，凸显绿色、低碳、可持续发展。

以创造历史、追求艺术的精神建设北京城市副中心

目前，北京城市副中心规划设计已经完成，行政机关办公区基础建设已经开启。在艺术追求上要体现文化，这种文化既要有通州地区的历史文化，例如通州的运河文化等，又要传承北京城市历史文化，特别是从西山到天安门，再到通州，百里长街的历史文化，长治久安的传统文化。在建筑造型上要体现北京城市建筑文化，要有中正和谐文化，新建筑既要有创新，又要堂堂正正，不追求畸形怪异。在科技上要充分体现节能减排，加大夏季雨水的收集和利用，建造海绵城市，要充分利用风能、太阳能、水能等。在绿色发展上要充分增加绿色植被，发展绿色生态，践行绿色出行、绿色生活，实现绿色发展。

第七章 一道长城 拱卫京城

在中国版图中有两条线状的世界文化遗产，一条是贯穿南北的京杭大运河，一条是纵横东西的万里长城，这两条线状的文化遗产相交于北京。其中，京杭大运河北京段是漕运的终点，是最繁华、最繁忙的，呈现万舟骈集的景观；万里长城北京段是长城中最雄伟、最险要、最壮观的部分，特点是拱卫北京城。

2016年年初北京市政府提出三条文化带建设工程，即西山文化带、长城文化带、运河文化带。其中，长城文化带还连接着天津、河北。连接天津的有黄崖关，连接北京的有将军关、居庸关，连接河北的有山海关，还有张家口的大境门，等等。长城文化是纽带，串联着京津冀，联系着三地的文脉，尤其是冬奥会的承办，北京延庆与河北张家口长城成为对外文化交流的使者和对内文化联系的纽带。

我们现在能够看到的北京地区的长城主要是明代用大城砖修建的长城，在明代属于蓟镇长城。蓟镇为明代九边重镇之一，管辖长城的范围东起山海关，向西包括河北卢龙、迁安、遵化，天津蓟县，北京平谷、密云、怀柔、昌平、延庆，以及河北易县等地区，重要关隘有山海关、马兰关、黄崖关、将军关、居庸关、

北京长城分布示意图。北京段长城像一条玉带,沿着北京小平原三面环山的地势拱卫着北京城,成为古代北京城市安全的军事屏障

紫荆关以及九门口、冷口、喜峰口、古北口、南口等。

万里长城北京段是从东部进入平谷境内,然后向北延伸到密云,向西到怀柔、昌平、延庆,再折返向南到门头沟,状如半圆,在北京湾山区形成一道护佑北京城的屏障,同时将燕山山脉和太行山山脉连接起来。具体分布情况:由天津蓟县黄崖关沿着山脉进平谷境内,景点有将军关;然后出北京界,经河北兴隆再北上到密云司马台长城,景点有望京楼、金山岭、古北口,然后向西进入怀柔境内,有慕田峪关城,有直冲云天的箭扣长城,有万里长城"北京结",也就是在黑陀山岭有内、外长城分界点,外长城经白河堡直奔河北张家口方向,内长城经延庆四海镇进入居庸关八达岭,居庸关在昌平境内,八达岭以及石峡关残长城等在延

庆境内；最后长城从河北怀来再进入门头沟境内。进入门头沟的长城更像是"大家闺秀"，守卫着西山大道，深藏在群山之中。

第一节　将军石与将军关

万里长城是从天津黄崖关向西进入北京地界的，其位置在今平谷区金海湖旁边的山峰上，进入北京的第一关为北京市平谷区境内的长城——将军关。将军关原称"将军石关"，来源于将军关左右两侧山崖相对，有巨石耸立，巨石呈圆形，状如威武的将军，故名"将军石""将军石关"，后简称"将军关"。将军关是明代万里长城进入北京段东端的第一座重要关隘。将军关位于平谷区东北部，东与天津蓟县接壤，北与河北兴隆比邻，又是京津冀三地长城接合部，在京津冀协同发展中是研究长城文化的新亮点，被称为"一脚踏三地"的长城景观。

图为将军关长城遗迹。远处是山坡上长城留下的遗迹，近处是关城墙基，二者之间是通行的大道。从地势来看，将军关扼守交通要道，历来是兵家必争之地

通过对将军关长城遗迹的实地考察，可以清楚地看到长城墙基是就地取材，开采当地山岩建筑的城墙基石，然后上面再垒砌青砖

平谷区的长城上还有众多敌台、敌楼建筑，其中著名的有"四座楼山敌楼"，位于平谷区北部海拔1062米的高山上。

第二节　司马台与金山岭

司马台长城位于北京市密云境内，东起望京楼，西接金山岭长城，全长5400米，是万里长城中的险要部分，同时也是保留明长城原貌最好的古长城。司马台长城在北齐时就开始修建，现存的长城建筑为明朝修建，有敌楼30余座。在东15楼至东16楼之间最险要，山涧之间用一块铁板相连，被称为"天桥"。要到"天桥"，首先要爬"天梯"，即一处非常陡峭的山崖，可以说是直上直下，人只能爬行。这一段长城的特点是单面城墙，也就是一堵防卫的山墙，墙上面有箭垛，可以瞭望，墙后没有女儿墙，也是陡坡。司马台长城的另一特点是在城台、敌楼和城墙中设有障墙，并且根据地势而形式多变，非常利于防守，堪称万里长城的防御之最。

金山岭长城西起古北口，东至望京楼，全长10.5千米。这段长城修建的特点

是沿着险峻的山脉，在沿线设有大小关隘 5 处、敌楼 67 座、烽燧 2 座，因其视野开阔、敌楼密集、景观奇特、建筑艺术精美、军事防御体系健全、保存完好而著称于世。金山岭长城还是北京与河北省滦平县长城连接段，也是明代修筑的长城精华。

图为位于密云境内的古北口长城景观。在明代，古北口是北京通向东北的重要关口。当时关城依山而建，白河从塞北流淌而来，水流非常湍急，关城依山傍水，修建在山水之间。后来，关城被洪水冲击得荡然无存，到古北口考察，只能看到两侧险峻的山峰和残存的长城景观。

第三节 慕田峪与箭扣

慕田峪长城位于怀柔境内，这段长城东连古北口，西接居庸关，全长 5400 米，是拱卫北京城的重要关隘，同时具有明代长城的显著特征，是明朝初年由大将军徐达督建而成。修建慕田峪长城时利用了北齐长城旧址，这段长城山峦重叠，树木茂盛，依山而建，多建在外侧陡峭的崖边上，十分险要。著名景观有正关台、大角楼、"鹰飞倒仰"等。这段长城由于处于高山深处，长城墙体保持完整。这段长城还有一个特点，就是城墙两面都修有箭垛，而不是一面有箭垛、一面是女儿墙，表明在明代这里是守卫重点，防守过程中会出现两面遭受敌人进攻的情景。其中，"刀把长城"或称"错长城"也出现在这里，延伸出来的半截子长城不是修错了，而是防守延伸的需要。

箭扣长城位于怀柔西北八道河乡境内，距离怀柔城区约 30 千米，这里山势更

从图中可以看出，慕田峪关城是三座城楼相连，正中城楼向外突出，不仅规模大，而且气派；在设计上的特点是不仅有空心敌楼，还有实心敌楼，是万里长城中虚实结合设计得最为巧妙的关城。其中，中间为空心敌楼设计，两侧为实心敌楼设计，这种设计使慕田峪关城更加易守难攻，琢磨不定

加险峻，在险峰断崖之上的长城也显得更加雄奇险要。有关"箭扣"的名称有不同说法：一是这段长城本无名，当地一位地方官前来考察时发现这段长城修建得十分险要，在群山之间像一个涧口，就命名为"涧口长城"，口传改为"箭扣"；二是这段长城蜿蜒如满弓，而到"北京结"，也就是内、外长城分开的地方如扣箭而得名。箭扣长城是北京一段最险峻、雄奇的长城，自牛犄角边、南大楼、鬼门关、东西缩脖楼、东西油篓顶、箭扣梁、将军守关、天梯、"鹰飞倒仰"、"北京结"到九眼楼绵延20多千米，充分展现了北京段长城的惊、险、奇、特、绝的特点，其中天梯、"鹰飞倒仰"、"北京结"、九眼楼一段最险要。天梯是一段70°陡坡、70~80米长的长城，最窄处为60厘米宽，台阶40~50厘米高，台面15厘米，人只能爬行，否则很难稳住身体。"鹰飞倒仰"有一处长城直立，要绕道迂回过去，下山为70°~80°陡坡，不抓住树枝则很难站立。箭扣长城是明代万里长城中最险段，由于险要，远离市区，交通不便，攀登不易，因此长城原貌保

存完好，成为长城爱好者最喜爱的地方。箭扣长城自然风化严重，没有任何人工修饰，保持了原汁原味，但是由于长年没有修缮，毁坏也很严重。因此，在北京长城文化带建设中，箭扣长城被列为主要修缮工程。在修缮过程中，人们会更加真实地领略到古老长城修建之艰难。

箭扣长城虽然未修整，但保留着长城建筑的原汁原味，从中可以清楚地看到怀柔境内长城防御的特点，即两面箭垛，而不是通常的一面箭垛、一面女儿墙，表明守城将士有可能两面受敌。因此，北京段长城修复一定要保护好原貌，修建过程中要用原材料、原工艺，修缮方案要做到最小干预

说箭扣长城必然要说"北京结"。怀柔境内长城开始分内长城和外长城，具体地点在怀柔西南部的二道关长城。二道关长城位于怀柔区九渡河镇的二道关村，辖区内的小火焰山为内、外长城的分界点，这个点也被称为"万里长城北京结点"，简称"北京结"，具体位置在怀柔区黑陀岭庄户村。其中，外长城由小火焰山向西北经大火焰山、延庆四海镇，然后伸向白河堡长城；向东经田仙峪、慕田峪、河防口、大水峪，然后与密云境内长城相连。内长城由小火焰山向西与怀柔境内黄花镇长城、延庆八达岭长城、昌平居庸关长城相连接。由于"北京结"北邻延庆四海镇，在那里还修有九眼楼，据说是万里长城最大的敌楼。由此可见，二道关长城是明朝拱卫京师和皇陵的重要关隘和长城防御设施。

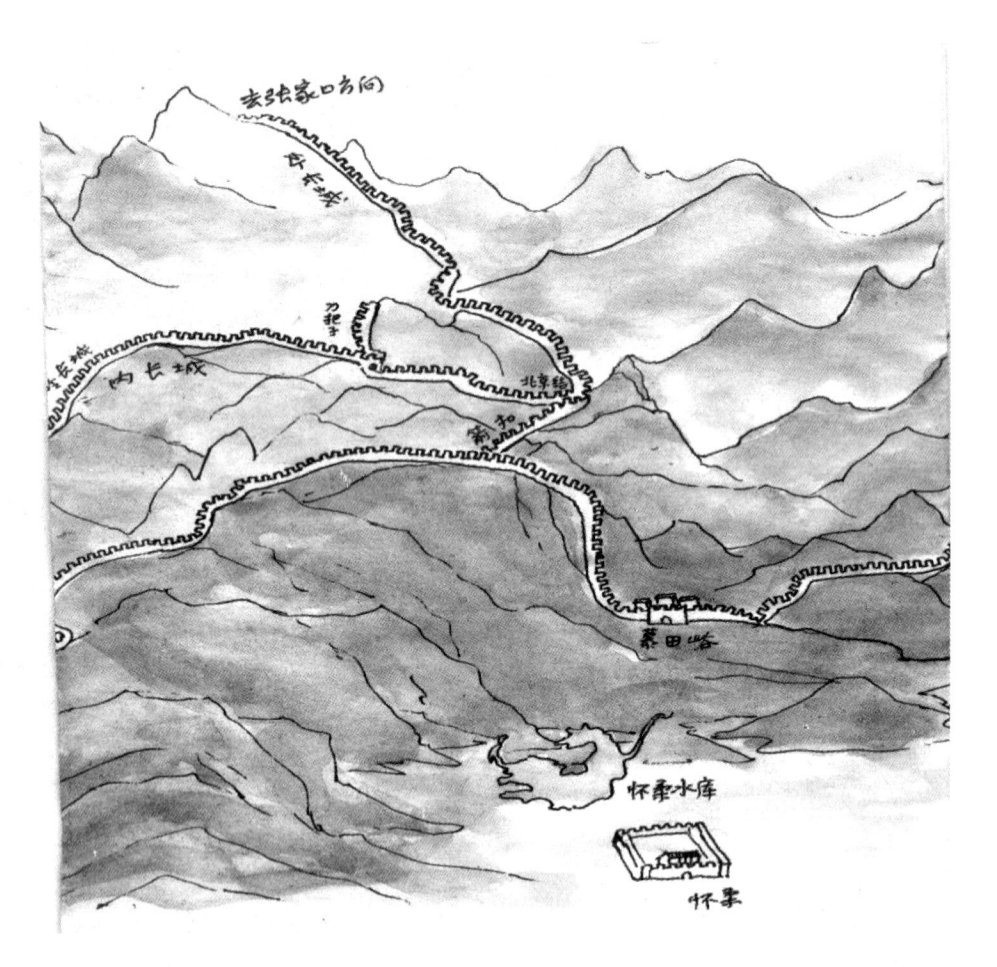

万里长城"北京结"示意图

第四节　居庸关与关沟

居庸关位于北京市昌平区，距离北京旧城约70千米。"居庸"名称出现比较早，在秦朝修筑长城时就有"徙居庸徒"的记载。当时秦朝为了修筑北界长城，曾经将囚犯和强征来的民夫迁徙到居庸也就是今日军都山来修长城。到了汉代，有居庸关城的记载，辽、金、元、明都将此关隘作为重要军事防御堡垒。因关隘

第七章 一道长城 拱卫京城 | 225

居庸关及关沟示意图。居庸关位于太行山脉八条通道之一，也就是太行八陉中最北一陉，因紧邻军都山而被称为"军都陉"，因有居庸关又被称为"关沟"。在关沟中，居庸关为正关，建有团形关城；居庸关南、北还各有一关隘扼守出口，南边的隘口被称为"南口"，北边的隘口被称为"北口"。北口还有一个更响亮的名称"八达岭"

处在燕山山脉军都山与太行山脉西山交界的沟壑之中，沟内有著名的居庸关，这条沟壑被老百姓称为"关沟"。关沟是太行八陉中最北一陉，被称为"军都陉"，全长约15千米，两旁山峦重叠，树木葱郁，早在金代就被命名为燕京八景之一，即"居庸叠翠"。

居庸关关城呈圆周封闭状，周长4142米，东有翠屏山，西有金柜山，山上的长城犹如关城伸出的臂膀将关隘封闭起来。在关城内有衙署，有皇帝临时居住的行宫，有开展教育活动的泮宫和叠翠书院，有专供朝拜祭祀的城隍庙，有储备粮草的丰裕仓，有储备武器弹药的神机库，有行商坐贾往来的买卖街等，是一个相对完整而又封闭的城堡。

在居庸关内最重要的文物是云台。云台为元代建筑，又是元代雕刻艺术精品。在云台券门上刻有精美的佛教浮雕，正中为金翅鸟王，两旁是交叉金刚杵组成的图案，其中有龙、象、卷叶花、大蟒神等。在门洞内有佛教四大天王浮雕，造型各异，神态逼真，十分威武。门洞内还有用梵文、藏文、蒙古文、维吾尔文、西

形如团状的居庸关城堡

居庸关是正关,关城修建得十分雄伟壮观。关城前有一座牌坊,为四柱三门七楼规制,上书"迎恩坊",进一步说明关城和北京城安危的关系,是皇帝来往和直接关注的城堡。居庸关曾是兵家必争之地,谁占据居庸关,谁就能占据北京城。因此,居庸关是北京城屏障中的核心,是最重要的关城。居庸关城楼上有"天下第一雄关"匾额,比山海关城楼匾额上的"天下第一关"多一个"雄"字,也说明了居庸关的地位和特点

夏文、汉文阴刻的《陀罗尼经咒》。其中，西夏文字文体完整，字体清晰，十分罕见，表明元代时的北京（大都城）是多元文化荟萃的城市，是多民族、多宗教汇集的城市。门券下就是通向西北的要道。居庸关是从西北进入北京的商旅要道，同时也是北京城市防御的门户。在居庸关周边有五郎庙、六郎寨、弹琴峡、望京石、仙枕石、天险等景点。

位于居庸关内的云台扼守居庸大道，为元代藏传佛教建筑，用汉白玉大理石建造，台高9.5米，下大上小，下台基东西宽26.84米、南北长15.57米、上顶东西宽25.21米、南北长12.9米。原来台上还建有三座白色喇嘛教石塔，毁于元末明初。后来在云台上又建有寺院，名"泰安寺"，清康熙年间被焚毁。尽管屡遭劫难，剩下的云台依然十分珍贵，原汁原味地保留着元代艺术风格，是不可多得的元代大型石雕建筑

第五节　八达岭与岔道城

　　八达岭长城位于北京市延庆军都山的崇山峻岭之上，是关沟古道的北出口，是明长城居庸关的北口，也是明朝修建的最险峻的长城关隘，北京段长城坚固、雄伟、险峻的特点在八达岭得到完美体现，集中反映了明代长城的修建技术和水平。因此，游览北京地区的长城，八达岭长城最具代表性。"八达岭"名称的来源有两种说法：一种说法是出了居庸关北口，进入延庆小平原，就四通八达了，故称"八达岭"；另一种说法是由八达岭所处地势而得名。在八达岭关城两侧有八座山峰，有"八大岭""八道岭"之说，因谐音而得名。从地理环境来看，八

达岭是居庸关的外口，北往延庆、赤城等，西去张家口、大同等，东到永宁、四海等，南去昌平、北京等，可谓是四通八达，所以它是古代一条重要的交通要道和防卫前哨，素有"京北第一屏障"之称，因此人们说"居庸之险不在关而在八达岭"。历史上，北方游牧民族多次南下，想通过关沟进入北京小平原，但都面对八达岭而束手无策，八达岭居高临下，"一人当关，万夫莫开"。因此，在北京地区登长城的人最爱上八达岭，毛泽东题写的"不到长城非好汉"也矗立在八达岭长城上。

八达岭长城共有敌楼43座，分布在关城南、北两座山峰上，其中北面八座敌楼是游览八达岭的主要景观。游览时重点看第六座敌楼，它十分壮观，体量最大，长12.6米，宽8.5米，高10米，底层面积约100平方米。第七座敌楼建在峭壁上，十分险要。第八座敌楼海拔888米，为八达岭长城海拔最高的敌楼，可以俯瞰八

八达岭关城示意图

八达岭关城东门名"居庸外镇"，刻于明嘉靖十八年（1539年）；西门名"北门锁钥"，刻于明万历十年（1582年），两门均为砖石结构拱门，比较好地说明了八达岭关城是居庸关北面的门户，像一把钥匙，只有通关才能进入居庸，否则别想通过。还有一种说法，八达岭是居庸关的"钥匙"，守卫八达岭的将士就是居庸关的看门人，即掌管"钥匙"的人。

达岭长城全景，又是观看日出的最佳地点，被称为"八达岭上观日台"。

岔道城在八达岭关外，依山而建，修建于明嘉靖三十年（1551年），为不规则长方形城堡，城门、城墙上部署火炮，城内有衙署、寺庙、街市。城外有两条岔道，一条通向怀来卫所，以及榆林、土木、鸡鸣三驿站至宣府古城，为西路。一条至延庆、永宁古城、四海卫所，为北路。岔道城修建在交通要道，与八达岭关城成相互呼应的掎角之势。

八达岭外岔道城西关城门

在延庆西侧山脉中，还有著名的石峡关，因传说李自成夜闯石峡关而出名。石峡关位于石峡谷，石峡谷在居庸关西侧山脉之中，谷口特点是山石林立，山石高数百米，雄伟而险峻，故名"石峡关"。石峡关附近荒无人烟，关口最窄处只能过一人一马。传说成吉思汗灭金时，蒙古骑兵在居庸关北口（八达岭）久攻不克，金兵不仅殊死抵抗，而且将关门用铁水浇筑。面对如此情况，成吉思汗派人仔细察看地形，绕道石峡谷，突袭石峡关，兵至南口，然后直奔金中都城。历史发展有时是惊人的相似。1644年春季，从西安出发的李自成一路势如破竹，来到居庸关北口，也面临"一夫当关，万夫莫开"的窘况，于是在当地一老者的带领下，夜袭石峡关，攻克居庸关城，顺利进入北京。现在，石峡谷已经对外开放，过了八达岭镇，沿着康庄大道至人民公墓站左转，由外炮村进入里炮村，也就进入景区大门，可以驱车一直到石峡村，进入长城景区。原来这里是著名的"残长城"景区，现在一些遗址得到修复，不仅可以登攀城墙，还可以领略周边的险峻奇观。

第六节　沿河城与紫荆关

门头沟境内长城归属紫荆关管辖，明景泰年间在今沿河口村设立守备营，下辖自东北到西南方向的天津关口、黎元岭口（现叫梨园岭口）、洪水峪口、小龙门口等17处隘口，累计200多千米，万历年间又在境内沿河城、斋堂城等处加筑要塞，与北京密云、怀柔、延庆的长城防御相呼应，共同组成了京师西北方向的长城防御体系。从沿河城经黄草梁，到洪水口，再到小龙门口，共有"沿"字编号敌楼15座，门头沟境内的最后关隘小龙门恰好是沿字第15号敌楼。

沿河城是永定河畔的一座城堡式城池，是明朝用于阻隔蒙古骑兵沿冰封河谷侵袭而设的关城。沿河城是明代真保镇紫荆关所管辖的重要关隘之一，明景泰二年（1451年）由卫所派官员把守，到嘉靖三十二年（1553年）提升为守备。隆庆五年（1571年）至万历四年（1576年）全面增建沿河城防区，所辖地段数十千米，设有关隘、障墙等设施。沿河城的城墙北面临永定河，南面在山梁上，东面基本拆毁，西面城墙和西门保存状况最好，成为古沿河城的标志。现在沿河城内基本格局仍在，但老式房屋多已翻修或重盖，明显的古迹只有一座大戏台和西门城门洞。

第七章 一道长城 拱卫京城 | 231

图为扼守西山大道隘口的门头沟长城景观。在门头沟长城中，多数敌楼保存完好，犹如"大家闺秀"隐藏在深山峡谷之中

沿河城西门保存较好，其他城门城墙正在修缮，城内保留有民居等建筑

沿河城西南2000米处有个小村名叫"沿河口"，是依山口道路形成的村落。在山口东西各矗立着一座高大完好的守口空心敌楼，其中东面编号"沿字肆号台"敌楼，对面是"沿子伍号台"敌楼；从沟口入山1000米处还有"沿字叁号台"敌楼。沿河城防区内十几个敌楼一般高10米多，宽亦有10米，为方形敌楼，保存总体完好。门头沟长城还有一些区域特点：一是敌楼瞭望孔有窗户框子，并被保存下来；二是城墙有双重垛口，表明守城墙会两面御敌；三是敌楼互相掩护，形成防御阵地。

在门头沟著名景区黄草梁上也保存有长城。从石羊沟小路往上延续30千米是黄草梁长城。黄草梁长城又称"七座楼"，这里是明代长城的天津关。"天津"意为天上银河的渡口，地势高，海拔达1700米，是灵山北麓古道必经之地。因此，关口位置十分重要，沿河长城的一半敌楼都设在了天津关两边。黄草梁主峰海拔1737米，峰顶一带为高山草甸——十里坪，地势比较平坦，每逢春夏时节漫山遍野的绿草鲜花。入秋后，草木枯萎，枯黄的落叶遍布山梁，故名"黄草梁"。黄草梁长城建于明万历年间，山上有"沿字壹号台"至"沿字柒号台"，均为空心敌楼，石基砖砌。七座敌楼依山据险，分布在山梁和断崖之处。地形比较平坦的地方还有古长城残垣蜿蜒盘旋数里。除空心敌楼外，这里还有几座烽火台和残存的城墙，敌楼、烽火台、残长城相互呼应，在高山之上形成一条严密的防线，保卫着北京城。

在门头沟还有洪水口长城。洪水口在门头沟区齐家庄北8000米处。这里有明万历三年（1575年）筑成的三座空心敌楼，编号是"沿字壹拾贰号台"到"沿字壹拾肆号台"。其中最大的是壹拾肆号台，保存完好。洪水口地处灵山南麓峡谷中，是灵山南麓和北麓古道交汇点，也是西山通向西南的咽喉要道。从洪水口往西北是小龙门口长城，那里是"沿字壹拾伍号台"，可惜敌楼已被拆毁。这里是今日北京辖区的边界，过了小龙门就出了北京界，但在明代，"沿"字编号的敌台没有边界，而是继续向紫荆关方向延伸。

紫荆关位于河北省易县城西40千米的紫荆岭上，为河北平原进入太行山的要道之一，又是拱卫北京城的重要关隘。东汉时紫荆关名为五阮关，又称蒲阴陉，是太行八陉的第七陉。紫荆关位于居庸、倒马二关之间，号称"内三关"。

位于河北易县的紫荆关关城是长城的重要关隘,直接关系到北京城的安危

紫荆关由五座小城组成,包括拒马河北岸的小金城、南岸的关城、小盘石城、奇峰口城、官座岭城。因其地势险要,自古以来是华北平原的重要门户,兵家必争之地。在紫荆关曾发生多次激烈的争夺战,其中著名的是金贞祐元年(1213年)成吉思汗率领蒙古骑兵进攻居庸,久攻不克,于是分兵袭击紫荆关,然后从关内击败金兵,从内夹攻居庸关。明正统十四年(1449年)"土木之变"后,蒙古瓦剌部进攻居庸关失败,再次采用成吉思汗的战略,绕道攻破紫荆,往返700千米,到德胜门外,直逼北京城。由此可以看出,紫荆关不愧为"内三关"(居庸关、倒马关、紫荆关),是拱卫北京城的重要关隘。

第七节 大境门与互市

位于河北省张家口市大境门一带的长城修建于明成化年间,是明代万里长城的重要关隘之一。清朝修建大境门后,在万里长城中就形成"三关一门"的重要景观,"三关"为山海关、居庸关、嘉峪关,"一门"为大境门。"三关"修建于明代,主要是用于防守,城关如铁桶一般,不仅坚固,而且严密;沿途只开一门,也就是大境门旁边的小门,名"西镜门",在和平时期对口外有限开放和进行互市。清朝修大境门,进一步增加了中原与口外的商贸往来,成为国内最早的开放口岸。

大境门建于清顺治元年（1644年），这里是长城重要的关隘之一，原来开有小门，称"西境门"。大境门修建后成为万里长城"第一门"。大境门也是张家口市的标志性建筑，门额上的"大好河山"为察哈尔特别行政区都统高维岳于1927年用颜体书写，字体雄厚苍劲

在古代社会，大境门还是张库（张家口至库伦）商道的起点。这条商道从张家口出发一直到达今蒙古国首都乌兰巴托（库伦）。这条商道还为今日"一路一带"建设开通新的商贸通道提供了历史借鉴和依据。在"一带一路"战略中，中、蒙、俄经济走廊正在建设中，俄罗斯和蒙古国积极参与经济走廊的商贸活动，深入研究和建设好历史上的"张库商道"具有现实意义。

在京津冀协同发展过程中，特别是2015年7月31日北京、张家口联合申办2020年第24届冬季奥运会成功，从北京延伸到张家口大境门的长城沿线就成为一条宣传中华文化的重要纽带。这条纽带从北京怀柔区内的箭扣长城一直向西北延伸至张家口。

第七章 一道长城 拱卫京城 | 235

张家口大境门外清代互市情景

第八章　百年变迁　回归民权

当北京进入近现代社会后，北京城市的历史文脉出现了明显的文化突变与传承。一是西方帝国主义军事入侵，在列强的打击下，腐败的清政府不得不进行变革，使西式生活方式、建筑进入北京。二是人民的觉醒，对人权的呼唤，孙中山提出的"民族、民权、民生"三民主义最具代表性，其中争取"民权"是核心，即民权为一般平民所有，凡真正反对帝国主义之个人及团体，均享有一切自由权利。北京城市改造和新的建设从北京旧城中轴线开始。三是中国共产党领导的中国革命获得成功，定都北京，北京城市开始发生巨大的变化，这种变化也是从北京旧城中轴线开始，天安门广场的改造进一步凸显了皇权退却、民权上升，以天安门广场周边建筑组成人民当家做主的新城市景观，而象征着封建皇权的紫禁城则成为故宫博物院。

第一节　动荡北京城

　　19世纪中叶，中国在第一次鸦片战争失败后，与西方帝国主义列强签订了《南京条约》，开始一步步走向半封建半殖民地社会。1860年，爆发了第二次鸦片战争，这次战争不仅直接打破了北京城的安宁，还导致了北京城的动荡和城市区域功能的变动。当时，英法联军攻破大沽炮台防御，直接由天津进军北京，在通州八里桥与清军展开了激烈的战斗，结果是清军失败，北京城防御被突破，英法联军在火烧了被誉为中国"万园之园"的皇家园林圆明园之后，于当年10月13日从北京城北安定门进入北京。当时商定英法公使可以带随行文职入城，但结果是英使额尔金、法使葛罗率600名联军士兵入城，随后又涌入上千联军。英法联军还在安定门城楼上安放大炮，放火烧毁附近民房。联军在北京城内驻扎一个多月，每日三五成群手持刀枪进行骚扰，索取财物。尤其在北京内城北半部，即入城联军居住地，当地居民备受凌辱，纷纷逃往南城躲避。

1860年英法联军火烧"三山五园"，其中重点是圆明园，大火焚烧三天三夜，成为近代北京历史上刻骨铭心的记忆。1983年7月，经党中央、国务院批准的《北京市城市建设总体规划方案》中确定圆明园为遗址公园。图为西洋楼，损坏的石头建筑诉说着当年动荡中的北京城和大火焚烧中的圆明园

根据战后签订的《北京条约》，清政府被迫允许各帝国主义列强在北京城内建立"租界"，在皇城禁地之侧也就是皇宫南大门——大清门东侧的东交民巷建立公使馆、兵营、医院、邮局、银行、商行等。因此，19世纪末至20世纪初北京城发生了剧烈变动。在中国天朝之都的北京城出现了"国中之国"。

各国驻北京使馆一览表

国别	时间	驻京首任公使	使馆地址
英国	1861年	普鲁斯	东交民巷北侧，原梁公府
法国	1861年	布尔布隆	东交民巷路北，原纯公府
俄国	1861年	巴留捷克	东交民巷北侧，原俄罗斯馆
美国	1862年	蒲安臣	东交民巷路南，御河西岸
德国	1862年	列裴士	东交民巷路南，洪昌胡同西
比利时	1866年	金德俄固斯德	崇文门内大街路东
西班牙	1868年	克维度	东交民巷路北，中御河桥东
意大利	1869年	费三多	东交民巷路北，台基厂南口
奥地利	1871年	喜理治	东长安街路南，台基厂北口
日本	1872年	副岛	东交民巷中段路北
荷兰	1873年	费果荪	东交民巷西段路南

资料来源：《近代京华史迹》，中国人民大学出版社1985年版。

东交民巷原称"江米巷"，连接西交民巷，是北京内城南面最长的一条街巷。称"江米巷"是因为这条街巷原来是位于元大都城南城外的一条东西向有河道的街巷，居民多是随漕运江南稻米来到大都城外聚居的。到了明代，由于南城墙向南拓展，这条河道被填，街巷被圈进内城南面。明代在中轴线上建有棋盘街（位于皇宫正门南面），江米巷被截为东、西两段。东段称东江米巷，西段称西江米巷。明代开始在东、西江米巷口分别建立了牌楼。东称"文德"牌楼，西称"武功"牌楼。后来"文德"牌楼毁于火灾，到清代重修时将"文德"更名为"敷文"，将"武功"更名为"振武"，成为中轴线左文右武对称的街巷格局。东江米巷位于皇城东南，临近明清两代的六部衙署，尤其是中央政府的"礼部"和专门负责接待外国使节进京觐见皇帝的"会同馆"，因此在这条街上经常可以见到外国使节或随员。如

清顺治十二年（1655年），俄国使臣到北京后就下榻在这里。清乾隆五十七年（1792年），英国使臣马戛尔尼来京后也在这里居住过。因"江米"又与"教民""交民"谐音，"交民"更突出了这条街的特色，"江米巷"逐渐被"交民巷"所代替，东为"东交民巷"，西为"西交民巷"。

东交民巷位于今日北京市东城区南部，呈东西走向，东起崇文门内大街，西至天安门广场东侧路，全长1552米，是北京最古老街巷之一，也是近代以来具有西洋式建筑特色的街巷。《北京条约》签订后，各帝国主义列强开始在这条街上修建使馆、银行、邮局、医院等，使街道两侧成为形式各异的西洋建筑集中区。新中国建立后，各国使馆开始撤离，2004年5月东交民巷被列入北京旧城历史文化保护街区

东交民巷内原法国邮局旧址

第八章 百年变迁 回归民权 | 241

东交民巷内天主教堂

原日本公使馆旧址，现为北京市人民政府办公区西门

面对西方列强的武力入侵，中国不得不输入西方的科学技术和思想，西方资本主义的政治、经济、科技、文化的进入，使古老的中国也开始缓慢进入近现代历史阶段。尤其是在第二次鸦片战争中清朝政府战败，英法联军直逼北京城，清政府被迫签订丧权辱国的《北京条约》，圆明园被英法联军焚毁，1861年慈禧太后联合恭亲王奕䜣发动了"北京政变"，政变对旧的保守势力进行了打击，并得到西方列强的默许。政变后，慈禧的儿子在恭亲王奕䜣支持下顺利即位，开始了"同治中兴"，出现了洋务运动。然而好景不长，1894年中日之间又爆发甲午战争，清政府被迫于1895年4月17日签订《中日讲和条约十一款》，因条约在日本马关签订，又称《马关条约》。《马关条约》的签订再次暴露了清政府的腐败无能，同时也引起了中国各界人士的强烈不满。到这一年4月下旬，各地来北京赶考的举人们聚集在宣武门外达智桥松筠庵三谏草堂议决联名上书，并推举广东举人康有为起草书稿，名为"万言书"，于5月2日呈递都察院，签名举人达1300多人。因古代举人进京应试有用公家车马接送的习俗，据说是从中国汉代就开始的，以示对读书人的尊重，因此应试的举人也被称为"公车"，发生在清光绪二十一年（1895年）北京城的举人上书也被称为"公车上书"。"公车上书"没有被清政府接受。但是，随后康有为、梁启超等人向日本学习变法维新的思想却影响了中国皇帝。1898年6月11日从北京城发出了光绪皇帝的诏书，宣布变法，开始了"百日维新"。因为这一年是中国夏历戊戌年，变法又被称为"戊戌变法"。变法在清政府守旧势力的阻挠、破坏下仅仅推行了103天就失败了。变法失败在北京城再次引起震动，重新掌握权力的慈禧太后再次发动政变，软禁了光绪皇帝，并且在北京城宣武门外菜市口杀害了积极主持"维新变法"的六君子（谭嗣同、林旭、杨锐、刘光第、杨深秀、康广仁）。变法的失败，不仅在北京的社会生活中产生了震动，也进一步表明了清政府内统治思想的分裂，直接导致了社会思想的分裂，维新与守旧势力不断博弈。

1900年，北京城的骚乱、动荡达到高峰。这一年，先有义和团运动，后有八国联军进北京，北京城不仅遭受浩劫，而且北京城的标志性建筑——中轴线也遭到破坏、洗劫。首先是中轴线上重要的建筑正阳门、天安门、端门、午门、鼓楼等相继遭到破坏，文物被劫掠。尤其是素有"国门"之称的正阳门箭楼、城楼在

北京城的动荡中被大火焚烧,留下了难以忘怀的耻辱。

第二节 克林德牌坊

1900年6月19日清政府决定对外宣战,命令总理各国事务衙门照会各国公使,限24小时内各国一切人等均须离京。当晚,各国公使联名致函总理衙门,要求延期,并于次日给予答复。德国公使克林德于20日清晨乘轿子前往总理衙门提抗议,路过东单牌楼时与清军巡逻队发生冲突,被清军神机营章京恩海打死。这如同捅了"马蜂窝",八国联军进北京后,德军在驻北京的公使馆内将恩海杀害,同时以此为借口向清廷施压,提出让慈禧太后或光绪皇帝抵命、赔罪和高额经济赔偿等苛刻条件。面对德国提出的要求,清廷只得派人说情,除皇帝、太后不必偿命以外尽量满足,同时按照中国为死去的大人物立牌坊的传统做法,在克林德被打死处立一石牌坊。在石牌坊上有光绪皇帝道歉的上谕。这是有史以来在北京死的外国人在中国所能享受的最高待遇了。

左图为位于东单北大街与总布胡同交汇处的克林德牌坊,右图为位于中山公园内的"保卫和平"坊

牌坊于1901年6月25日开始动工,由清朝官员督建,在北京房山开山凿石,然后转运到城内加工和修造。牌坊到1903年年初完工,历时1年7个月。新牌坊坐落在北京城东单向北的总布胡同西口,当时被老百姓称为"克林德牌坊"。牌坊为白石柱座,四柱七楼,占据整个街道宽度。在石牌坊上有拉丁文、德文、汉文三种文字书写的大清皇帝"惋惜凶事之旨"。到1918年第一次世界大战结束,

德国战败，中国属于战胜国，决定将石牌坊改名为"公理战胜"坊。1919年将石牌坊拆成部件，从东单闹市区移至新开放的中央公园（原社稷坛，今北京中山公园）。1954年，亚洲及太平洋地区和平大会在北京召开，会议期间决定将"公理战胜"坊改为"保卫和平"坊，"保卫和平"四个大字由郭沫若亲笔题写。这座三间四柱七楼的庑殿式牌坊，全部以汉白玉石为材料，铭记着20世纪初北京发生的"克林德事件"，也反映着近代以来北京人的耻辱、自尊和向往和平的追求。

第三节　八国联军进北京

北京城素有"和平之城"的美誉，也就是说作为帝王的都城，这里应该是祥瑞、安定、富有、和谐、宜居的。然而，在1900年这一切都被颠覆了，骚乱、战争、杀戮都在北京城发生了。先是义和团运动。1900年年初，义和团以"反教""灭洋"为口号，由中国山东向北京漫延，6月在北京及周边地区形成高潮。北京城内第一个由义和团设立的坛口位于内城东单西裱褙胡同路北的于谦祠堂，这里是明朝保家卫国的民族英雄于谦的故居，在这里设坛口可以激励人们的爱国热

八国联军气势汹汹地闯入皇城，整座北京城处于动荡中

情。随后，义和团民众大批涌入北京城，连日游行街市，焚烧教堂和洋房，史书记载当时北京城的义和团"所在皆有，遍地皆是"。义和团运动的兴起和蓬勃发展，引起西方传教士、公使、商行的恐慌，也使清朝政府感到震惊和害怕。在清政府围剿无果的情况下，清廷内部出现了两派，就"剿"和"抚"在御前会议上进行了公开争论。结果是一部分官员认为义和团提出的"扶清灭洋"可以利用，特别是义和团在廊坊成功阻击了英美联军向北京城推进，清政府一时被胜利冲昏头脑，慈禧太后昏庸地降旨对外宣战，放纵一部分清军和义和团民众在北京城内开始围攻东交民巷使馆区以及西什库（北堂）教堂。由此，招来八国联军对北京的直接军事入侵。

1900年8月，最先进入北京城的是英军中的印度雇佣军，他们经过长途跋涉来到英国使馆。随后，八国联军进入北京采取分区占领。前门外大街以东归英国占领，大街以西归美国占领；前门内大清门以东至东单牌楼由英国管辖，大清门以西至西单牌楼由美国管辖；崇文门以东由法国管辖，宣武门以西由英国管辖；东单牌楼至东四牌楼归俄国管辖，西单牌楼至西四牌楼归意大利管辖；东华门外归意大利管辖，西华门外归法国管辖；东四牌楼以北归日本管辖，西四牌楼以北归法国管辖等。北京内外城门也分别由各国占领军把守。八国联军统帅部进城初设在外城天坛，后移至皇城内中南海慈禧的寝宫仪鸾殿。北京破城之日，联军曾特许军队公开抢劫三日，士兵以抓捕义和团为由，三五成群身跨洋枪、手持利刃，开始滥杀无辜，入户强奸妇女，抢夺财物。有史书记载，北京城破后，火光冲天达三昼夜，地安门桥以南烧尽，西四至西单烧尽，朝阳门城楼、前门城楼均被火烧化为乌有。当时来到北京的法国人贝野罗蒂回国后在《北京的末日》里写道："城里的寂寞和荒凉，也正和城外一样，除了残毁、残毁、残毁之外，是再没有其他的东西了……一座昔日充满着辉煌房舍的北京城，现在是一片荒野。"[1]

---

[1] 中国人权发展基金会、中国第一历史档案馆编：《外国人镜头中的八国联军——辛丑条约百年图志1900—1901》，外文出版社2001年版，第106页。

八国联军列队进入皇宫,这是北京皇城的正南门,门上石匾额中用满、汉文书写"大清门"。门洞前是天街,御路上是列队准备进入皇宫"参观"的八国联军

第四节 劫后重生北京城

明清北京城分内城、外城、皇城和宫城。在内、外城中,面南、正中、位置最突出的是正阳门,也俗称"前门"或"大前门",是北京城的标志性建筑,是明清北京城市的象征,还是贯穿北京城市南北中轴线上的重点建筑。明清皇帝出巡、祭天、祭神必经此城门,于是正阳门还被称为"国门",是国家的象征。在中国古代汉字中,"国"字与"城"字通用,都城就是国家的象征。北京城的正阳门命名于明朝,"正阳门"名称大气,有讲头。所谓"正阳",是取"圣主当阳,日至中天,万国瞻仰"之意,名字本身就有国家、江山、社稷处在大好时光、蒸蒸日上的寓意。北京内城九门箭楼在明清有八个不开设门洞,只有正阳门箭楼开设门洞,这也是根据正阳门居中的位置和皇帝出巡的需要设计的。因此,正阳门存在则象征国家存在,相反,正阳门被毁掉就预示国破家亡。

1. 正阳门城楼、箭楼重新修建

1900年,在义和团抵制洋货和八国联军进北京后,作为北京帝都的象征、国门的标志——正阳门城楼、箭楼相继遭受大火焚烧。

1900年6月被火焚烧后的正阳门箭楼

正阳门箭楼先被火烧。1900年6月16日，在北京的义和团为"扶清灭洋"，抵制洋货，在正阳门外"老德记"洋药房放火，火借风势，不可控制，形成火烧连营之势，殃及大栅栏，正阳门箭楼东、西两侧荷包巷内商铺连片起火，最后正阳门箭楼也被烧毁。

正阳门城楼被烧在后。1900年8月14日由英、美、德、意、日、法、俄、奥组成的八国联军进攻北京城，先是炮轰正阳门箭楼、城楼，被大火烧掉屋顶的箭楼又被炮火击中，砖石垒砌的箭窗遭到炮弹的轰炸而进一步毁坏。在枪炮声中，慈禧皇太后挟光绪皇帝出北京城，沿着西北方向一直跑到西安城避难，北京城被八国联军占领。9月27日，驻扎在正阳门瓮城内的英军雇佣兵（印度兵）在正阳门城楼上燃火（取暖或做饭），发生火灾，将正阳门城楼烧毁。

皇帝、太后两宫回銮时，正阳门城楼已经烧毁，只好在城台上临时搭彩牌楼迎接两宫回銮。扎彩牌楼既可光鲜，有点喜庆，又可遮丑，掩盖已经残破的北京城

    1902年，光绪皇帝、慈禧太后从西安返回北京，从北京外城永定门向北行进。此时正阳门箭楼、城楼被大火烧后一片残破，迎接两宫回銮的清政府官员只好在城台上搭彩棚，一为遮丑，二为营造喜庆气氛。慈禧太后来到正阳门城楼前的观音庙前下轿，进入庙中焚香，求菩萨保佑，出庙门时一改对洋人的拒绝，对在瓮城墙上围观的外国人招手致意，然后经过正阳门门洞，进入皇城大清门。《辛丑条约》签订后，战乱硝烟散去。1903年开始，清朝政府对正阳门城楼、箭楼建筑进行修复，继续维持风雨飘摇中的大清王朝。但是，没过几年，辛亥革命爆发，大清王朝彻底倒塌，民主共和国建立，为适应民众交通出行的需要，对正阳门以及周边环境进行改造和更新，使北京城中轴线在没有皇帝的现代社会中继续维持和传承。

    在这一历史时期，值得说的是正阳门城楼、箭楼的复建工程。其中，城楼是1903年由袁世凯等奉旨重建。当时没有现成的图纸，城楼是按照崇文门、宣武门城楼建筑规制放大进行设计、修建的，箭楼是按照宣武门箭楼规制放大设计、修

建的。这种规制放大保证了正阳门城楼、箭楼的雄伟、高大和在内城九门中的突出位置。工程到 1907 年完工，正阳门城楼、箭楼又矗立在北京城中轴线上。

2. 正阳门城楼、箭楼改造

正阳门城楼、瓮城、箭楼的改造表现出皇权退却和民权上升，方便市民交通出行。

1907 年正阳门复建后，清政府逐渐改变政策，实施新政。1911 年，辛亥革命爆发，北京社会经济也发生急剧变化。作为政治、文化中心的北京城，不仅经济恢复，人来人往不断，京奉、京汉两条铁路也在正阳门东、西两侧分别建立车站，使正阳门周边人流、车流迅速增加，表明北京城已经步入现代社会。内务总长兼北京市政督办朱启钤向大总统袁世凯提交《修改京师前三门城垣工程呈》，大总统袁世凯批准后朱启钤亲自主持改建工程。工程主要是疏解交通，使古代封闭的北京城池适应现代社会发展的需要。工程于 1915 年 6 月 16 日动工，同年 12 月 29 日完工。在开工仪式上，朱启钤手持袁世凯送给他的特制银镐在正阳门瓮城上取下了具有纪念意义的第一块城砖。朱启钤用过的银镐一直由他本人珍藏，在他去世后由他的儿子朱海北捐赠给清华大学建筑学院，如今在清华大学珍藏。

朱启钤（右一）用袁世凯赐予的银镐拆下正阳门城楼上第一块城砖，标志着北京旧城改造开始

改建工程的主要内容：拆除正阳门瓮城；在城楼两侧各开两个门洞；修建环正阳门马路；改造箭楼建筑外观，用水泥修护栏和箭窗遮檐，在箭楼两侧增加"之"字形登城马道，方便游人登箭楼参观游览，领略北京城古都风貌。正阳门箭楼由当时的市政府委托德国工程师罗思凯·格尔负责设计改建，改建工程主要是增添了正阳门箭楼水泥护栏和箭窗上弧形遮檐，在月墙断面上增添了西洋图案花饰。至此，北京作为五朝古都，旧城中轴线上的重要建筑正阳门在经历19世纪末20世纪初的动荡后又延续下来。

京奉铁路正阳门东车站位于前门大街东侧，俗称"前门火车站"，与位于前门西大街的京汉铁路构成北京旧城铁路交通枢纽。京奉铁路正阳门东车站始建于1903年，由英国人设计修建，为典型欧式建筑风格，是近代中国最大的火车站，1906年开始启用，一直到1958年停止使用，改成北京铁路职工俱乐部，在北京城市近现代社会发展中起到了极大促进的作用。1997年对原建筑进行了修缮和扩建，基本保留了原有的欧洲建筑风格，现在为铁路博物馆

在北京旧城内，内城中心是皇城，皇城中心是紫禁城。在封建社会，北京老百姓从城东到城西或者从城西到城东都要绕道皇城。皇城有七座城门——大清门、天安门、长安左门、长安右门、东安门、西安门、地安门将皇城围起来，人们通行非常不便。在正阳门改造前后，北京皇城也相继发生了变化。例如，1912年袁世凯把总统府搬进中南海，按照中国文化传统，衙署的大门要朝南开，大门要坐北朝南。于是，在内务总长朱启钤主持下，将南海皇城城墙打开，将清朝修建的宝月楼改造为总统府大门，并正式命名为"新华门"。

坐北朝南的新华门，为宝月楼，传说是清朝乾隆皇帝为香妃修建的。中华民国建立后，拆除了宝月楼前的皇城墙，在宝月楼两侧新建八字墙，并与原皇城墙连接，成为既尊重传统建筑又有时代创新的改造，被一直沿用下来

为了方便北京旧城交通，朱启钤还对天安门前的区域进行了改造。在天安门"丁"字形广场东、西两侧，有东、西折而向北的千步廊144间，使通向天安门的御道显得更加严肃、漫长。民国初年，千步廊早已由明清时的朝房变为库房，处于年久失修的状态。1915年在朱启钤主持下，拆除了千步廊，使天安门前出现宽敞的广场，成为北京城市中轴线最先改造的广场。同时，将大清门改为中华门。在交通方面，朱启钤还拆除了长安左门、长安右门的卡墙，使天安门前东西向街

道畅通，为日后长安街的发展建设奠定了基础。朱启钤还在中轴线两侧皇城墙上开券门，打通了南池子和南长街的交通。这些通道以及天安门前的广场、正阳门的改造，使古都北京皇权至高无上的建筑理念被削弱，完全封闭的城市空间被打开，市民出行更加方便。

在民权上升的进程中，还有重要的方面就是故宫博物院对外开放。1924年11月5日末代皇帝溥仪被国民革命军冯玉祥部逐出紫禁城，回到北府，也就是位于今日西城区后海北沿的醇亲王府，由皇帝变为城市平民。这一革命行动，标志着明清紫禁城已经完成其封建社会的使命。1925年在紫禁城的基础上成立了故宫博物院。当"故宫博物院"五个大字出现在神武门门洞上方后，民众可以进入昔日的紫禁城，领略皇宫和皇帝的金銮宝殿是什么样子。

第五节　开国大典

开国大典标志着中华人民共和国的诞生。中华人民共和国的诞生使北京城市文脉继续呈现皇权退却和民权上升。其表现是人民当家做主的思想文化注入中轴线，经过天安门广场改造，体现封建社会皇权至上的紫禁城建筑群进入故宫博物院，体现人民当家做主的新建筑矗立在天安门广场上。

国家博物馆的《开国大典》油画是画家董希文创作于1952年的作品。正中为毛泽东主席，后面依次是朱德、刘少奇、宋庆龄、李济深、张澜、高岗6位副主席。据作者回忆，这是受到开国大典场面感染的创作，也是将油画民族化的尝试。在构图上，右边还应该有一根柱子出现，作者大胆进行了改动，增加了蓝天白云与红色地毯、灯笼、柱子的对比，是中国风格、中国气派的创作

与开国大典同步进行的是确定北京为中华人民共和国首都。从筹备开国大典开始，北京城市文脉——中轴线就注定要进行进一次大的改造与创新。这种改造与创新的核心思想就是体现人民当家做主的思想意识。因此，在天安门广场出现了人民英雄纪念碑、国家博物馆、人民大会堂等一批反映人民当家做主的新型建筑，出现了安放国旗、国徽的地方，这些就是国家的标志和首都的特征。

人民英雄纪念碑

人民英雄纪念碑位于北京旧城天安门广场正中，碑身平面呈方形，由大小不等的413块花岗岩组成，碑顶为盝顶，碑身东西两侧上部刻着由红星、松柏和旗帜组成的装饰性花纹，承托碑身的双层巨座上层是由牡丹、荷花、菊花等组成的八个大花圈，象征着高贵、纯洁、坚忍，表示中华民族对人民英雄的怀念和景仰。在纪念碑下层碑座四面镶嵌十幅汉白玉浮雕，其中八幅为虎门销烟、金田起义、武昌起义、五四运动、五卅运动、南昌起义、抗日战争、胜利渡江。另两幅浮雕衬托在"胜利渡江"浮雕两侧，一幅名为"支援前线"，描述渡江前夕人民支援前线的场景，另一幅名为"欢迎解放军"，描述渡江后各阶层人民举着红旗欢迎、

慰问解放军的场景。在纪念碑四周环绕双层汉白玉栏杆，整座纪念碑具有我国传统建筑风貌，最奇特的是面向天安门的是一块重60吨、长14.7米的碑心石，上面镌刻着毛泽东题写的"人民英雄永垂不朽"八个大字。

"虎门销烟"是人民英雄纪念碑下的浮雕之一，反映的是中国人民开始觉醒，反抗帝国主义的侵略和鸦片毒害。在人民英雄纪念碑正面是由毛泽东亲笔书写的"人民英雄永垂不朽"，在碑后是毛泽东起草、由周恩来书写的"三年以来，在人民解放战争和人民革命中牺牲的人民英雄永垂不朽；三十年以来，在人民解放战争和人民革命中牺牲的人民英雄永垂不朽；由此上溯到一千八百四十年，从那时起，为了反对内外敌人，争取民族独立和人民自由幸福，在历次斗争中牺牲的人民英雄永垂不朽"

第六节　天安门广场改造

天安门城楼整修及其广场大规模改造是从20世纪初开始，延续了整个世纪，重点是在50年代。1912年中华民国建立后，作为现代城市建设的一部分，已经开始对天安门广场进行改造。例如，1913年拆除了"丁"字形广场两侧的千步廊，为缓解交通而陆续在天安门周边的皇城墙上开了豁口，其中有天安门东侧的南池子豁口、西侧的南长街豁口；拆除了长安左门、长安右门两侧的红墙，为长安街交通的贯通奠定了基础。

天安门广场改造的重点建设是20世纪50年代。第一次改造是在1949—1954年。在开国大典期间，毛泽东提出要把天安门广场改造成为人民喜爱的地方。中国人口多，要把天安门广场修建成规模宏大的广场。特别是在检阅游行队伍时，

天安门正中是毛主席像，两边是标语：一条是"中华人民共和国万岁"，另一条是"世界人民大团结万岁"。这两条标语是精心挑选的，均有"人民"二字。这两条标语旗帜鲜明地表明古都北京社会的进步，人民当家做主已经成为势不可当的社会发展潮流

长安左门、长安右门在长安街上影响游行队列行进，于是拆除中华门、长安左门、长安右门被提上日程。天安门广场第二次改造是在 1954—1959 年。1954 年是新中国成立 5 周年，在天安门两侧修建了观礼台。当时的观礼台总长 68 米、宽 11 米，总建筑面积 1658 平方米，使用面积可以达到 2470 平方米，可容纳观礼人员 3900 人。1957 年人民英雄纪念碑落成，1959 年人民大会堂、中国历史博物馆和中国革命博物馆整体建筑相继落成，标志着人民当家做主的天安门广场改造基本完成。

天安门广场在改造前是封建社会皇帝宫城的进深空间，从天安门开始是重重

人民大会堂位于天安门广场西侧，与中国国家博物馆遥相呼应，对称分布在天安门广场左右。建设人民大会堂的最早动议是响应毛泽东提出的共产党人有事要和人民商量，解放以后要建一座容纳万人以上的大礼堂。1958年8月中央北戴河会议在听取北京市委汇报后，决定在天安门前修建万人大礼堂，当年10月28日开始动工，1959年9月10日竣工。在9月9日毛泽东视察建筑竣工的前夜，正式命名为"人民大会堂"。大会堂最高处为46.5米，平面为"山"字形，建筑面积达171800平方米，整座建筑壮观，层次分明，色泽淡雅，四面开门，总计有壮观的大理石廊柱132根，与国家博物馆廊柱形成对比。在大会堂顶部，有黄绿相间的琉璃瓦装饰，体现了民族特色

中国国家博物馆位于天安门广场东侧，与人民大会堂相互对称。1958年8月建筑竣工，成为新中国成立10周年的十大建筑之一。1959年10月开始"中国通史陈列"公开预展；1960年8月北京历史博物馆更名为中国历史博物馆；中央革命博物馆更名为中国革命博物馆。1969年9月，中国历史博物馆和中国革命博物馆合并为"中国革命历史博物馆"。1983年年初，再次分设为中国历史博物馆和中国革命博物馆。2003年2月28日，中国历史博物馆与中国革命博物馆再次合并，正式成立中国国家博物馆。2007年博物馆进行扩建、修缮，2011年3月修建后的新馆对外开放

宫殿，而在天安门前的540米长的"丁"字形空间中以其狭长、封闭的距离，衬托皇权的神圣、威严。而在天安门的改造过程中，拆除了"丁"字形空间南端的起点——中华门（大明门、大清门）和东西对称的皇城墙后，不仅广场的空间发生了变化，视觉也发生了变化，性质也发生了变化。皇宫被改造后，天安门后面的建筑成了后院，是对历史文化的保护、创新与传承，而高大雄伟的天安门城楼得到进一步提升，人民英雄纪念碑、人民大会堂、历史博物馆和革命博物馆衬托下的人民当家做主的主题代替了封建皇权至上的主题。

油画家孙滋溪绘制的油画《人民当家做主》最能体现时代主题，画面中包括工农兵学商、知识分子和各个民族，但仔细一看，又是一家人，表现的是中华民族大家庭

第七节　十大建筑

从开国大典到新中国成立10周年之际，北京还修建了十大建筑，进一步丰富了北京作为国家首都的政治文化中心的主题。这十大建筑是人民大会堂、中国历

史博物馆和中国革命博物馆、中国人民革命军事博物馆、民族文化宫、民族饭店、钓鱼台国宾馆、华侨大厦、北京火车站、全国农业展览馆、北京工人体育场。

新中国成立10周年前基本完成十大建筑后，1958年又开始兴建中国美术馆，1962年竣工后也被列入十大建筑之中。此时的十大建筑中有三个组合：中国革命博物馆和中国历史博物馆；中国工人体育场和工人体育馆；民族文化宫和民族饭店。其中，中国革命博物馆和中国历史博物馆是一体建筑，民族文化宫和民族饭店、中国工人体育场和工人体育馆分别为两个建筑。由于民族文化宫和民族饭店组合在一起，空出一个位置，加上中国美术馆，仍是十大建筑，也就是后来的十大建筑。

这十大建筑是新中国政治、文化、社会、经济的完美组合，分别代表不同的政治、思想、文化。例如，人民大会堂体现北京是全国的政治中心；国家博物馆体现北京是全国的文化中心；工人体育场、农展馆、军事博物馆分别代表工、农、兵登上历史舞台，民族文化宫和民族饭店凸显多民族国家的统一和民族大团结；华侨大厦凸显海内外中华儿女的爱国、团结与合作；钓鱼台国宾馆体现北京是首都，是国家对外交往的中心；北京火车站是全国铁路交通的枢纽和首都的象征。其中，

北京工人体育场坐落在朝阳区三里屯，原地是北京旧城东郊苇塘，20世纪50年代由中华全国总工会投资建设，1959年8月31日建成，占地35公顷，建筑面积达8万平方米，混凝土框架结构，椭圆形，建筑色调为乳白色，南北长282米，东西宽208米，有24个看台，能容纳6万名观众，是国家体育场（鸟巢）的"前辈"。当年9月投入使用，新中国第一届全运会在此召开。1961年2月28日又建成北京工人体育馆，为圆形建筑，顶棚为辐轮式悬索结构，跨度达94米，能容纳1.5万名观众。2006年北京工人体育场、体育馆进行了扩建和修缮，增加了绿色环保的铝合金玻璃窗、无障碍电梯等设施

农业展览馆强调国家发展要重视农村、农业和农民当家做主；工人体育场馆建设要进一步深化城市文化主题，人民当家做主在城市生活中的核心是工人阶级。早在西柏坡的时候，毛泽东就明确提出，蒋介石的国都在南京，他的基础是江浙资本家。我们要把国都建在北平，我们也要在北平找到我们的基础，这就是工人阶级和广大的劳动群众。

工人体育场坐南朝北，在广场前有一组展现新时代工人精神面貌的雕像，雕像为一男一女，用大理石雕刻而成，是古都北京第一次将反映工人阶级当家做主的雕刻矗立在公众面前

新中国成立初期的十大建筑还有一个特点，就是集中在北京旧城内外，使北京棋盘式街区扩大了，注入了社会主义新中国的政治文化内涵，这些建筑已经成为北京城市发展进步的标志性建筑。有专家做了生动比喻，如果说北京城是大棋盘，十大建筑就是新中国十颗具有代表性的棋子。

从1959年确定新中国首都的十大建筑开始，北京在城市建设中又有三次评选十大建筑的活动。第一次是在20世纪80年代，新评选出的十大建筑有北京图

全国农业展览馆坐落在东三环北路农展桥东侧，地理位置优越，在北京"五行"中属于"东方甲乙木"，具有万物生长的传统文化理念，有"风水宝地"的传说。展览馆占地面积52公顷，建筑面积25000平方米，建筑风格为中国园林亭阁与城台相结合。在展览馆后面有园林意境的湖水、绿地。1959年建成后举办了第一个全国性大型展览——建国十周年全国农业成就展览

全国农业展览馆坐东朝西，在南北两侧各有一组雕塑，是反映中国农民精神面貌的，也是古都北京第一次将反映农民当家做主的人物形象矗立在公众场地

民族文化宫位于西长安街路北，采用中国楼阁式建筑风格，堂堂正正，左右对称，中心明显，既有民族传统特色，又有时代创新。整体建筑像一座高山，象征着中华多民族国家的统一、民族团结、民族文化丰富多彩

书馆新馆、中国国际展览中心、中央电视台彩电中心、首都国际机场候机楼、北京国际饭店、大观园、长城饭店、中国剧院、中国人民抗日战争纪念馆、地铁东四十条站。第二次是在20世纪90年代，新评选出的十大建筑有中央电视塔、奥林匹克中心及亚运村、北京新世界中心、北京植物园展览温室、首都图书馆新馆、清华大学图书馆新馆、外语研究与教学出版社办公楼、恒基中心、新东安市场、国际金融大厦。进入21世纪，也就是到了2009年，距离1959年整整50年后，在新中国成立60年大庆前夕，9月24日经群众投票又评选出"北京当代十大建筑"，按得票多少排序为首都机场3号航站楼、国家体育场、国家大剧院、北京南站、国家游泳中心、首都博物馆、北京电视中心、国家图书馆（二期）、北京新保利大厦、国家体育馆。这三次"十大建筑"评选均是在改革开放后进行的，评选结果是新建筑越来越多，建筑体量也越来越大，建筑造型也越来越多样，而且注意节能减排，运用了新的科学技术。然而，也有需要注意的问题：每个时期的建筑突出了个性化，缺乏整体规划，与20世纪50年代十大建筑相比较，在思想文化上缺少统筹规划。另一方面需要注意的是在建筑文化内涵和中华民族传统特色传承上还应该进一步加强。

第八节 长治久安

"长安街"的名称源于天安门东、西两侧的长安左门和长安右门。而"长安",即"长治久安"文化则是源远流长。"长安"最初是西安的古称,汉高祖刘邦最初设长安县,然后在此建都,因地处长安县,故都城名为"长安",其含义是"长治久安"。"长安"名称从西汉一直到盛唐没有改变。唐以后,随着中华政治中心东移,"长安"也随着都城东移,古代的长安城就变成了西安城了。

图为长安右门,拍摄时间为20世纪50年代初。长安右门两侧红墙(也称"卡墙")已于民国初年被拆除,变成通道

长安街最初在元大都南城墙的位置,如果追寻街道可以说是大都城内顺城街。明代修建皇宫,一是要体现奉天承运,二是要体现长治久安。在皇城内修建的最重要的大门——承天门体现了奉天承运,在承天门两侧修建长安左门、长安右门就是要体现长治久安。长安左门、长安右门建造规格、形制、样式完全一样,功能除了起到左右对称的皇城门作用以外,还各有寓意。长安左门在东,通天,大吉;长安右门在西,入地,主凶。每年春季,参加殿试的考生经过"金殿传胪",然后在长安左门外张贴黄榜,公布名录,成为学而优则仕的典范;每年秋季,进入秋审的囚犯被勾决后出长安右门,被砍头的出宣武门到菜市口被行刑,被流放的出阜成门去边远地方。在长安左门、长安右门外原来还各立有一座牌坊,坊额均书有"长安街"三个字。清顺治八年(1651年)将长安左

门、长安右门改名为东长安门、西长安门。同时在今北京饭店前修建东长安牌楼，牌楼西面建东三座门，在今府右街南口修建西长安牌楼，在牌楼东面建西三座门，传承着北京城左右对称的城市纹理。作为城市肌理的节点，清朝还在今东单路口建有东单牌楼，在今西单路口建有西单牌楼。

明清北京城中皇城是禁区，当时北京人要从东城到西城是很不方便的，最近的路线也要从南面绕道正阳门内的棋盘街，或向北经过地安门外大街，中间是皇城禁地。中华民国建立后的首要任务是打开皇城南北的通道，以便于现代交通。于是，民国初年在内务总长朱启铃主持下，拆除了封闭天安门广场左（东）、右（西）的千步廊以及长安左门、长安右门的卡墙，封闭的皇城被打破，人们从城东到城西交通便利，同时也为长安街贯通奠定了基础。抗战时期，为了加强北京旧城与东郊、西郊工业、居住区的联系，1939年在北京旧城东西各开了一门，东为启明门（今建国门），西为长安门（今复兴门），与东、西长安街相贯通，长安街出现南北延长线。新中国成立后，天安门广场改造被提上日程。1952年拆除了长安左门、长安右门，进一步贯通了长安街。拆除长安左门、右门，长治久安的文脉并没有因此断裂，而是由长安街（被誉为"北京第一街""神州第一街"）加以传承。

20世纪50年代，与天安门广场同步改造的是疏通东、西长安街，东长安街由长安左门到东单牌楼，西长安街由长安右门到西单牌楼。同时拓宽了路面，由原来15米宽的街道拓宽到120米宽的大马路。1958年，由东单到西单的直线距离接近4000米，有了"十里长街"的美誉。以后，又继续向东、西延伸，东面延长到建国门，西面延长到复兴门，全长6700米，出现了名副其实的十里长街。

十里长街的出现使北京城市格局发生了变化，由一条南北的传统城市中轴线变成十字交叉线。长安街形成新的文脉。在北京城市发展过程中，长安街被誉为"神州第一街"，与北京旧城原有的南北中轴线相交于天安门广场，成为新的东西城市轴线。在北京城市1999—2020年规划中明确提出"两轴两带多中心"的提法，其中两轴分别指北京旧城原有的城市中轴线和长安街拓展后形成的新轴线。根据党中央、国务院对北京城市总体建设规划的批复，北京作为全国的政治中心和文化中心，长安街就成为展示政治中心和文化中心的窗口。沿大街两侧的长安大戏院、国家博物馆（原中国历史博物馆、中国革命博物馆）、

人民英雄纪念碑、人民大会堂、国家大剧院、西单图书大厦和民族文化宫等一批新文化建筑与原有的皇城古代建筑相映生辉。因此，一些学者认为，由于长安街的出现，北京城市历史文脉传承出现了变化，"一竖"变成"一横一竖"，一条"龙脉"又加上一条"人脉"，封建的帝都和人民的首都交织在一起，古代建筑和新的现代化建筑交织在一起，交相辉映，是典型的文脉新生与传承。

一条东西向的长安街，使"长治久安"文脉继续延伸。西有定都阁，东有大运河，这是新时期人们对北京城市发展变化的经典概括。这条文脉的文化内涵值得挖掘。在门头沟潭柘寺地区的牛心山上的定都阁向东眺望，古人记载可以清楚地看到石景山区的八角亭、庆寿寺双塔和皇宫宫阙。今日在晴朗的天气里可以看到玉渊潭西面的中央电视塔、东三环现代化的高大建筑——中央电视台新楼等。这条长街的正中是天安门和东、西长安街，向西到首钢东大门，向东到通州，连接北京城市副中心。在通州区还有古城和运河边上的古建筑——燃灯佛舍利塔。然而，仔细数一数，值得观看的新建建筑还有很多，例如西长安街上的新华门、民族宫、民族饭店、电报大楼等，以及新修建的国家大剧院、北京图书大厦等，在延长线上有军事博物馆、首都博物馆、中华世纪坛等。在东长安街上有古观象台、北京饭店、东方广场、长安大戏院、长安俱乐部、国际饭店等，在延长线上有外交公寓、友谊商店、中国大饭店、CBD商务区等。

定都峰上的定都阁位于门头沟区桑峪村东北海拔680米的牛心山山顶。定都阁为门头沟区文化创意成果，是根据明朝燕王朱棣和僧人道衍（姚广孝）在牛心山上确定北京城宫阙的传说而修建的。据当地传说，明朝初年人们登上牛心山山顶，向东眺望，可以清楚地看到八角亭（位于石景山八角村）、庆寿寺双塔（位于西单电报大楼）、宫阙（元大都丽正门）。今日，这条文脉还在，这一文化景观可以连接石景山上的功勋阁、中华世纪坛、首都博物馆、国家大剧院、天安门、人民英雄纪念碑、古观象台、八里桥、通州燃灯佛舍利塔等建筑，形成一条东西走向、古今人文荟萃的建筑文化景观长廊，也就是定都峰到通州的文化纽带，以及北京城与副中心联系的文化纽带

北京市门头沟区新修建的永定楼和丰台区园博园内永定塔也是北京"长治久安"文化传承的一种表现。永定楼矗立在门头沟区永定河畔，是仿造中国"江南三大名楼"之黄鹤楼的造型设计的，平面形状为十字形，高62米，内分5层，外观为层层飞檐，顶端为攒尖宝顶，登楼可俯瞰门城湖水和远山，近处可见门头沟新城。

第九节　左右对称建筑

　　左祖右社是古代都市的重要建筑，也是北京旧城成为封建帝都的重要象征，而中华民国建立以后，率先开放社稷坛为中央公园，后改为中山公园。1950年5月1日，经周恩来总理批准，太庙开放，成为劳动人民文化宫。元大都城规划时就按照左祖右社的布局，将太庙放置在齐化门（朝阳门）内，社稷坛放置在平则门（阜成门）内。明朝进一步加强左祖右社与皇宫的联系，突出"中心明显、左

右对称"的城市布局,将左祖右社放置在承天门(天安门)到端门的东西两侧,即今日的太庙和社稷坛。新中国成立后,首先为这一对建筑赋予了新的文化内涵,这个内涵仍然是人民当家做主的思想。改造后的天安门广场在政治文化上发生了变化。昔日的太庙被改为劳动人民文化宫,社稷坛被命名为中山公园。同时,在太庙的南面是中国历史博物馆和中国革命博物馆,在社稷坛南面是人民大会堂,从北京城市历史文脉上看这也是一种联系与传承。

20世纪50年代修建的总参、总政宿舍大楼也是对北京中轴线文化的尊重,是对北京文脉特点的传承。20世纪50年代初,在中轴线南面是人民英雄纪念碑和对称的中国历史博物馆(包括中国革命博物馆)、人民大会堂;在中轴线北面是位于地安门内一左一右对称耸立的原总参、总政宿舍大楼。这两座大楼的设计者是当时中国建筑设计研究院的总建筑师陈登鳌。这两座对称的建筑之所以保留下来,有两个原因:一是文化上的原因。建筑采取对称形式,位列于中轴线两侧,颜色基本保持灰色基调和"人"字形大屋顶,同时注意了与中轴线上传统建筑形式的融合与和谐,是对北京城市文化特点的尊重。因此大楼在50年代一度被称为"复古主义"建筑的代表。二是建筑材料讲究、坚固,可以看到阳台是汉白玉的,楼地基有大条石,1976年唐山大地震时这两座楼纹丝未动,已经成为北京旧城中轴线上值得保留的建筑,成为20世纪50年代建筑历史文化的传承。在北京旧城历史文脉中,这两座建筑被列为近现代建筑而予以保留。

从景山向北眺望,可以看到原总参、总政两座宿舍楼左右对称于中轴线两侧而作为近现代建筑被保留下来。据了解,这两座大楼的基址是原来地安门内雁翅楼,两座楼的修建沿袭了北京旧城"左右对称"的格局,更像凸起的大雁展翅

第十节　零公里标志

中国公路零公里标志进一步突出了首都特点，增加了北京城市文脉的首都意识。中国公路零公里标志安放在北京旧城中轴线上，具体位置在正阳门城楼前面（南面）。这是清华大学美术学院工艺美术家根据中国传统文化设计的，采用了古人对天的四方形象认知，即东（青龙）、南（朱雀）、西（白虎）、北（玄武），又传承了紫禁城（今故宫）的方位布局，即前（南）朱雀、后（北）玄武、左（东）青龙、右（西）白虎。中国公路零公里标志进一步增加了北京城市的首都意识。人们常说，每天北京火车站都有一对列车从北京出发，驶向一个省会城市，同样每个省会城市每天都有一列火车驶向北京，因为北京是首都。后来，北京又面向全国修建放射性国道。国道从哪里开始计算？从旧城北德胜门、从旧城南赵公口、从旧城东东郊、从旧城西西郊的说法都有，但都不准确，根据公路精确管理的需要，也为了进一步完善首都城市功能，最终选择了正阳门前，增加了北京城市文脉上首都意识的新内容。

图为正阳门前的中国公路零公里标志。零公里标志中的北京城市方位图案——朱雀、玄武、青龙、白虎，这是新时期对北京城市传统文化的运用和传承

中国公路零公里标志在北京旧城中心，背倚正阳门城楼，文脉传承明显。而围绕北京旧城中心，民用航空发展也呈现出对中华传统文化的传承。在北京城东面是首都机场，经过改造后的机场由 T1、T2、T3 航站楼组成，呈现龙的造型；而正在开工修建的第二机场在北京城正南，是凤凰造型；原有的西郊机场紧邻大西山脉；北面有新中国成立后修建的十三陵水库，背倚燕山，形成前有照、后有靠、左右环山绕的局面；中间是北京旧城，即首都功能核心区。整座北京城仍然传承着古代北京城天上人间的文化传统和城市布局。

第九章 名城保护 利在千秋

北京历史文化名城保护是一个老话题，又是一个讨论不完也讨论不清的问题。讨论不完说明这项工作远未结束，用时髦的话说是"在路上"；讨论不清是指参与者各自从自己的研究视角出发，只管自己关注的问题，形成"婆说婆有理，公说公有理"的状况。讨论北京历史文化名城保护需要考虑百年北京城市历史变迁，用马克思主义的基本观点、立场、方法来解决问题，这个方法、立场就是坚持辩证唯物主义和历史唯物主义。2016年4月12日，全国文物工作会议在北京召开前夕，习近平总书记就文物保护工作又明确提出：文物承载灿烂文明，传承历史文化，维系民族精神，是老祖宗留给我们的宝贵遗产，是加强社会主义精神文明建设的深厚滋养。保护文物功在当代、利在千秋。

北京的历史文化和名胜古迹在世界历史文化名城中是独一无二的。仅从第三次全国文物普查数据统计看：北京已经有7处世界文化遗产，还有一些项目在申请中；有全国重点文物保护单位126处，市级文物保护单位216处，区县级文物保护单位700余处。另外，还有600多处保留比较好的四合院被挂牌告知，主要

集中在东城、西城两个城区。北京还有 40 片历史文化街区，也主要分布在北京旧城区。另外，在北京城的建设中，特别是地下管线铺设和地下铁路施工中，人们发现北京地下文物埋藏也很丰富，只是我们还未认知。例如，从明永乐年间开始修建的紫禁城地下设施是怎样设计的，完善程度是怎样的，为什么夏季雨水排泄功能设计得如此科学，地下埋藏了多少未知的秘密，都有待人们进一步探究。北京有 3000 多年建城史，不间断的城市建设也使地下文化遗迹异常丰富，需要我们在未来的岁月里逐渐揭开其神秘的面纱。由于北京旧城历史文化遗存丰富，在北京建设有中国特色世界城市的进程中，专家学者提出北京应该有更多的世界文化遗产。从旧城区已有的两项世界遗产（故宫、天坛）来看还不足以说明北京城历史文化遗产的丰富。因此，北京市提出"北京城中轴线"申请世界文化遗产。这一规划已经得到北京市民的支持和专家学者的认可。2012 年国际古迹遗址理事会顾问委员会在北京召开会议后，北京市文物局专门为与会专家安排了"北京城中轴线之行"的参观活动。与会专家认为，北京城中轴线"是一条独一无二的城市轴线"，在文化遗产上是"中原文化与马背文化的融合"。这些国际古迹遗址理事会的专家还认为，一条中轴线记述了北京城不同历史时期的文化，他们喜欢这种不同时期的文化"混搭"。目前保存下来的北京城中轴线展现了北京城市不同历史时期的文化与传承关系。从永定门到正阳门，展现了民国时期的北京城市风貌，这里不仅有长长的市街，还有众多的"老字号"和民国时期兴盛起来的城市商业经济。从正阳门到天安门，这里有新中国北京的城市风貌，有人民大会堂、国家博物馆、人民英雄纪念碑、国旗、国徽，突出的是人民当家做主的新中国城市文化。毛主席纪念堂也是中华民族的文化遗产。毛主席不仅是新中国的奠基人、中华民族敬爱的领袖，对世界人民来讲也是传奇人物，是人类共同的文化遗产。从天安门到地安门是明清时期北京城市建筑的精华荟萃。这里有明清的紫禁城，有皇家御园——景山。从地安门到钟鼓楼是具有北京城特点的城市风貌。高大的鼓楼、钟楼是古代北京城市的岁时建筑，也是城市民居建筑的中心，古代在钟鼓楼周围是一片四合院，中间有绿树、胡同、寺庙等。不同时期的城市文化，反映了不同的城市文化生态。

第一节　历经破坏、改造的北京城

　　从清末到20世纪末是北京历史文化名城百年变迁的历史。有文章指出，仅在民国初年北京城就出现了三大变化：第一个变化是"拆除皇城，打开禁区"；第二个变化是"正阳门的改建"；第三个变化是京城陆续出现一批西洋建筑。[①]可以说，在100多年的历史进程中，北京旧城经历了破坏、修复、改造、发展、保护等历史进程。

　　概括地说，北京旧城遭到破坏是从第二次鸦片战争开始的。英法联军经过八里桥之战，开始围攻北京城，先是在城外西郊火烧了"三山五园"，然后在不平等条约的约定下，开始在城内修建使馆区。第二次破坏是1900年八国联军进北京，八国联军列队进入皇宫，一直到达皇帝的金銮宝殿。不仅如此，围攻北京城时，八国联军还炮轰了城墙和城门，然后是开豁口。最先给北京旧城开豁口的是八国联军的英籍印度兵，地点在永定门西侧的城墙，目的是让火车从城外进入天坛，运走在天坛祈年殿掠夺、拍卖来的北京旧城内的各种文物。在这当中对北京旧城冲击最大的是东交民巷使馆区的建立。这里不仅占据皇城的东南方位，而且是成片地拆毁原有建筑，开始建西洋式建筑，建筑有使馆、银行、邮局、餐厅、教堂、兵营，尤其是使馆和兵营直接起到监视皇宫的作用。西洋式建筑、西洋式生活方式直接冲击着古老北京城的古都风貌和社会生活方式，出现了清代的堂子、王府、民宅、商铺被迫迁移的现象。因此，我们说北京旧城风貌被破坏是从清朝末年半封建半殖民地的北京社会变迁开始的。

　　在北京旧城百年变迁的过程中，还有自然环境的变化，诸如风沙、酸雨等，对北京旧城的一些土木砖石建筑也造成巨大的损坏。其中典型的是酸雨，直接破坏的是北京旧城中大量的汉白玉建筑，最突出的是台阶、桥梁上的汉白玉望柱，经过长年酸雨侵蚀而破坏严重。

　　北京旧城被破坏还表现在现代化建设造成的冲击。在北京城市现代化进程中，因为新的城市建设与旧城交织在一起，使北京历史文化名城新与旧、传统建筑保护与新建筑拔地而起的矛盾尖锐且复杂。回首北京旧城发展历程，有两点是值得汲取的经验教训：一是大规模旧城改造，尤其是像"推平头式"地拆

[①] 杜永道：《民初京城三大变化》，载《北京日报》，2010年7月5日第15版。

北京旧城中轴线上的万宁桥（俗称"后门桥"）栏板为汉白玉制作，经过上百年的风雨剥蚀，已经伤痕累累，雕刻模糊

北京旧城内每条胡同都历经沧桑，都有着深厚的历史文化积淀。越是旧，越有文化积累。而不是旧了就要拆除，因为一旦拆除，原有的文化就会被刨根，历史文化传承就会中断。北京旧城内新建大楼不如原有四合院，旧有的胡同、四合院就是北京旧城可以传承给后人的"金山银山"

除整条胡同、成片四合院是不可取的，教训是惨痛的；二是不加节制地开发旅游资源，一些历史文化保护街区已经失去了传统文化，增添了更多的商业文化，低俗的商业文化应该限制、纠偏，建设适合首都北京旧城特点的旅游城市文化。

图为北京语言大学内"枕石园"中的门墩。这些精美的门墩理应在北京旧城内四合院门前，但是在"推平头式"的旧城改造中，这些门墩被当作建筑垃圾而遭遗弃。在北京生活的日本学者岩本工夫却对北京门墩发生了兴趣，通过走访和调查收录了6000多组门墩，并从北京旧城改造的瓦砾中收集到60余对保存较好的门墩，送给了北京语言大学。北京语言大学利用这些门墩在学校南门内东侧建成了"枕石园"。目前，北京旧城内有多少值得保护的门墩，这些"活化石"的保护依然需要得到重视和加强

北京旧城中最有特色的城市肌理是胡同、四合院，这也是北京城市历史文脉所在。但是，随着现代化的建设，胡同在减少，一些好的四合院也被拆迁，旧的街巷没有了，乡愁也自然消失了。例如，北京的锣鼓巷知名度高，是因为这条街巷历史悠久，文化积淀厚重，是北京旧城内保存相对完整的历史文化街区，在锣鼓巷东西两侧整齐排列的胡同内有众多的名人故居和文化遗迹。然而，在旅游和商品大潮冲击下，这里的历史文化还没有来得及深入研究、发掘，就成为北京城旅游的一处热闹景区。由于发展速度太快，长远规划不足，锣鼓巷的旅游发展面临三大尴尬：一是过度开发，整个锣鼓巷旅游像赶大集，游胡同变成了逛买卖街；二是在胡同内，历史文化遗迹没有得到修缮和利用；三是当地住户的宁静生活被打乱，临近景区的住户烦恼多。不仅北京历史文化街区保护面临窘境，而且北京历史文化名城的声誉也被贬低，是图一时获取利益还是强调可持续发展，这已经成为北京历史文化名城发展的大问题。

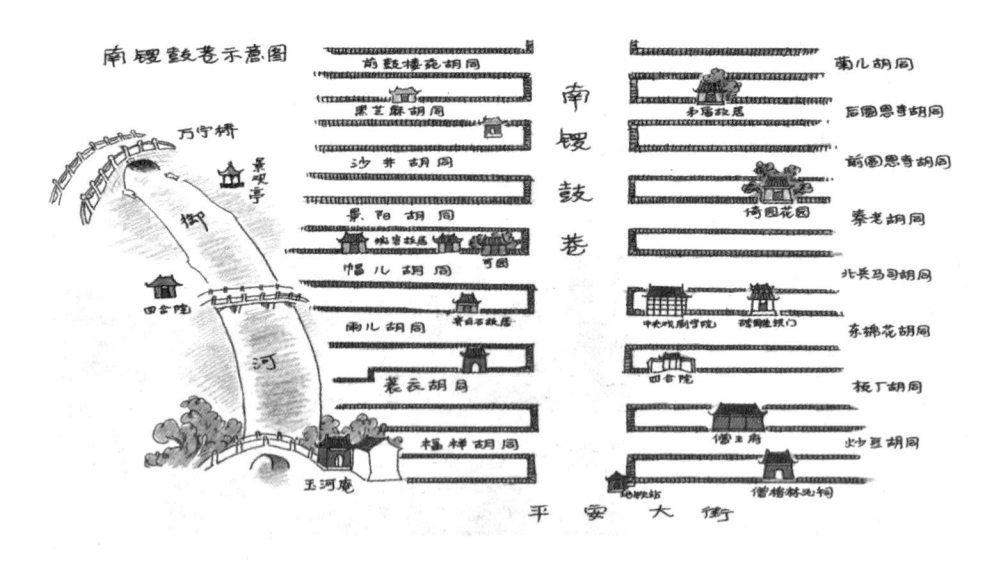

南锣鼓巷示意图

锣鼓巷在明代称"罗锅巷",据当地民间传说是根据地势得名,罗锅巷为南北走向,地势呈现中间高、南北两端低,形似"罗锅",即驼背人,故名罗锅巷。到清乾隆十五年(1750年)改称"锣鼓巷",是根据谐音转变,目的是使其名称雅化,带有喜庆色彩。锣鼓巷街区的特点是以南北走向的锣鼓巷为主轴,左右(东西)两侧胡同对称排列,尤其是南锣鼓巷,两侧整齐对称排列着八条胡同,使其造型如同"鱼骨状",又像一条爬行的蜈蚣,故又有"蜈蚣巷"的俗称。锣鼓巷

南锣鼓巷牌楼是地铁八号线与六号线交汇处,交通十分方便

以鼓楼东大街为界，分为南锣鼓巷、北锣鼓巷。目前，南锣鼓巷被开发为旅游街区。南锣鼓巷北起鼓楼东大街，南至地安门东大街，全长 786 米，是营建元大都时规划并建成的街巷，距今有 700 多年的历史，是北京旧城保存最早、最完整的街区。

图为南锣鼓巷帽儿胡同末代皇后婉容旧居内的垂花门，雕刻十分精美，仿佛向人们述说逝去的历史。南锣鼓巷内名人故居众多，多数被占用，无法对外开放，这也是南锣鼓巷"有大集、没文化"问题的根源

　　与锣鼓巷热闹相反的是东城区史家胡同博物馆的建设。坐落在史家胡同 24 号的胡同博物馆为两进院落，原来是民国初年女作家凌叔华旧居。街道管理者将旧居建成北京市第一家胡同博物馆，馆内不仅有史家胡同历史文化的介绍，还有社区的沙盘模型等。特别是作为街道社区创办的博物馆，更接地气，充分发动、利用附近居民住户的参与，不仅可充分挖掘胡同内的历史文化名人，还有胡同居民的生活实物和老物件展览，在多功能厅定期还举办北京历史文化讲座和各种群众参与的社区文化活动。最新的设想是将北京胡同文化的传承不仅仅局限在博物馆内，而是延伸到整条胡同，蔓延到周边社区。如果在北京旧城内多一些这样类型的博物馆，北京城的乡愁也自然就会多一些。

　　北京旧城的特点是由青砖灰瓦的胡同、四合院组成城市基本色调，用以衬托城市中心的红墙黄琉璃瓦。时至今日也是一样，要想衬托首都政治中心、文化中心的标志性建筑，在旧城内就不要有奇形怪状的新建筑，就不要有在建筑颜色、体量上喧宾夺主的建筑。在方面北京城市规划管理部门应该有统筹规划。

史家胡同博物馆位于东城区史家胡同24号，原房主是凌叔华，她是民国时期活跃的文化名人，在写作和绘画方面均有成就，6岁曾在墙上涂抹山水，成年后与国画大师齐白石、陈师曾来往密切，经常在庭院举办笔会，被称为"北京画会"，很多文化名人都曾来此。1926年与陈西滢（1896—1970）结婚，1946年旅居海外。1989年感到来日不多，回到北京，由女儿、外孙用担架抬着到了北海公园东门，看琼华岛上的白塔，然后说"妈妈叫我回家吃饭"，来到少年时生活居住的史家胡同24号，看到已经成为幼儿园的旧居，特别是捧着鲜花、唱着歌的孩子们，将房产无偿捐献给地区做公益事业，完成了落叶归根的夙愿

位于东二环北京旧城内的新建筑，无论体量、造型都与旧城传统建筑风貌格格不入

第二节　保护观念的转变与提升

要关注和强化文物保护中的两个转变，即保护历史文化名城要从单体建筑转向城市整体风貌，保护文物要从个体转向个体加周边环境。

文物保护过程与人的认知、生活水平提高及整体文化素养提升有关。俗话说："知温饱，要文化。"中华民族只有在解决了温饱，才能越来越重视精神文明建设，重视文物保护和文化传承。而有意识地进行文物保护、文化传承是人类进步的标志，也是人的现代化的重要标识。

从个体文物保护到北京旧城历史文化名城整体保护意识的提升，从个别文物"冷冻"到依法保护，积极修复，重视利用。面对北京历史文化名城众多的文化遗产，有两种论调是错误的：一是认为北京历史文化遗产众多，保护不过来，特别是遇到资金紧张、拆迁安置费用高等问题，将文化名城保护作为一句口号，只说不做，只对个别文物本体或局部进行保护；二是认为北京历史文化名城已经被破坏得很严重了，没有必要再保护。在认识不清、保护态度不坚定、畏惧困难的状态下，北京旧城文物古建筑保护出现了一些尴尬的局面，最尴尬的是点状文物被现代化高楼大厦包围，文物本体与周围环境完全不协调，甚至可以说周边的环境已经完全变化了，突出的有隆福寺、于谦祠堂、齐白石故居等。

图为被包围在高楼大厦之中的于谦祠堂。该祠堂作为文物已经得到保存并经过修缮，但周围环境已经发生巨大变化，昔日的裱褙胡同已经消失，祠堂显得孤单，至今未能开放

位于西城区劈柴胡同的齐白石故居在旧城改造中保留了下来，但周边街巷、建筑已经发生了巨大变化，故居已经被包围在高楼之中。故居作为文物遗存被保留下来，但是周边环境已经发生了变化，故居已经成为城市建筑中的"盆景"，失去了原有胡同文化氛围的依托

位于西城区金融街高楼大厦中的都城隍庙大殿（寝祠）。城隍是民俗文化中城池的守护神。都城隍庙供奉都城的守护神。北京都城隍庙始建于元至元四年（1267年），当时名为"佑圣王灵应庙"，元天历二年（1329年）为大都城隍神庙，距今有700多年，是北京旧城城市精神文化的重要组成部分

对待北京历史文化名城保护时不应该回避矛盾，应坚持"该保的保，该修的修，该用的用"三个原则。

"该保的保"的工作重点在严格执法，对北京城市文化遗存依法保护，坚决纠正"长官"意识和权大于法的做法；坚决制止有法不依、执法不严的现象；对法治不健全、薄弱的地方应及时加强法律法规的制定。目前北京文化名城保护至少有两个突出问题需要解决：一是已经确定为市级文物保护单位的"金中都太液池遗址"保护问题一直扯皮，不仅暴露出法治的艰难，还暴露出在北京文化名城保护中各种利益的博弈，尤其是房地产利益的博弈十分突出，可谓典型。二是北京文化名城是由四合院组成，北京市东城区、西城区经过文物普查，有几百座有保护价值的四合院被挂牌做了标识。文物普查工作做完了，法治建设没有跟上，结果陷入尴尬局面，介乎于保与不保之间，这种现象属于法治不健全，应该加强地方法规建设。

"该修的修"的工作重点是用管理制度做到"修旧如旧"或"修旧如故"。要达到"修旧如故"的目标，就要在古建或文物修缮过程中做到最少干预。北京故宫在接收大高玄殿后进行修缮，发现大殿屋脊上放有宝匣，文物工作者发现后没有将其打开，而是原样放回。这种在修缮过程中对待历史文物尽量做到"不动""少动"或"冷冻"都属于最少干预。这类例子还有很多，例如在北海公园北岸澂观堂的修缮过程中，发现环廊彩画是一种已经失传的彩画，修缮过程中就采取了最少干预，尽量保存原有彩画的痕迹、旧貌，使人们还能了解这种古代建筑彩画的信息。北京的街巷、胡同、四合院是北京文化名城的标志性建筑，住宅和开放区应该如何修缮，目前政府管理工作不到位，最突出的是建筑材料使用没有限制，新的建筑材料如石棉瓦、水泥墙、色彩艳丽的油漆、大玻璃被使用，与纷杂的电线、广告招牌等混杂在一起，使本来是历史文化积淀厚重的城市街区被搞得新不新、旧不旧，失去了文化名城特色。最让人难受的是在胡同、四合院墙壁上造假，贴面砖，模仿古代建筑"磨砖对缝"工艺，结果粘贴不牢，部分散落，十分难看，暴露出的问题是对传统建筑修缮缺乏要求和管理。问题最突出的地区是北京游览热点——锣鼓巷、五道营、什刹海等。外地人到锣鼓巷，没有感受到文化名城的魅力，普遍感觉是逛了一次"大集"。北京作为首都、文化名城，如

何保护好自己的文化魅力已经成为迫切需要解决的问题。在美国芝加哥学习期间，我也关注到历史文化民居保护和修缮的问题。他们的做法是任何人可以居住使用历史文化民居，但是入住后首先要明确保护的义务、责任，装修或修缮不能改变其面貌、建筑格局等。不能随便使用新的建筑材料，不能改变建筑外形、体量、色彩等。在北京旧城内人们已经注意到"修旧如故"。例如，东城区史家胡同45号院的修建要求尽量保存其古韵，院落改造由史家胡同风貌保护协会牵头开展，修建方案、计划、使用材料得到当地居民的支持和认可。这种做法相对来说还是比较好的。

2012年2月北京市启动的"历史文化名城标志性历史建筑恢复工程"示意图。图中线描建筑是已经存在的，灰色实心建筑是第一批要恢复的。其中地安门雁翅楼、天桥、外城东南角楼已经完成恢复工程

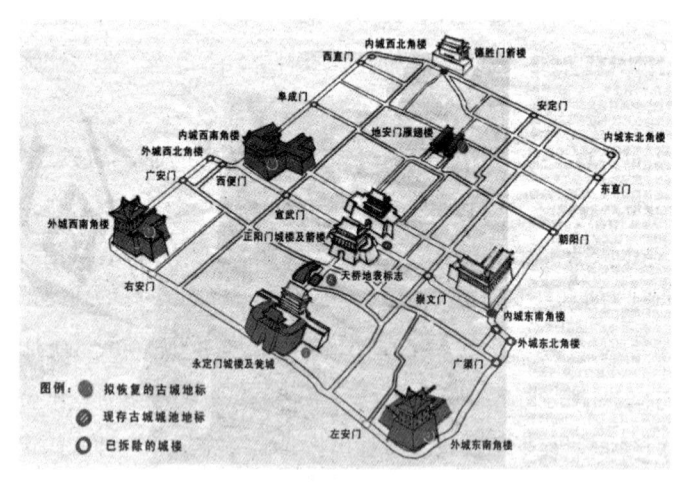

图为新复建的北京标志性历史建筑——天桥

"该用的用"的工作重点是处理好保护和利用的关系。最近北京市西城区做了很好的尝试，修复的历史文化遗存让给文化机构或部门使用。例如地安门雁翅楼租赁给中国书店开办24小时营业书店，砖塔胡同的标志性建筑——塔院租赁给正阳书局专门经营老北京文献和书籍，红楼影院修缮后也要辟为文化场所等。北京旧城内文化遗存众多，对传统建筑应该及时修缮，修缮后不要闲置不用，否则不仅是对文化资源的浪费，本身也会加剧建筑的损耗。北京应该制定政策，让修缮后的传统建筑充分得到使用。要正确处理好保护与利用的关系，不要一说保，就不能用，特别是不能经营；也不要一说利用，就不注意文物的保护，要在不影响文物保护的前提下使传统建筑得到充分利用。目前总体情况是利用不够，要专门研究怎样利用，政府要出台一些优惠政策和鼓励措施，同时对文物保护有明确要求和界限。北京新修复的文化古迹和传统建筑要向从事文化、设计、创造的团体和个人开放，鼓励他们租赁和使用。

地安门雁翅楼修复后，北京市西城区政府确定用于公共文化设施，通过公开招标，作为中国书店24小时营业书店对外开放

在文物保护工作领域，北京市文物局原局长、市政协委员孔繁峙在2016年年初召开的市政协会议上提出的观点也值得重视。他说，一要考虑北京城墙框架，应该恢复老城地标性建筑，比如复建西南角楼，这样与东南角楼、正阳门城门箭楼就能形成一条内城城墙走向。二是中轴线申遗，这可以提升北京作为名城的知名度。三要确立北京皇城的核心区，完整地保留皇城。应该采取措施，在不影响交通的前提下，在东面皇城遗址公园恢复一部分城墙。对历史街区、胡同四合院进行整治。他还提出，名城保护问题列入今年政府重要工作，这是北京历史文化名城保护的历史机遇。[1]

根据2012年北京市制定的"历史文化名城标志性历史建筑恢复工程"，北京外城东南角楼已经完工。这是修复后的外城东南角楼，新闻媒体在报道中称"左安门角楼"是不准确的

第三节　抓住机遇，利在千秋

一是抓住国际潮流大势的运用。国际潮流大势是什么？至少有三条：一是强调生态环境保护，坚持可持续发展；二是强调文化的多样性，保护人类共同的文化遗产；三是捍卫和平，反对任何形式的战争。在国际潮流大势面前，顺之者昌，逆之者亡，这是千百年来人类总结的基本规律和生活经验。北京城作为世界上最

---

[1] 《市政协委员、市文物局原局长孔繁峙谈名城保护》，载《北京晚报》，2016年1月22日第13版。

著名的历史文化名城，是人类共同的文化遗产。作为北京人，没有任何理由不加入北京历史文化名城保护的行列。保护北京历史文化名城是每一个北京人的责任和义务。正像习近平总书记在全国文物工作会上强调的，各级党委和政府要增强对历史文物的敬畏之心，树立保护文物也是政绩的科学理念，统筹好文物保护与经济社会发展。

二是抓住非首都功能疏解的机遇，给北京旧城多一些修复的空间。北京旧城是首都核心功能区，在疏解非首都功能之后，要进一步加强首都功能建设。这种建设就是强调首都功能定位，注重旧城的整体规划和统一管理。加强首都功能之一就是首善之区，对全国有引领示范作用，这种首善就是和谐宜居，这种引领示范就是生态环境保护。生态环境包括自然生态环境和人文生态环境。自然生态环境包括清新的空气、清洁的水源、绿色的植被等，人文生态环境包括古都风貌、园林绿化、古代建筑得到保护与尊重、古代建筑与现代建筑相映生辉等。

在北京旧城保护中，生态植被保护必须引起重视。要做到枯死一棵就要补种一棵。对人为导致树木枯死要追究责任，依法律法规处罚。北京旧城的古都风貌是注重生态和植被建设的，素有"花园城市"之称，每减少一棵树，就减少一分绿色，每增加一棵树，就增加一分绿色

疏解非首都功能中腾出的空间不要见缝插针地盖新的楼房，要多一些通风的自然空间，多一些园林绿地，多一些河湖湿地，多一些公共文化设施。北京市西城区在这方面已经有所作为，明确将新修复的地安门雁翅楼、砖塔胡同塔院、红楼影院等定位为公共文化活动空间。

在抓住非首都功能疏解机遇，对北京旧城进行修复的过程中，北京市规划委员会推荐北京旧城鼓楼大街一带对胡同街巷格局进行"织补"的做法也是值得重视和借鉴的。鼓楼前大街东侧地铁八号线完工，原有的街巷、胡同在拆迁、施工过程中已经被打乱，地铁工程完工后该地区立刻着手恢复原貌，而且对原有街巷胡同进行"织补"，对后插入的新建筑、私搭乱建进行清理，尽量做到"修旧如故"，力争保护好该地区原有的历史街巷肌理。同时，应该借非首都功能疏解过程中一些机关事业单位迁出北京旧城的机遇，将腾退出的房屋建筑统一规划给文物、文化部门，解决机关事业单位占据文物不能腾退的欠账。

第四节 做好旧城整体保护，建设"没有围墙的活态博物馆"

2004年2月25—26日习近平在北京视察工作时明确指出，历史文化是城市的灵魂，要像爱惜自己的生命一样保护好城市历史文化遗产。北京是世界著名古都，丰富的历史文化遗产是一张"金名片"，传承和保护好这份宝贵的历史文化遗产是首都的职责，要本着对历史负责、对人民负责的精神，传承历史文脉，处理好城市改造开发和历史文化遗产保护利用的关系，切实做到在保护中发展、在发展中保护。2016年4月12日全国文物工作会议在北京召开，习近平总书记就文物保护工作又提出，文物承载灿烂文明，传承历史文化，维系民族精神，是老祖宗留给我们的宝贵遗产，是加强社会主义精神文明建设的深厚滋养。保护文物功在当代、利在千秋。我们应该抓住这一机遇，使北京历史文化名城保护工作迈上新台阶。这不仅因为北京是首都，是国家首善之区，而且北京旧城是人类共同的文化遗产。北京旧城保护的好或坏、工作的优或差都直接关系到中国在世界的形象，关系到中华民族文明素质的提升。因此，习近平总书记提出保护文物也是政绩。要想做好工作，各级党委和政府对历史文物要有敬畏之心，要扎扎实实地做好每一项文物遗存的保护和利用工作。尤其是做好保护和利用的工作细节就要

充分调动全体北京人的智慧。俗话说"细节出精彩",北京的文物保护工作只有深入细致才能迈上新台阶,达到新境界。

对北京旧城的保护,还可以借鉴新型博物馆的保护模式。最早提出用博物馆模式对北京旧城进行保护的是建筑大师梁思成。在新中国定都北京之前他就提出,北京的整个形制即世界上可贵的孤例,它们综合起来是一个庞大的"历史艺术陈列馆"。

诚然,北京旧城与新北京城建设已经交织在一起,北京旧城区域内不仅有密集的民居,还有机关、学校、医院、商场等,表明北京旧城不仅是活态的,而且仍然是生机勃勃、不断发展变化的。以北京旧城为界,建设"没有围墙的博物馆"是比较切合实际的。"没有围墙的博物馆"这一概念是 20 世纪 70 年代由法国人弗朗索瓦·于贝尔和乔治·亨利·里维埃提出的,特点是强调自然生态和人文生态的结合,是一种活态的博物馆,最适宜一个区域的自然、文化或自然加文化生

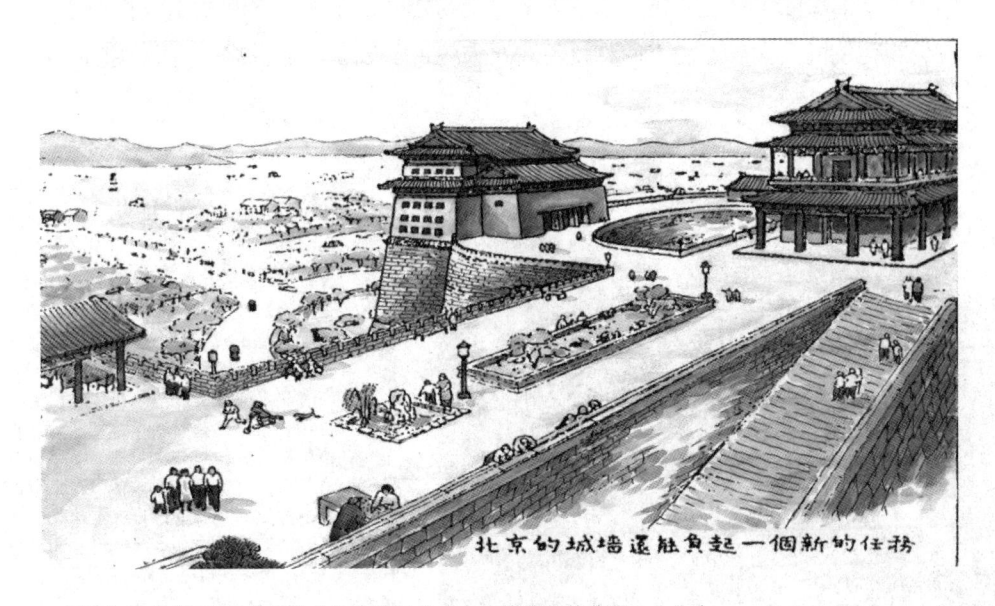

图为 20 世纪 50 年代梁思成先生绘制的北京旧城墙保护草图。他认为,在新中国的北京,城墙还能负起一个新任务,就是为人民服务。北京可以利用旧城墙建设成环城公园,人们在城墙上不仅可以登高眺望周边的城市景观,还可以休闲娱乐

态的保护与传承。生态博物馆最早是一种以村寨社区为单位的没有围墙的"活体博物馆",它强调保护和保存文化遗产的真实性、完整性和原生性。这一类型的博物馆在我国已经出现,例如1997年梭戛苗族生态博物馆的建立是中国乃至亚洲的第一座生态博物馆。梭戛苗族生态博物馆在贵州省六盘水市六枝特区云遮雾罩的大山中,这里居住着一支不足5000人的古老而神秘的苗族支系,他们远离外界,仍然保留着男耕女织的生活状态,并且保留着一种以长牛角头饰为象征的独特而古老的苗族文化。这种文化原始古朴,包含丰富的婚恋、丧葬和祭祀礼仪,以及别具风格的音乐舞蹈和蜡染布上别致的刺绣艺术。梭戛苗族没有文字,他们的记忆和传统只能靠口传心授代代相传。梭戛生态博物馆建设的目的就是对这里的苗族村寨和它的传统文化进行原状保护,包括其中的自然景观、建筑、文化遗产、传统风俗等一系列文化元素。除了梭戛苗族生态博物馆,在贵州地区还有堂安侗族生态博物馆、镇山布依族生态博物馆、隆里汉族生态博物馆等。北京旧城提出借鉴"没有围墙的博物馆"的概念,重点是倡导对北京旧城的文化生态的保护意识,因为北京旧城除了地上建筑、地下埋藏的文物之外,在现代化建设进程中人们正在忽视传统的人文生态。人们日益关注北京的古都风貌保护,甚至提出"把古都

　　北京旧城内四合院大门有几种,比较多的是屋宇式门和墙垣式门。其中,屋宇式门又分王府大门、广亮大门、金柱大门、如意门等,如意门又分大型的、中型的、小型的。其中,王府大门气派;广亮大门宽敞明亮,一般占一开间屋子的空间,门扉开在门厅中柱之间,门前有石台阶,从外表一看就大气,表明主人有一定的身份或地位;如意门比广亮大门显得朴素,门扉开在外檐柱间,门楣上方有砖花图案和如意形状花饰,门也由此得名;墙垣式门比较普遍,多建在中、小型四合院,最多的形式是骑墙而建的小门楼。图为如意门,门开在外墙,有两个门簪,一般书写"如意",如果是四个门簪,一般书写"吉祥如意";门为红色,颜色鲜艳而拒邪;一对门钹,用于关门和装饰;"宝葫芦"造型的铁皮包门,谐音为"福",寓意招财进宝;一对门墩为方形,显示为重视文化教育之家

风貌夺回来",关注点还是在建筑上。要把北京旧城看成是文化遗产,是不可复制的人类共同的文化遗产,就不仅要关注地上、地下文物和古代建筑,还要关注人们的生活形态,例如语言(方言)、生活习俗,包括人们讲究的生活环境、起居、穿戴、礼仪、饮食等。这些可能属于非物质文化遗产,在北京旧城中也应得到重视和养护,这样才会有真正的文化传承。正像有的专家讲述的,北京如果有城墙,关上城门就是一个大博物馆;现在没有了城墙,也没关系,只要我们心中有北京,整个北京旧城就是一座"没有围墙的活态博物馆"。

在没有围墙的博物馆建设中,"北京人家"是一种值得重视的活态形式。"北京人家"是具有北京特色的四合院旅游接待品牌,目前北京市已经认定33家。这一项目是在北京举办2008年奥运会期间提出来的,是以让外国人了解北京特别是了解京味儿为目的民宿旅游项目。最近北京市旅游委又进一步提出以北京传统四合院为载体,完善这一旅游项目。这是因为北京旧城是活生生的,需要文脉传承,而四合院已经成为北京的一种文化符号,灰墙灰瓦的建筑及精致的门墩、门簪、门楣、砖雕、影壁等,每一个物件都是北京城市建筑的特色,尤其是活态的生活,例如四合院内居民的起居、饮食、穿着、语言等,还包括在胡同、四合院内发生的故事、独特的生活情趣、年节的活动与氛围等,它们本身就是非物质文化遗产。只有当物质的和非物质的文化遗产结合起来时才是北京四合院最完美的展现。

图为位于什刹海金丝套胡同内的"北京人家"门楼,建筑奇特,门当户对齐全,透过铁门还能看到院落中的吉祥影壁。而整座门楼又体现着城市建筑的包容性,有北京与异域文化融合的风貌

第十章　迈向未来　绿色发展

　　在过去的城市建设中，人们比较重视物质建设，对城市文化建设关注不够，也就是人们常说的"一手硬、一手软"。"一手硬"就是高楼大厦林立，现代化的服务设施也得到长足的发展，这些是人类过上现代化的生活所不可或缺的，也是基本保证。但是，关乎人类精神生活的文化建设却出现"一手软"，忽视现代化城市文化建设和人的精神需求。由于二者不是同步发展和建设，不协调现象十分突出，物质建设越快的地方，文化建设问题就越突出。最突出的和不能让人接受的是现代城市建设"千城一面"，没有任何文化特色，甚至消灭了当地原有的文化特色，青年人不知道自己的出生地在哪里？家乡在哪里？自己从哪里来，要到哪里去？即使在城市有了家，却没了"乡愁"，感觉缺少文化。北京的创业者很多，但是对这座城市了解的人却很少，一些"北漂"回到故乡，很难讲清楚北京是一座怎样的城市，只是感觉很大。

　　从北京城的布局来看，古代北京城市是注重绿色环境的，也就是说北京城市的绿色发展是有传统的。例如，在北京旧城东、西、南、北建有天坛、地坛、日坛、

月坛，这些祭坛看似是皇家祭坛，但是每座祭坛大面积地种植苍松翠柏，使北京旧城完全处在绿色环绕之中。特别是在城南的天坛、先农坛，加在一起有300多万平方米的绿色生态，不仅给北京城市提供了充足的氧气，还调节了北京城市小气候，使城市空气更加湿润，整座城市更接近园林。

当人们的物质生活得到提升后，人们就开始关注精神生活，而且物质生活提升越高，人们对精神生活的期望、要求也就更高，同时对城市美好生活的追求也就更加迫切。尤其在北京这样一座历史文化名城，仅有现代化的高楼大厦和服务设施还不能完全满足人们对现代生活的向往。在北京城市发展进程中，人们更加关注人文关怀，例如城市的历史文化、城市的空气质量、城市建筑的传统特色等。在北京，人们更加关注古都风貌的保护、城市古代建筑遗存，尤其关注胡同、四合院的拆迁、保护、修缮、利用，以及北京旧城环境的变化。因此，我们必须重视现代城市的建设与管理，尤其要关注历史文化名城的整体保护、城市建筑风貌的保护、城市文脉的传承。

第一节 用生态文明统领北京未来城市发展建设

党的十八大提出用生态文明统领政治建设、经济建设、文化建设、社会建设，十八届五中全会又提出创新发展、统筹发展、绿色发展、开放发展、共享发展的五大发展理念，其中绿色发展与生态文明建设紧密相连，具有引领作用。

什么是绿色？在北京申办2000年奥运会的时候，人们深刻地认识到，环境与城市的形象紧密相连。一座城市如果环境质量不好，例如生态环境差、大气污染、水质污染，是不能成功举办奥运会的。于是，北京在申办2008年奥运会的时候，鲜明地提出了"绿色奥运"的理念，时任北京市市长的王岐山明确指出，"绿色奥运"并不仅仅是种些花草，而是让保护环境的意识深入人心，北京在生态环境质量方面有较大改善。国家奥林匹克公园的主题就是突出生态环境保护，大型体育设施、建筑在节能减排领域起到引领示范作用。

什么是发展？改革开放初期，邓小平就明确提出"发展是硬道理"。一个民族只有在发展过程中才能成长，一个国家只有在发展中才能壮大。解决当代中国贫穷落后需要发展，而且需要快速发展，才能使中国人民摆脱贫困，富裕起来。

经过十几年的发展，人们又逐步认识到，发展也有客观规律，不能盲目发展，要科学发展，形成科学发展观，才能真正实现发展。党的十八届五中全会将科学发展具体化，提出五大发展理念，使当代中国的发展方向目标明确。正像习近平总书记讲的，发展理念是发展行动的先导，是管全局、管根本、管方向、管长远的，发展理念搞对了，目标任务就好制定了。

当前"绿色发展"的实质是坚持节约资源和保护环境，坚持可持续发展。当代中国人民正在奔向全面小康社会，在这个过程中，绿色发展就是要坚定走生产发展、生活富裕、生态良好的文明发展道路，加快建设资源节约型、环境友好型社会，形成人与自然和谐发展的现代化，推进"魅力中国"建设。

在2016年"两会"期间，习近平总书记在参加十二届全国人大四次会议青海代表团审议政府工作报告时明确指出，我们不能欠子孙债，一定要生态保护优先，扎扎实实推进生态环境保护，像保护眼睛一样保护生态环境，像对待生命一样对待生态环境，推动形成绿色发展方式和生活方式。这一要求的实质就是可持续发展，可持续发展的一个重要观点就是今天的发展建设要有利于子孙后代的发展，不能"花祖宗的钱，造子孙的孽"，要加强生态环境保护，建立人与自然和谐、友好的关系。

第二节 建设美丽中国，首先要建设好美丽北京

建设美丽中国，首先要建设好美丽北京，这是因为北京是国家的首都，是全国的政治、文化中心，是美丽中国的"心脏"和对外服务、展示的窗口。建设美丽北京，北京就要率先实现可持续发展，北京市民的文明素质就要全面提升。在生态环境方面，北京要有更多的蓝天，无论城市还是乡村都要实现风景园林绿化。北京的名胜古迹要得到妥善的保护和利用，北京人要实现"绿色出行"，北京要有更多的节能减排建筑，城市绿地和空间要大面积增加，河湖水系不仅要清洁，还要有丰富水资源等。由此可见美丽北京的建设任务艰巨，又非常紧迫。但同时建设美丽北京也有有利的条件。

1. 得天独厚的自然环境

北京地处北京湾，三面环山，一面向阳、向海，四季分明，河流密布，水资

源丰富，不仅有古代留下的历史文化名城，还有大片山区和郊野，为北京的生态文明建设提供了得天独厚的自然条件。如何利用好北京的环境特点建设美丽北京、实现可持续发展是当前人们关注的热点问题。在北京小平原上有五大河流（永定河、潮白河、温榆河、大清河、拒马河）从西北流向东南，北京湾内有大小河流200多条，均是这五条河流的支流。如何让这些河流流动起来，而且是清洁的水资源，这也是美丽北京建设的重要任务。由于古代北京湾内河流密布、纵横交错，形成大片湿地。北京市海淀区占据上风上水，是北京地区典型的湿地区。但是，由于现代化建设，海淀地区高楼大厦多了，水泥地多了，湿地不仅减少了，而且严重退化，应该引起特别注意。什么是湿地？简单地说，湿地是指天然或人工形成的沼泽地等带有静止或流动水体的成片浅水区，还包括在低潮时水深不超过6米的浅海水域。湿地与森林、海洋并称全球三大生态系统。湿地有两大作用：一是涵养水源，二是促进生物多样性。因此，湿地又被称为"会呼吸的土地"和"天然物种库"。在现代社会里，湿地的作用可以概括为涵养水源、调节气候、净化空气、处理污水、提供动植物方面的农副产品、开展科普和文化教育活动等。研究湿地的学者认为，湿地是与人类的生存、繁衍、发展息息相关的生态系统，是自然界最富生物多样性的生态景观和人类最重要的生存环境，它不仅为人类的生产、生活提供多种资源，而且具有巨大的环境功能和效益，在抵御洪水、调节径流、蓄洪防旱、控制污染、调节气候、控制土壤侵蚀、促淤造陆、美化环境等方面具有其他系统不可替代的作用。因此，研究湿地的专家指出，没有湿地的城市，是枯燥的城市，是不会"呼吸"的城市，是没有"血脉"的城市。一座城市如果没有了湿地，就像一个人的肾功能出现了衰竭，城市的面貌就是干枯的水泥墙和大玻璃窗，生态环境或是暗淡无光，或是走向死亡。可喜的是北京市已经开始重视湿地建设。作为城市湿地的代表有翠湖湿地、南苑湿地、奥林匹克森林公园湿地等。

翠湖湿地位于海淀区西北部的上庄镇，占地700公顷，是通过挖环湖生态渠将上庄水库北侧的1000余亩低洼地围成具有湿地生态特征的城市湿地生态园。目前在低洼湿地内引进各种动植物400余种，同时引来各种候鸟栖息，已经形成典型的湿地生态景观。据2005年夏天统计，在翠湖湿地中的鸟类和水禽已经达

第十章 迈向未来 绿色发展 | 293

北京旧城内什刹西海湿地

位于海淀区西北部上庄镇的翠湖湿地

到50多种。目前，湿地景区内动植物标本展陈馆已经建立，完全用木头制作的生态小屋可以接待来客。最值得观看的是在清晨和傍晚时候鸟类起飞和戏水。在水面上种植了大面积的荷叶、芦苇等浅水植物，游人可以划小船在水道中漫游，感受湿地的生态环境。目前，从林业部门获悉，国家建设部已经正式批准整体规划1000余亩的翠湖湿地为北京国家城市湿地公园，即将对市民开放。

北有翠湖湿地，南有南苑湿地。在南苑湿地还有典型的湿地动物——麋鹿。麋鹿又叫"四不像"，脸似马非马，角似鹿非鹿，尾似驴非驴，蹄似牛非牛。"四不像"的形态特征与湿地生态环境有着密切的联系，是几千年来麋鹿在湿地生存进化的结果，也是麋鹿对湿地自然环境适应的结果。麋鹿尾巴细长是由于湿地中蚊蝇比较多，摇摆长尾巴便于驱赶蚊蝇。麋鹿的蹄子宽大，是便于在沼泽地上行走而不至于下陷。另外，麋鹿还擅长在浅水中游泳。麋鹿的这些特征说明其与湿地有着密切联系，是典型的湿地物种。如果南海子没有了湿地，北京人再想看到

位于北京市南苑的麋鹿园湿地

麋鹿也就难了。因此，恢复南海子麋鹿苑湿地非常重要，不仅有利于南城的经济发展、城市建设，还有利于南城的生态环境改善。同时，对北京人建设生态文明也是一种借鉴。可喜的是，北京已经开始加强湿地建设，在北京已有的五大城市湿地景观（海淀区翠湖湿地、顺义区汉石桥湿地、朝阳区奥林匹克森林公园湿地、大兴区南海子郊野湿地、延庆区野鸭湖湿地）的基础上，又有 10 处湿地景观建设进入发展规划阶段。这 10 处湿地是怀柔区琉璃庙湿地、房山区长沟湿地、平谷区小龙河湿地、密云区穆家峪湿地、房山区琉璃河湿地、门头沟区雁翅湿地、大兴区三海子湿地、平谷区王辛庄湿地、大兴区长子营湿地、顺义区潮河湿地。目前，怀柔区琉璃庙湿地、房山区长沟湿地、平谷区小龙河湿地已经粗具规模，形成了园林和观赏景观。

延庆区野鸭湖湿地　　　　　　　　　　顺义区汉石桥湿地

在京津冀协同发展、非首都功能疏解的过程中，北京市又抓住机遇，在北京市东北部建设最大面积的湿地公园。公园位于朝阳区孙河乡，是将昔日非法取砂石料场、出租大院改为绿色休闲区。这片湿地初定名为"沙子营湿地公园"，规划占地 1.65 万亩，相当于两个奥林匹克森林公园。[①]到 2016 年 9 月 18 日第四个"北京湿地日"，北京市园林绿化局又公布了第一批市级湿地名录，其中有野鸭湖市级湿地自然保护区，汉石桥市级湿地自然保护区，拒马河市级水生野生动物自然保护区，怀沙、怀九河市级水生野生动物自然保护区，翠湖国家城市湿地公园，门头沟雁翅九河湿地公园，房山长沟泉水国家湿地公园，大兴长子营湿地公园，

---

① 王海燕：《北京东北部最大湿地公园开建》，载《北京日报》，2016 年 4 月 5 日第 1 版。

平谷马房小龙河湿地公园，怀柔琉璃庙湿地公园，怀柔汤河口湿地公园，密云穆家峪红门川湿地公园，颐和园湿地，玉渊潭公园湿地，紫竹院公园湿地，陶然亭公园湿地，北海公园湿地，斋堂水库，永定河滞洪水库，大宁水库，崇青水库，天开水库，十三陵水库，桃峪口水库，海子水库，黄松峪水库，西峪水库，怀柔水库，大水峪水库，北台上水库，沙厂水库，遥桥峪水库，半城子水库，白河堡水库，密云水库，总计35处。①

2. 有城有乡的区域特征

北京与上海有明显不同，北京不仅是国际化大都市，有高耸入云的现代化建筑，还有乡村和大片的山区，形成城区、近郊区、浅山区、深山区等多样的城乡结合的生态环境。因此，北京旧城内有"四合院人家"或称"北京人家"，郊区有"农家乐"、古村镇、"沟域经济"等带有标志性的旅游观光景点。先说城。今日北京城奠基于元大都，是马背民族与汉民族文化的结晶。这种结晶使北京城市中心区有大片水域景观（中南海、北海、什刹前海、什刹后海、什刹西海），还有整齐的街道、胡同和四合院。最值得一提的是北京城中轴线，不仅有城门、道路、皇宫、园林，还有高大的岁时建筑（鼓楼、钟楼），城市风貌是灰墙灰瓦的民居建筑，衬托城市中央的红墙黄琉璃瓦的皇家建筑，整个城市是低水平的天际线，映入眼帘的是郁郁葱葱的树木，整座城市像个大花园。再说近郊。有田野，尤其城南大兴，成片的庄稼地、菜地、果园是北京城市的主要农产品供给地。北京市海淀区最有名的是前、后沙河流域，有著名的稻香湖，盛产京西稻米。到近山区，北京湾山前岩石裸露，形成奇特景观，多呈自然山水景色。沿着山前地带，有许多人文景观，古老的寺院比比皆是。房山区有云居寺，门头沟区有潭柘寺、戒台寺，石景山区有法海寺、慈善寺，海淀区有大觉寺、碧云寺、卧佛寺等，昌平区有铁壁银山塔林，怀柔区有著名的红螺寺等。在山前，名山（石经山、妙峰山、玉泉山、万寿山、香山、百望山、鹫峰、蟒山、天寿山等）、名泉更是增添景色。

北京山区占据很大面积。尤其深山区，完全是"世外桃源"，山区不仅林木茂盛，而且小溪流水。近几年兴起了"农家乐""沟域经济"，已经成为北京的

---

① 王海燕：《野鸭湖等35处湿地入市级保护名录》，载《北京日报》，2016年9月19日第1版。

一种新型山区经济发展模式，其核心是以山区沟域为单元，以其范围内的自然景观、文化历史遗址和产业资源为基础，以特色农业旅游观光、民俗文化旅游、科普教育、养生休闲、娱乐健身等为内容，通过对沟域内部的环境、景观、村庄、产业统一规划，建成内容多样、形式不同、产业融合、特色鲜明的沟域产业带，促进山区经济发展，带动农民致富。例如，北京市怀柔山区的虹鳟鱼一条沟，山路两侧林木葱郁，一沟清水常年流淌，沟域内可以休闲垂钓、度假养生、旅游观光。游客还可以品赏"虹鳟鱼""栗子焖肉"等民俗特色菜肴。目前，北京市已经对62个山区乡镇164条沟域的资源状况进行了系统摸底，对具备一定发展条件的沟域开展了初步的发展规划设计，其中69条沟域已经完成了整体规划和开发利用。

有城有乡的区域特征，使北京不仅是世界上最著名的历史文化名城，还有众多的古镇和古村落。据统计，仅门头沟区就有186个自然村落。截至2013年1月10日，在中国传统村落评选中，北京有9个村当选，即门头沟爨底下村、灵水村、琉璃渠村、苇子水村、三家店村、黄岭西村，顺义焦庄户村、房山水峪村，延庆岔道村。北京还有很多山水名胜，例如延庆区百里画廊、门头沟区永定河生态带、房山区十渡、平谷区金海湖和石林峡、密云水库、怀柔雁栖湖等。

延庆区百里画廊

3. 各种样式的园林文化积淀

北京是全国最典型的园林城市，有各种类型的园林，最突出的是皇家园林，有著名的"三山五园"，即香山与静宜园、玉泉山与静明园、万寿山与清漪园（后改称"颐和园"），另外还有圆明园、畅春园。"三山五园"造园艺术不仅在全国是最高超的，而且可以说是全国造园艺术之精华都浓缩在北京"三山五园"之中。另外北京还有早期的皇家园林，例如鱼藻池、太液池，以及今日百姓能够游览的北海公园等。在北京古代社会，城市与园林是紧密结合在一起的。在紫禁城皇宫周围可以说都是园林，紫禁城之北不仅有皇家的御花园，还有万岁山（清代以后称"景山"），东部有东苑，西部有西苑，在旧城之外还有南苑、北苑相互呼应。其中，紫禁城西部的西苑，成为北京历代皇家园林布局的固定模式，不仅有林木，还有大片水域，在水域当中有仙山琼阁。北京城市园林从分类来看，不仅有皇家园林，还有士大夫私家园林，除了独立的私家园林，在北京旧城的一些四合院内还有跨院，内有私家园林。据中国广播网 2011 年 9 月 6 日报道，北京现存的私家园林至少有 44 处之多，主要分布在旧城的东、西城区和旧城外海淀区。例如，

恭王府花园中的水榭景观

比较著名的有恭王府花园、成王府园、可园、达园、涛贝勒府园、阅微草堂等，还有一些急需加强保护和修缮的私家园林，例如莲园、马家花园等。北京进入近现代社会后，城市又陆续修建了一些城市公园、绿地等。

建设美丽北京，重点是要把北京城打造成大园林，建成园林城市。中国造园的历史非常悠久，而且城市离不开园林是中国古代城市的传统，也是北京城市最显著的特点。建设美丽北京，首先要把北京城市园林化。记得北京史研究会老会长曹子西曾说，1949年他从天津进北京的时候，感觉北京与天津不同，天津是洋楼，北京是四合院，天津树木少，北京绿树成荫，是花园般的城市。最突出的感觉是北京园林多，绿树遮盖房屋建筑的顶部，四合院内洒满绿荫。根据这一传统，北京城市尤其旧城要比其他城市或城区多一些园林绿地，在保护好传统城市园林的基础上，还要多规划一些公共绿色空间。同时可以进一步研究梁思成当年提出的环旧城城墙修建城市公园的设计，将北京二环路及其绿化带进一步完善，建成"凸"字形绿带或环旧城城市公园，既增加绿色，又保护好北京旧城的轮廓。

4. 众多的古树名木

据生态学专家介绍，凡是有古树名木的地方，其生态环境一定优越。人类学专家也指出，早期人类聚居要选择树木生长繁茂的山林，当人类从山区走向平原，也要选择有大树的地方聚居。一方面大树成为人类聚居的标志性植物，另一方面说明大树底下好乘凉，也就是宜居。北京自古就是人类宜居的好地方，古树名木特别多，不仅有几百年的古树，还有千年古树存活，成为北京城市历史的见证。据统计，北京现有古树名木4万余株，其中一级古树6000余株；二级古树3.3万余株，名木1000余株。（详见莫容、胡洪涛：《北京古树名木散记》，北京燕山出版社2009年版）北京是全世界保存古树名木最多的大都市，也是北京独特的景观。这些古树名木还记述了北京自然环境的变迁和城市发展变化的历史。例如，2013年3月31日《北京晚报》登载北京的十大古树为景山观德殿西侧唐槐、观德殿前有"将军"封号的古柏、潭柘寺毗卢阁前东侧的古银杏树、北海承光殿东侧的油松"遮阴侯"和殿前面的"白袍将军"、北京孔庙大成殿前的"触奸柏"、东城区府学胡同文天祥祠堂内的"指南枣"、天坛公园皇穹宇西侧的"九龙柏"、故宫御花园内"蟠龙槐"、景山观妙亭东侧的"歪脖槐"。诚然，这是一家之言，

北京有名的古树还很多，如西山戒台寺的"九龙松""活动松""卧龙松""抱塔松"，大觉寺的古银杏树、古玉兰树，中山公园内的古柏树，地坛公园内的"鹰爪松"等。仅从开列的十大古树来看，景山公园观德殿西侧的古槐树是唐朝栽种的，距今有1000多年的历史；在北海公园画舫斋古柯亭旁边还有一株唐槐，也有1200年的历史，说明北京自唐朝开始就有古树遗存下来，城市、园林的发展变迁与古树名木同在。据统计，北京有500年以上树龄的古树5000多株，300年以上树龄的古树30000多株。在城西万寿寺向东路中央绿地有一株古代遗留下来的银杏树，2008年市园林绿化局立碑说明，这棵树是元末明初所植，树围8.1米，夏日树冠覆盖面积达330平方米，相传明朝末年李自成进北京之前，在这里拴马休息。从明朝初年到现在，也有600多年。说到北京的古树，不能不说北海团城上的古树。这里的古树有一个特点，就是受封于清乾隆皇帝。在承光殿东侧的油松被封为"遮阴侯"，树顶呈圆形如盖，相传为金代种植；在承光殿前面（南面）有白皮松两株，被封为"白袍将军"；在承光殿西侧，还有一株古松树被封为"探海侯"。这些古树不仅有历史故事，还是古代劳动人民智慧的结晶。2012年7月21日，北京下了60年一遇的大暴雨，北京城多处积水严重，而团城上面不仅不积水，古树下面还能保持水土平衡，雨水多时顺畅排泄，天气干旱时能保存雨水资源。

位于天坛公园内的古树

古树不仅是植被，更是一种文化，是人类生存和文明的象征。据环境科学专家认为，有古树的地方就具备人类生存的环境。古代村落往往与大树或古树存活有关。一个村落中心也往往以大树或古树为标志。在目前北京旧城区改造过程中，一定要注意对古树名木的保护。旧的建筑没了，人们还可以盖新的。但是，古树没了，就一去不复返了，这样不仅人文环境没了，生态环境也没了。

5. 宝贵的"天人合一"思想

北京作为古代都城，在城市建设中集中体现了"天人合一"的思想。这种思想就是人生活在天地间，要融入自然、敬畏自然，按照客观规律办事。今天我们更要尊重自然，尊重自然规律。人们改造自然，不是征服自然，更不是战胜自然，而是与自然更好地相互依存，改造自然的目的是为了进一步协调人与自然的友好关系。

"天人合一"是中国古人最基本的思维方式，具体表现在天、地、人的关系上。中国古代先贤对"天人合一"的思想阐述得非常丰富。道家创始人老子说："人法地，地法天，天法道，道法自然。"就是说，人要尊重自然，不可违背自然，凡"道"应顺其自然而行，人道必须顺应天道，"顺天者昌，逆天者亡"。孔子提出"天人合一"，认为人做事必须顺应天意，顺应天理，方能天和民乐，万象泰兴。北京故宫里的太和殿、天坛公园里的祈年殿等都是典型的"天人合一"建筑。

"天人合一"的最重要思想是强调人与自然的和谐相处。现代社会的高速发展导致人类与自然和谐不协调。例如，人口快速增长、环境污染、资源枯竭、气候异常、洪涝灾害、森林减少、水土流失、草原退化、土地荒漠、沙尘肆虐。世界只有一个地球，我们只有一个家，人类无止境地向自然宣战、索取，不仅破坏了自然环境，也破坏了我们自己的生存环境。由95个国家的科学家联合研究的一份报告指出，地球上2/3的自然资源面临枯竭。中国"母亲河"黄河一年断流长达226天，雾霾天气不仅侵袭华北，还北到哈尔滨，南到江淮。严峻的生态危机已经出现，在"生存还是死亡"的选择面前，我们必须更深刻地反省人与自然的关系。

金山银山不如绿水青山，北京的绿水青山就是金山银山。截至2015年年底，北京城市已经形成三面青山环抱、森林环绕、多河流、多湿地的城市生态景观

第三节 加强城市通风廊道建设

通风廊道是指经过城市的通风空间，多由河湖水系构成。北京旧城通风廊道建设起步于辽、金、元时期。当时在辽南京城、金中都城北面有大片水域，现在称为"六海水域"，即南海，中海，北海，什刹前海、后海、西海。在辽金时期这一带是湖泊、湿地和水田，是辽南京、金中都皇室游览休闲之地，金代建有皇帝行宫——太宁宫。在元大都城市规划过程中，这一水域被完整保留下来，成为新兴都市的通风走廊，被称为中国古代城市规划、建设的神来之笔。需要注意的是什刹后海银锭桥的燕京八景之一"银锭观山"，本质上就是城市通风廊道建设。这一景观一定要得到完整保护，千万不要出现"银锭观楼"，确保北京旧城西北来风对城市的生态环境改善的作用。

位于什刹前海北面的银锭桥是京城内观看西山的最佳地点，也是什刹海与后海的咽喉，还是北京旧城城市通风廊道的风口

站在银锭桥上，越过后海宽阔的水域，可以看到深蓝色的西山，这是古代城市规划的神来之笔，也是北京生态城市建设最佳的规划设计，应该受到严格的保护。在城市现代化建设中新城区出现高楼林立的现象可以理解，而旧城区出现高楼林立就会显得不协调。后海西南最高的一座楼为积水潭医院住院部，高楼已经遮挡了"银锭观山"的视野，出现"银锭观楼"景象，特别需要引起重视

北京城市的地形是三面环山、一面向阳，西北高，东南低，不仅河流多从西北流向东南，清风也多从西北吹向东南。在北京城市的现代化建设过程中，元大都城留下的通风廊道不仅显得珍贵，而且为北京建设生态城市、宜居城市留下了宝贵的城市规划、建设遗产。现代工业化社会中，城市面积不断扩张，人口不断增长，机动车不断增加，城市消费所产生的废气在三面环山、一面向阳的地理空间中不利于扩散。因此，北京城市通风走廊建设就显得更加重要，尤其是北京的地势是西北高、东南低，西北季风强劲，从西北高处向城市展开的通风走廊建设尤显重要。

古代北京旧城为62平方千米，地域范围还不算大。如今北京城市已经发展到西部、北部山前地带，研究城市通风廊道就需要更大空间和范围、更大尺度和手笔。当前推进的"京津冀协同发展"就是要从大尺度、大范围治理北京与周围城市的环境。北京要把视角聚焦"上风上水"的西北。在古代，北京旧城的西北是海淀，所以有"上风上水上海淀"之说。现在北京城市范围更广了，是居住着2000多万人的特大城市，"上风上水"已经到了延庆、怀来、张家口、坝上。在现在北京辖区内，延庆已经是首都西北部的生态屏障，空气质量优良，

在北京市区雾霾严重时，在延庆还能看到蓝天白云，呼吸到新鲜空气。因此，应进一步推进延庆生态示范区建设，建设国际一流的生态文明示范区。延庆对北京生态廊道建设的贡献是可以利用延庆和怀来河谷、跨流域的妫河、官厅水库等为重点，以冬奥生态林、京津风沙源治理、水源保护林、燕山—太行山绿化、坝上地区退化林改造为抓手，加快建设一批奥运绿色廊道。

历史经验值得借鉴。在北京进入21世纪的时候，特别是北京成功取得2008年第29届奥运会申办权后，北京加大了对历史文化名城的保护力度，在北京大学侯仁之教授的建议下，人们开始关注莲花池和万宁桥（后门桥）的保护。到2011年10月，北京市东城区完成了玉河北段水道的修缮改造工程，700多年前的城市通风廊道——水穿街巷的景观再现于北京旧城住宅密集区。这项工程除了恢复城市历史风貌，更主要的是进一步拓展了城市通风廊道。这一项工作还将推进，玉河水道将穿过平安大街，继续向南，恢复玉河南段景观。目前地下考古工作已经完成，并有通惠河（俗称"闸河"）澄清下闸遗址的重要发现，位置在北河沿东口。南段玉河工程修复后，来自什刹海的水将通过玉河自北向南流入菖蒲河公园，北京旧城将再现"什刹海—玉河—菖蒲河"水系通道。这对恢复北京旧城通风走廊建设十分重要。

2015年12月18日《北京晚报》上一篇题为"首条楔形绿地2018年送清风"的报道说"京藏高速北沙滩桥以西，昔日曾容纳14家综合市场、群租盛行的海淀小月河地区，如今大部分区域已只剩砖石瓦砾；到2018年，这里将变成科技园区，并建成全市首条楔形绿地，一条长约7000米、占地106公顷的绿色长廊将让徐徐清风从五环上清桥直通三环，为城区送来新鲜空气"。这一举措，可以说与元大都城规划时留下的城市通风走廊设计相似，是一种文脉的传承。更重要的是今日北京城市已经拓展到昌平山前，需要从更大的城市空间考虑城市通风廊道建设。这种考虑很快有了方案，这就是围绕北京旧城规划建设九条楔形绿地，成为北京城市的通风廊道。这九条楔形绿地以正北680公顷的奥林匹克森林公园楔形绿地为主体，向东顺时针排序，有来广营楔形绿地、机场路楔形绿地、通惠河楔形绿地、城东南楔形绿地、凉水河楔形绿地、菜户营楔形绿地、永定河引水渠楔形绿地、六郎庄楔形绿地。①

---

① 《绿廊送风》，载《北京日报》，2016年3月29日第1版。

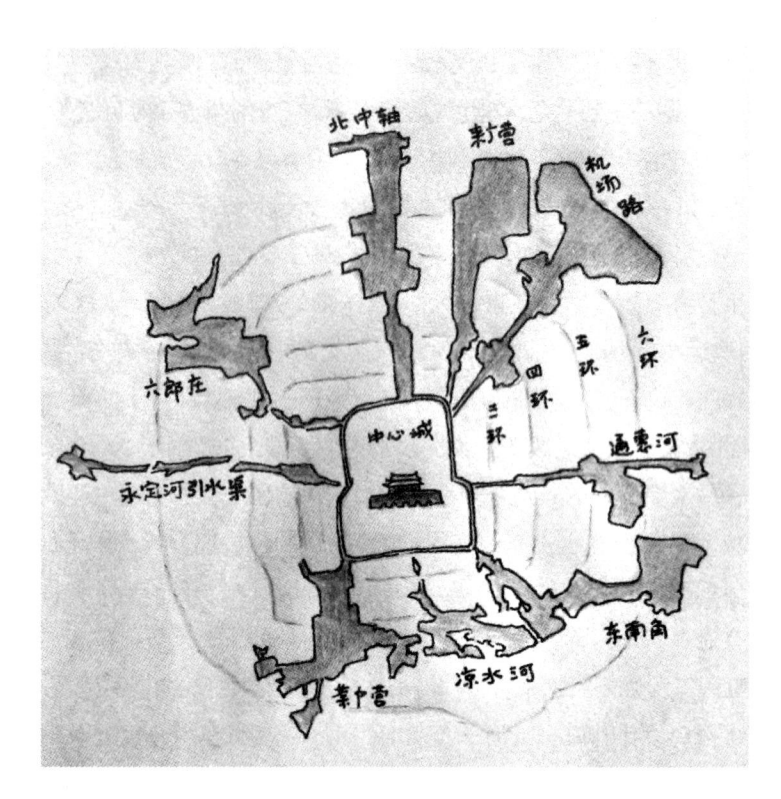

北京旧城外九条楔形绿地建设示意图

从上图可见，九条楔形绿地都是外宽内窄，头的部位指向北京旧城（城市中心区或首都核心功能区），尾的部位在北京城六环路以外。在这九块楔形绿地内部，为保证通风，专家已经明确建议不能建设高大建筑，甚至要少搞新建筑，多种树，最好多种能"吃土"的阔叶林，以保证在通风的同时减少风沙、尘土。

2016年2月19日，北京市规划委员会经过认真研究，又设计出北京城市5条一级通风廊道。[①]一级通风廊道宽度为500米左右。第一条从西北郊植物园开始，经昆明湖、昆玉河、紫竹院公园、动物园，终点到玉渊潭公园；第二条从西北郊植物园开始，经西五环及两侧绿化带一路向南；第三条从北郊太平郊野公园开始，然后经东小口森林公园、奥林匹克公园一路向南，沿着北中轴延长线抵达后海、

① 《本市将打开5条一级通风廊道》，载《北京日报》，2016年2月20日第5版。

北海、中南海，再向南到天坛公园、龙潭湖公园，然后沿着京沪高速及两侧绿化带继续伸向东南方向。这第三条通风走廊是纵贯北京城的通风廊道，与北京城中轴线紧密相连，与元大都城市通风廊道相交，是最值得重视的一条通风廊道。第四、五条通风廊道在北京城东部。第四条从城北郊清河郊野公园开始，经过朝来森林公园、太阳宫公园、朝阳公园，然后顺着东北五环的绿地一路向南，再沿着京沪高速及两侧绿化带南下。第五条从城东京密高速到东五环，沿着东五环两侧绿化带一路南下。这5条通风走廊的特点：一是依靠北京城内的园林、绿地，并且串联多座大型公园；二是经过之处少高楼大厦，多林木、水域和低矮建筑。因此，在通风走廊区域内，要严格限制高楼大厦建筑，使风道通顺。

在关注通风廊道建设时，北京还要增加绿色通道建设。绿色通道是指一种线性的开敞空间，通常是沿着河道、溪谷、山脊、风景道路等自然或人工的廊道，内设可供行人和骑车人进入的景观游憩线路，连接主要的公园、自然保护区、风景名胜区、历史古迹和城乡居住区等，有利于更好地保护和利用自然、历史文化资源，并为居民提供充足的游憩和交往空间。从北京旧城北面的国家奥林匹克公园，特别是森林公园南、北两个园区的建设来看，就具有典型的绿色通道建设示范作用。另外，在2015年开始拆除天坛东南坛墙周边的违建后，不仅天坛坛墙露出来了，还有了通道和空间，一些市民建议围绕天坛坛墙修建文化散步道。说明在北京城建设绿色通道越来越受到市民的重视，越来越有社会需求。如果在文化散步道建设时再注意生态环境保护、文化和绿色内容，就更加精彩。

拆除院墙，尤其是拆除居住小区院墙是2016年春北京人热议的话题，因为北京有着浓厚的"大院情结"，甚至可以说是一种传统、一种文化。北京有著名的军队大院，例如"海军大院""陆军大院""空军大院"等，行业机关有"化工大院""纺织大院""劳动部大院""林业部大院"等。北京要绿色发展，建设宜居之都，就要从环境整治开始。要坚决彻底地拆除违法建筑，清除城市垃圾，特别是胡同和犄角旮旯的城市建筑垃圾和生活垃圾。城市是活态的，要想保持良好的生态环境，就要有活水清风，保持良好的通风。拆除大院院墙、封闭小区的院墙，不仅有利于城市通风，还有利于城市减少"热岛效应"。诚然，考虑到北京有着"大院情节"，特别是人们对院墙的安全依赖心理，拆除院墙应该逐步展开，

循序渐进。还应该在文化、教育上跟进，让人们逐渐适应现代城市的开放与包容，拆除院墙是城市社会进步的标志，对城市生态环境建设具有重要意义。

在北京旧城增加绿道建设十分迫切。在北京疏解非首都功能的过程中，对在旧城区域内腾出来的空间尽量少插入新建筑，要增加绿地和空间。在旧城什刹海周边，要逐渐减少喧嚣的酒吧，沿湖要设计人们出行的绿道，使北京旧城在生态文明和宜居建设方面起到引领示范作用。

第四节 推行绿色建筑

什么是"绿色建筑"？北京建筑大学校长张爱林认为，绿色建筑就是注重环保、注重生态的建筑。绿色建筑不仅仅是绿化了的建筑，例如在屋顶建绿地，在墙体有垂直绿化，绿色建筑更加强调建筑物对周边环境无公害，能充分利用自然环境和资源，又不使其遭受破坏、浪费，形成建筑与生态环境的和谐。实际上，人类最早的民居建筑是融于自然生态环境当中的，只是人类在现代化进程中盲目追求新建筑材料，过度开采、浪费资源，才出现新建筑与周边生态环境不和谐，其主要原因还是人的思想和追求脱离生态环境。因此，在城市现代化过程中，人们越来越关注新建筑的节能减排，称这类建筑为"绿色建筑"。在北京城市现代化建设中也是一样，现代化建筑的一些负面效果已经给城市宜居和生态环境带来严重冲击，突出表现在现代化新建筑无论在建筑风貌、体量上都与传统建筑明显不同。当新旧建筑交织在一起，无论在建筑高度、建筑体量、建筑材料、建筑外观以及色彩上，传统建筑明显处于劣势。究其原因主要是：（1）新中国成立初期，由于没有条件甩开旧城而另建新城，致使北京旧城内新的建筑不断插入，特别是进入新时期，城市现代化建设快速发展，高楼大厦不断拔地而起，直接冲击、破坏着北京城市低矮的绿树掩盖的灰墙灰瓦院落式建筑风貌，出现了对文化遗存的严重破坏现象。（2）新的建筑不断暴露了后现代化建筑的弊端，无论建筑体量还是建筑造型，包括建筑装饰，都与传统建筑格格不入。（3）北京旧城人口不断增加，民居被迫见缝插针，在传统四合院内增建小房，破坏了原有院落格局和风貌。

在城市现代化建设中，人们越来越关注"城市灰绿比"。"城市灰绿比"就

是高楼大厦的建筑面积＋马路、砖石硬化道路面积＋机动车保有量与绿地、绿面（绿色墙面、绿色屋顶）＋水面的比例，前者为"灰"，后者为"绿"，二者的比例关系就能反映出城市的生态状况。在城市现代化建设中，如果出现大体量楼房建筑，建筑之间空间小，就会出现"窄管效应"，说明生态环境差；大面积使用新的建筑材料，尤其高层建筑采用大玻璃贴面，增加光辐射和污染，就会产生"热岛效应"，也说明城市生态环境差；路边停满机动车，大马路上车流拥堵，产生大量尾气和噪音，说明一座城市机动车保有量已经超负荷，也说明城市生态环境差。这些就是"城市灰绿比"中"灰"多了。"灰"多了怎么办？一座现代化城市，要学会控制"灰"的增加，尽量减少"灰"的比例，同时注意通过各种手段或形式增加"绿"的比例。例如，在北京城市建设中，高楼不可避免，但是院墙可以减少，甚至不用。北京市石景山区公园管理中心王金兰、叶萌就认为，应该"拆墙透绿"。他们认为，公园"拆墙透绿"是当今现代化城市建设的一个潮流，在条件允许的情况下，对城市内主要大街、社会单位、公园景区原有的实体围墙（栏）进行拆除，通过在墙（栏）内外建设绿地，增加绿量，扩大绿地面积，拓展绿色空间，形成道路绿化、街头绿化与庭院绿化有机结合的全新景观效果，促进庭院景观与城市公共环境融为一体，进一步增加城市通透感，使城市空间扩容增量。他们还认为，"拆墙透绿"是城市管理和建设的新思路，能够体现出城市管理者的为民情怀。同时，"拆墙透绿"后的全新景观将向社会开放，与市民共享，提高市民的"绿色福利"，让市民的休闲空间进一步扩大。[①]

北京在绿色建筑的建设中已经吹响了进军号，起到了引领示范作用，这就是国家奥林匹克公园内的大体量节能减排建筑。这些建筑有鸟巢（国家体育场）、水立方（国家游泳中心）、国家会议中心、阳光屋、低碳馆等。

一座生态和谐、宜居的城市，要多些中低层建筑，尽量减少高层建筑。尤其在北京旧城区域内，要提倡中低层建筑，减少高层建筑，严格限制大面积、大体量的大玻璃建筑。高层以及大玻璃建筑应该集中在商务区，而且严格控制数量。北京作为国家首都，应该全面推进绿色建筑，并组织专家研究适宜北京气候特点、环境资源、建筑风貌的城市绿色建筑。

---

① 王金兰、叶萌：《"拆墙透绿"释放春天》，载《景观》2016年第1期，第52页。

利用龙形水系，在国家体育场周边建设的绿色湿地

在国家奥林匹克森林公园内修建的太阳能生态屋

在国家奥林匹克森林公园内修建的自然采光生态屋

在通州大运河森林公园中修建的生态屋

第五节　强化绿色教育

强化绿色教育，包括绿色植树、绿色养护、绿色出行、绿色安葬等。

1. 绿色植树

在北京旧城区主要是进行"拾遗补阙"工作。古代北京旧城居民有很好的种树习惯，人与自然和谐相处。随着现代化进程加快，北京旧城人口不断增加，人口密度增大，生活空间变得狭窄，北京四合院内盖小房现象很普遍，树木、花草空间被挤占，一些树木因为失去生存的空间而逐渐枯萎、死亡。还有一些树木因为遮挡新建筑采光或新建筑规划建设而被连根拔除，特别是在"旧城改造""危旧房改造"过程中，一些林木也被清除。因此，在北京旧城内植树就成为绿化的首要任务。要发动各社区，调查、统计应该植树的空间、树种、数量。对预留建设空间而未进行建设的空地先进行绿化，进行绿色养护；对疏解非首都功能而腾退出来的空间尽可能多地建设成公共绿色空间。要坚决贯彻适龄公民每年义务植树3~5棵或完成相应劳动量的要求。

在植树进程中，北京市还要注意南北协调。目前北京城北绿化要好于城南，

因此对城南绿化要给予格外重视和加大力度。北京城南现有半壁店森林公园,还有占地3600亩的野生动物园,坐落在大兴区永定河畔,应该在京津冀协同发展中进一步拓展,加大集资、投资力度,加强环境设计,加强基础设施建设,尤其加强林木、湿地建设,争取打造成京津冀协同发展中的"绿色明珠"。

2. 绿色养护

在绿色养护中要积极推进适龄公民对绿树认养(重点是古树名木)、林地认养、绿地认养、湿地认养。对树木认养可折合植树义务劳动量。尤其在北京旧城区内,古树名木众多,要逐一登记、编号,要公布家底,要把保护北京古树名木作为一项重要工作加以宣传、普及、落实。要鼓励老年人、青年人积极参与养护古树名木,要跟进对养护人物、团体的宣传、介绍、奖励等。

3. 绿色教育

重点是要教育青少年对北京特有树种的认知。北京地区树种丰富,有国槐、侧柏、桧柏(刺柏)、油松、白皮松、银杏、皂角、楸树、榆树、桑树、核桃树、柿子树等,每种树都有自己的成长规律、营造的生态环境、与人的关系等。要教育青少年从小关爱树木的养护,学校、社区、家庭都要开设这样的教育活动。

绿色教育之一——保护森林。如果没有生态保护意识,随意砍伐森林,就会出现从森林到十字架的变化。森林减少树木,就会变成树林;树林减少树木,就会变成一棵孤零零的树;树木减少左右支撑,就会死亡,成为十字架

图为位于林萃路与安立路交汇处的中国水系展览馆，也是北京市青少年教育基地

4. 绿色庭院与绿色之家建设

北京旧城民居多四合院，院落建设是讲究庭院绿化的，因此古代北京的院落多被绿色树冠覆盖，而且一些院落受江南园林影响，各种植被搭配合理。现在楼房多了，平房少了，在旧城内、近郊区平房中要注意绿色庭院建设。庭院不论大小，都要有绿化意识，强调小中见大的设计。在中国园林设计中，小中见大、小空间的经典园林范例不少。例如，在故宫倦勤斋、恭王府后廊坊都有房内园林设计；在北海公园有静心斋、香山公园有见心斋等设计，都属于小中见大的设计，对有限空间进行充分利用的设计理念是值得继承的。居住楼房也是一样，特别是居住面积比较宽敞的住宅，更要注意绿色之家建设，也就是说，好的生活习惯和传统不能丢，在首都北京生活要注意绿色之家和绿色庭院建设。绿色庭院和绿色之家建设还有利于收集和利用夏季雨水，净化空气，改善生活环境，提高生活质量。

5. 绿色出行

北京旧城区东南低、西北高，但是落差并不大，人们在行走中几乎感觉不出来。这样的地势非常适宜绿色出行。从气候、气温来看，北京雨季短，一年四季均适宜骑自行车。即使在季风季节，只要躲开大风，三四级以下的风也适宜骑自行车出行或锻炼。在 20 世纪 50—70 年代，北京人曾经有很好的骑自行

车上下班的传统，尤其在上班时间，浩浩荡荡的自行车车流蔚为壮观。因此，北京在城市现代化进程中，尤其到后工业化社会，更应该大力提倡绿色出行。在推行绿色出行方面，政府要统筹规划，建设好绿色出行道路，并且形成交通网络，同时提供周到的服务设施、自然或人文环境，还要加大宣传普及力度，使绿色出行成为现代人生活的一种时尚。

6. 绿色安葬

人从生到死都要有绿色意识，才能真正实现可持续发展，造福子孙后代。尤其在我国，土葬文化传统深厚，应该提倡人生"最后一公里"绿色，也就是提倡绿色安葬，例如占地很少或根本不占土地的树葬、海葬。绿色安葬能有效减少墓地，最大限度地节省土地资源，为子孙增加更多绿色休养生息的土地。

第六节 夏季雨水收集与利用

水为城市的血脉，有水的城市就会产生美丽的城市景观，没有水的城市就会感到枯燥、乏味。北京作为首都，是全国首善之区，自古以来就是美丽的城市，因为拥有充沛的水资源，特别是永定河故道从城市中间穿过。但是，进入现代社会后，北京作为拥有2000多万人口的特大城市，用水量极大，水资源已经出现匮乏，成为城市发展的短板。一些专家学者习惯用"木桶效应"来分析城市资源，北京城市在"木桶效应"中的最短板为水资源，在水资源占有量上北京已经成为一座极度缺水的城市。一些调研数据也显示，北京人均水资源占有量为300立方米左右，为全国人均占有量的1/7，而且地下水开采严重，需要补水已经是严峻的事实。在北京城市发展过程中，因为是首都，周边地区支援北京水资源，南水北调缓解北京水资源短缺已经成为常态。但是北京在发展进程中不能仅仅依靠外援，自己能节约水资源、用好水资源是更重要的事情，也就是不仅要依赖输血，还应提升造血功能，这是健康城市发展的重要指标和体现。

在城市发展中，北京首先要关注自己生存、成长的环境。北京是典型的季风城市，春旱夏涝是生存环境的特点之一。每年"七下八上"，即7月下旬和8月上旬（准确时间是7月20日至8月10日，总计22天）是降雨集中时段，达全年降雨量的85%以上，这是上天赐给北京城的甘露，我们必须珍惜夏季雨水的收集

与利用。因此，关注北京夏季雨水的收集与利用就成为北京城市"血液"补充的关键期和城市提升"造血"能力的最佳时期。

　　研究北京夏季雨水收集与利用的专家是北京建筑大学的李俊奇教授。他提出像北京这样严重缺水的城市，到了夏季应该像"海绵"一样吸取雨水。也就是说，遇到降雨时，健康城市能够就地及时地吸收、存储、渗透、净化径流雨水，或储存，或补充到地下，而不是让其白白流走。对于夏季雨水，我们目前重点还在防范水灾，说明我们在与自然的沟通上还很不成熟。要让北京城市健康发展就要学会对夏季雨水的收集与利用，正像专家学者指出的，现阶段北京城市对待夏季雨水，不仅要有严防死守的被动御敌之策，还要有喜盼甘霖的主动迎客之举。如果我们真正从被动转入主动，才说明我们的城市真正有了健康发展。因此，夏季雨水的收集与利用要比节水工作更加普及，更加深入人心，而且要从每家每户、每栋建筑、每个单位做起。在北京市既要有大型水库、河湖沟渠蓄水，更要有园林绿化蓄水池，包括庭院蓄水池，还要关注人行道、停车场、空场的吸水能力。甚至有些专家建议，尽量减少水泥地面，或者说在北京这样的现代化城市，要限制在公共场所铺设水泥地面，柏油马路要能静音，还要能吸水。这是因为城市的蓄水能力取决于

国家奥林匹克公园内国际会议中心屋顶为弧线形，顶部面积40000平方米，晴朗天气可吸收太阳能，同时又可以收集夏季雨水，是北京最大的夏季雨水收集与利用建筑

城市的"海绵"吸纳力。所谓海绵城市就是指城市能像海绵一样有吸纳力。因此，做好北京城市夏季雨水的收集与利用，不仅要有市民参与、市政府顶层设计，还要运用包括生态科技等高科技手段。

第七节 推进"三大文化带"建设

2014年年初，习近平总书记到北京视察工作，就北京发展和京津冀协同发展提出了明确要求。京津冀与北京城市文脉有着血肉般的联系。首先，京津冀协同发展是国家战略，这个战略目标是打造以首都（北京）为核心的世界级城市群，以及中国区域整体协同发展改革的引领区、创新驱动经济增长新引擎、生态修复环境改善示范区。在这当中，国家首都建设就显得十分突出和重要。在京津冀中北京发展最快，总结发展经验，得力于首都的区位优势。也就是说北京市的发展在很大程度上受益于首都的地位，或者说北京是首都，首都和北京成为一体。京津冀协同发展，也要借助首都是京津冀区域发展核心的优势，这也是京津冀协同发展与长三角、珠三角发展业态的不同。京津冀不仅有城市群建设、区域经济发展，还有首都建设，也就是说还有国家政治中心、文化中心、国际交往中心、科技研发中心建设。从这个意义上说，首都的发展建设是京津冀协同发展的核心、灵魂。北京市人民政府于2016年6月13日正式发布《北京市"十三五"时期加强全国文化中心建设规划》，规划期为2016—2020年。规划中指出："文化是民族血脉，是人民的精神家园，是城市发展进步的灵魂。加强首都全国文化中心建设，是落实首都城市战略定位、加快建设国际一流和谐宜居之都、推动社会主义大繁荣的重大举措。"

《北京市"十三五"时期加强全国文化中心建设规划》中还提出"两轴、两核、三带、多点"的历史文化名城保护格局。其中"两轴"指旧城南北中轴线和长安街东西轴线；"两核"指北京旧城和西部"三山五园"；"三带"指北部长城文化带、东部运河文化带、西部永定河—西山—大房山文化带；"多点"指具有北京地域特色的优秀历史文化遗产，包括古城、古镇和传统村落、考古遗址公园及其他重要文化景观、国家级代表性非物质文化遗产等。

"三带"即"三大文化带"，具体为：东部运河文化带，涉及6区，即通州、

朝阳、东城、西城、海淀、昌平；北部长城文化带，涉及6区，即平谷、密云、怀柔、昌平、延庆、门头沟；西部西山文化带，涉及6区，即海淀、门头沟、丰台、石景山、房山、昌平。这三条文化带均形成线性文化遗产，环绕在北京城周边，与北京城有着密切联系，使北京作为全国文化中心更加丰满、厚重。

西山文化带既有人文遗产，又有自然景观。自然景观从南向北有房山喀斯特地貌（例如上方山云水洞、银狐洞等），门头沟灵山多层次高原生态景观，以及山区裸露的不同地质构造，石景山模式口第四纪冰川擦痕，海淀香山、百望山红叶，以及凤凰岭、鹫峰的怪石苍松等。人文景观就更加丰富了，如除了石景山区"西山八大处"和海淀"三山五园"早已列入北京市重点发展建设区域以外，还有众多的国家级文物保护单位又被西山文化带串联起来，其中有房山区的云居寺，门头沟区的潭柘寺、戒台寺，石景山区的法海寺、慈善寺，海淀区的大觉寺、香山寺、碧云寺、卧佛寺、龙泉寺，昌平区的和平寺等，这些著名的寺院组成一条由南向北的线性文化遗产。西山文化带的人文景观还包括古道、古村落、长城、古堡等。近现代还有红色文化遗迹，例如在房山区霞云岭有"没有共产党就没有新中国"歌曲诞生地，在门头沟斋堂有平西挺进军司令部以及多处抗日军民活动遗迹、烈士陵园、中国共产党地下交通线等，北平解放前夕毛泽东进驻的香山双清别墅等。

在北京地区人们能够看到的长城大部分是明代修建的长城，这部分长城是万里长城中最精华的部分。从北京东部开始，长城由天津蓟县黄崖关沿着山脉进入北京市平谷区，沿着交通要道形成的关隘名为"将军关"，然后由"将军关"进入河北隆化，再回到北京市密云，开始盘上高峰，形成险峻的司马台，经古北口长城进入怀柔，有著名的慕田峪长城，其中险峻在箭扣（弓箭相交，形成扣），还有万里长城"北京结"，然后分内、外长城，进入延庆则有四海地区的九眼楼、险峻雄伟的八达岭等；进入昌平的有南口、居庸关等；出入怀来，然后又进入门头沟的长城更像大家闺秀，深藏群山之中。雄关漫道真如铁，在北京段长城中，位于昌平、延庆的居庸关、八达岭又是万里长城中"天下第一雄关"，从昌平南口开始，经过居庸关、上关，再到八达岭，也就是居庸关北口，是太行八陉中最北、最险的一道关隘。位于怀柔境内的万里长城"北京结"是内、外长城分界点。

大运河南起杭州，北到北京，途经河北、山东、天津等地区，通州区为北运

河与通惠河交汇处，有著名的五河交汇口、大光楼及通州古城、古塔、粮仓、张家湾码头等景观；进入朝阳区有八里桥、二闸、皇木场等通惠河沿岸文化遗存；进入东城区有玉河文化景观与遗存；进入西城区有万宁桥、火神庙、什刹海、银锭观山、积水潭等文化景观与遗存；进入海淀区、昌平区有白浮引水渠、昆明湖、玉泉山等文化景观与遗存。目前，京杭大运河已被列入世界文化遗产，上述多个景观均被列入全国文物保护单位。

"三大文化带"的制定与实施有利于疏通古都北京的历史文脉，可进一步保护、挖掘和传承北京线性历史文化遗产。"三大文化带"建设有利于推进北京市区县文化建设，其中西山文化带涉及五个行政区——房山区、门头沟区、石景山区、海淀区、昌平区，长城文化带涉及六个行政区——平谷区、密云区、怀柔区、昌平区、延庆区、门头沟区，运河文化带涉及六个行政区——通州区、朝阳区、东城区、西城区、海淀区、昌平区。"三大文化带"建设还有利于加强北京区县与中心城区文脉的紧密联系。运河文化带在北京旧城东南，是物流通道，古代陆路、水路与北京旧城相通，是北京城市物资流通的大动脉；长城文化带从东到北再到西，呈一个"U"字形包围着北京旧城，是北京城市的屏障，保卫着北京城市的安全与稳定；西山文化带南起拒马河，北到昌平关沟，是太行山余脉，像一条强壮的臂膀保护着北京城，被称为"神京右臂"，沿着秀美山川修建有众多寺院，暮鼓晨钟，成为北京地区先民的精神寄托。"三大条文化带"建设将筑起北京作为全国政治、文化中心的高地。"三大文化带"从北京西面、北面、东面三个方向与河北、天津紧密相连，使京津冀不仅地缘相接、文化一脉，而且文化相互渗透，连接在一起，形成文化发展一脉相承、相互贯通的态势。有专家建议，在"三大文化带"前面加上"大"字，即大西山、大长城、大运河，就可以进一步向京津冀拓展，使北京的山川、河流、长城与京津冀融为一体。其中，让西山融入大西山，即巍巍太行山脉，可以连接河北诸县；让长城融入万里长城，成为大长城，特别是与天津黄崖关、张家口大境门等长城著名关隘相连，进一步体现中华民族生命不息、奋斗不止的精神，弘扬中华民族吃苦耐劳、艰苦奋斗的精神；让运河融入京杭大运河，与天津海河、京杭大运河相连。大西山、大长城、大运河将推进北京城市历史文脉向京津冀延伸，促进京津冀地缘衔接、人缘相亲、文化一脉、

协同发展。

据统计，截至2016年6月，京津冀区域内有世界文化遗产8项、中国历史文化街区4个、国家历史文化名城7个、中国历史文化名镇8个、中国历史文化名村16个、中国传统村落74个、全国重点文物保护单位451个、国家级非物质文化遗产290项。最突出的是线性文化遗产，一条是长城文化遗产带，另一条是大运河文化遗产带。另外，还有京西古道、居庸关大道、古北口大道、燕山南麓大道等，也形成一条条线性文化遗产带。这些线性文化遗产带组成了京津冀文脉。

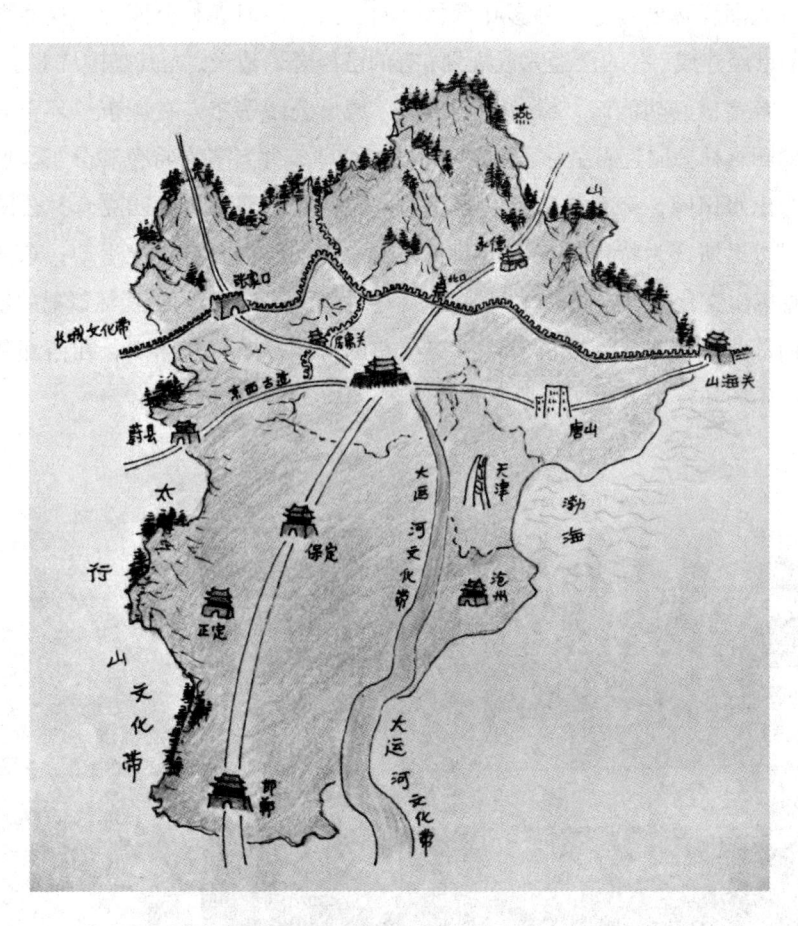

京津冀文脉协同发展示意图

在京津冀协同发展中，已经提出"一核、双城、三轴、四区、多节点"的整体发展思路，其中西北部生态涵养区对首都北京的发展建设尤为重要。在北京城西北部要建设一批环首都的国家公园和森林公园。这在北京城市发展史上是新篇章。因为以往北京城市发展，包括修建城池、皇宫都要在周边进行大规模开采，包括树木砍伐、石料开发等，而从现在开始，封山育林、植树造林成为主要任务。目前，在北京城市近郊至少将建30余处大型森林公园，其中有北边的奥林匹克森林公园、南边的半壁店森林公园，还有东郊森林公园、潮白河森林公园、大运河森林公园、顺义五彩浅山郊野公园、朝阳温榆河森林公园、房山青龙湖森林公园、丰台彩叶森林公园、昌平沙河森林公园等。这些森林公园有的已经建成，有的已经完成规划，有的已经开始建设。尤其是围绕北京旧城，也就是首都核心功能区，绿色不断增多，城市公园密布，在城市三环至五环之间有郊野森林公园近百处，面积达5000多公顷，并且各有特色和分工。城市西北部为山水田园，努力构造诗情画意的生态；在北部以奥林匹克森林公园为主体，以奥运遗产为特色，突出运动和休闲，让人们在大自然中运动；东部城市公园将突出文化创意、时尚休闲；在东南部将营造假日休闲、森林氧吧的氛围；在西南部将利用丰台花乡的特点，突出花的海洋、园艺与休闲；在西部利用石景山游乐场和首钢工业文化遗产，打造艺术体验和娱乐休闲。

通州大运河森林公园总面积10700亩，成为通州大氧吧。其园林特色是"一河两岸六大景区"。一河为大运河；两岸是沿着水岸进行森林绿化；六大景区为潞河桃柳景区、月岛闻莺景区、银枫秋实景区、丛林活力景区、明镜移舟景区、高台平林景区

北京郊野森林公园与首都核心功能区示意图

    为贯彻《京津冀协同发展规划纲要》，未来几十年北京城将大力进行城市森林建设、城镇绿化建设和山区生态功能提升建设。到 2020 年，北京城市绿化率要达到 60%。同时在北京与张家口、承德接壤地区进一步增加水资源保护、林木防护、湿地建设等。最近，我到张家口、承德调研生态环境建设，承德市市委书记周仲明提出"要弘扬塞罕坝精神，拱卫京津冀蓝天"。在雾霾困扰下，北京人已经深刻感受到北京与承德、张家口的密切关系，可以说是"坝上无风，北京锁在雾中；坝上风起，北京雾霾散去"。在京北坝上，经过多年植树造林，已经筑起百万顷林海，形成一道道"绿色长城"，仅承德围场现有林地面积由最初 30 万亩增加到 135 万亩，森林覆盖率由原来不足 35% 提高到 86%。丰宁坝上是京北生态系统的核心区，一是这里是内蒙古高原南端与燕山山脉交汇处，二是这里是京津唐地区水系源头，是流经北京、天津、唐山的滦河、汤河、潮河的发源地，是生态环境保护最核心地段。近 15 年来，丰宁严格进行退耕还林、植树造林、沙漠化治理、水资源保护，全县森林覆盖率由 2000 年的 37% 提高

到 2010 年的 51%。在张家口崇礼县与张北县之间的"天路"上开车行驶，犹如置身于青藏高原，绿草在微风中涌动，蓝天白云，空气清新，可谓"华北绿肺，天然氧吧"，这里真不愧是北京重要的生态屏障和涵养地。

参考书目

1. 陈湘生、熊永祥编著：《神话三百篇》（古典文学入门小丛书第二辑），新世纪出版社1996年版。
2. 王海燕译注：《山海经》，中央编译出版社2009年版。
3. 赵宗福主编：《昆仑神话与世界创世神话国际学术论坛论文集》，青海人民出版社2012年版。
4. 谭伊孝编著：《北京文物胜迹大全·东城区卷》，北京燕山出版社1991年版。
5. 北京大学历史系编著：《北京史》，北京出版社2012年版。
6. 曹子西主编：《北京通史》，中国书店1994年版。
7. 侯仁之主编：《北京历史图集》，北京出版社1988年版。
8. （意）阿德里亚诺·马达罗著，项佳谷译：《1900年的北京》，东方出版社2006年版。
9. 中国人权发展基金会、中国第一历史档案馆编：《外国人镜头中的八国联军——辛丑条约百年图志1900—1901》，外文出版社2001年版。
10. 北京市政协文史和学习委员会编(焦志忠撰写)：《北京水史》（上下册），中国水利水电出版社2013年版。
11. 徐洪年：《一代女杰萧太后》，北京出版社1992年版。
12. 景爱：《皇裔沉浮——北京的完颜氏》，学苑出版社2002年版。
13. 张羽新、刘丽楣、王红、张双志：《藏族文化在北京》，中国藏学出版社2008年版。
14. 王树卿：《紫禁城通览》，紫禁城出版社1997年版。
15. 周进：《紫禁城》，北京日报出版社2015年版。
16. 余士雄：《中世纪大旅行家马可·波罗》，中国旅游出版社1988年版。
17. 翁立：《北京的胡同》，北京图书馆出版社2003年版。
18. 路日亮：《天人和谐论》，中国商业出版社2010年版。
19. 陈文良主编：《北京传统文化便览》，北京燕山出版社1992年版。

20. 马芷庠著，张恨水审定：《老北京旅行指南》，北京燕山出版社1997年版。
21. 刘若晏：《颐和园》，国际文化出版公司1996年版。
22. 张建业：《李贽论》，社会科学文献出版社2010年版。

后 记

  我对北京文脉的关注是在弱冠之年。记得小时候听大人讲，远古时北京湾与渤海水域相连，是一片海水。后来海水退却了，变成了枯海，所以有"枯海幽州"，谐音又有"苦海幽州"。再后来，在永定河等河流冲击下，北京湾变成了陆地。变成陆地后，生活在北京湾的龙王就被压在地底下，但时常还要出来兴风作浪。传说在旧城北新桥下边有口枯井，下面就住着龙王，这口井就是龙王进出的海眼。后来查北京文献，在民俗传说中还真有这样的记载，说这条龙是"苦海幽州"的老龙王，一直占据着北京湾，明朝要在北京建都城、修皇宫，老龙王不干了，让北京发大水，大水淹了北京城。燕王朱棣派刘伯温查看，发现是老龙王捣鬼，于是派天师姚广孝捉拿龙王，最后追到北新桥古井内龙王不见了。姚广孝进入井内，发现这是一处海眼，下面是一条水道，越走越宽，直奔地下大海。于是姚广孝抛出腰带，化作一条长长的铁索，锁住龙王。之后，姚广孝在井旁修了一座桥，盖在海眼上，因桥下没有水，是座无翅桥。老龙王不甘心一辈子被锁在桥下，就问姚广孝什么时候可以出来，姚广孝想了想说，等桥旧了，你就可以出去了。老龙王觉得等桥旧了不会很长时间，也就几十年光景，也就默认了。没想到姚广孝给桥起名为"北新桥"，也就是说这座桥永远也旧不了。从此，老龙王再也不能兴

想象中的北新桥，下面有一座枯井，里面住着老龙王，这是我对北京文脉的朦胧认知

风作浪，北京城也很少发大水了。这就是有关北京地区龙王的传说，是我了解北京文脉的朦胧阶段。

我开始关注北京文脉研究是工作以后，因为在大学所学专业为历史学，又负责北京市哲学社会科学研究管理工作，便开始涉猎北京史研究。一开始学习比较杂，涉及的有正史、文献，也有野史传说。野史传说更具有吸引力，故事生动，传说离奇，往往读后印象深刻。到1982年参加北京史研究会的活动，我开始结识北京史研究专家，学习和研究内容开始转向北京历史文化，特别是和北京市社会科学院历史研究所专家接触比较多，他们是按先秦北京历史、秦汉北京历史、隋唐北京历史、辽金北京历史、元代北京历史、明清北京历史、民国北京历史来划分北京史研究的，因此使我对北京历史有了系统了解。我首先接触的是北京历史文献研究专家王灿炽，他是版本目录学专家，毕业于南开大学历史学专业，是他把我引入这个研究领域，开始让我帮助他编辑北京史研究会刊物《北京史苑》，后来参与《北京史研究会学术文集》的编辑、封面设计等工作，从中受益匪浅。然后我又接触曹子西、王玲等先生，协助他们编辑出版《北京通史》，从中学到不少东西。在工作中，还有两本书的出版使我对北京历史文化有了系统了解，一本是北京大学历史系编写的《北京史》，这是我工作后领导交给我的第一项工作，我与北京大学历史系老师联系后才知道这是一本编写了20余年的学术著作，饱含着编写者的心血与辛酸。在与北京出版社编辑联系的过程中，我学到了如何敬业，工作中如何深入细致、一丝不苟。另外一本书是由北京市文物研究所所长齐心领衔编写的《图说北京史》，在参与出版的过程中，我了解到不少北京考古成果和文献，包括从考古学视角认知北京历史文化。

真正开始北京文脉研究是从我的研究重点——北京城市中轴线开始的。最早读到有关论述和赞美北京旧城中轴线的文章是梁思成在《新观察》（1951年4月）刊发的文章"北京——都市计划的无比杰作"。梁先生对中轴线的赞美吸引了我，他说："一根长达八公里，全世界最长，也最伟大的南北中轴线穿过全城。北京独有的壮美秩序就由这条中轴的建立而产生；前后起伏，左右对称的体形或空间的分配都是以这中轴为依据的；气魄之雄伟就在这个南北引伸、一贯到底的规模。"通过研究我发现，北京旧城中轴线不仅是贯穿北京城市南北的"脊梁骨"，城市东、

西两部分的中心线，规范着整座城市的建筑布局和思想文化，中轴线本身也是一条龙脉。这条龙脉头在南、尾在北，在天桥有龙须沟的地名，紫禁城是古代社会"真龙天子"所在地，一座座黄琉璃瓦的宫殿屋脊形成龙脊，太和殿为"真龙天子"的心脏，交泰殿为龙脉的肚脐，高47米的钟楼像翘起的龙尾。同时，在中轴线右侧还有一条龙形水系，这就是"六海"水域，龙头在南，龙尾还是在北，南海为龙头，中海、北海为龙腹，琼华岛为龙心，什刹三海为龙尾，甩向北京旧城西北。这些想象又得到航空遥感照片的佐证，使其更加充满神秘色彩。我编著的《魅力北京中轴线》一书出版后连续三次印刷，市场上仍然难见踪迹。为此，又有朋友鼓励我再版该书，出版社也找我联系再版事宜。此时，出现了一个新的契机，北京市社科联领导希望我能从北京城市中轴线深入到北京城市文脉研究，同时北京市社科联有一道决策咨询课题——北京城市历史文脉传承的现状、挑战与对策研究，我接受了这一研究任务。在研究过程中，因为有多位北京史专家学者参与研究，使我获益很多。例如，北京联合大学北京学研究所张宝秀教授提出，研究北京城市文脉，应从地域时空去认知北京城市历史发展脉络。这一观点对我启发很大，使我认识到北京文脉不仅有北京旧城中轴线，还应包括这座城市的规划布局，包括城市与周边山川河流的联系。北京市文物研究所所长宋大川研究员提出，北京是辽、金、元、明、清五朝古都，研究北京城市文脉要从中华文化大背景下加以审视，从昆仑山脉发祥的"北干龙"考虑。北京市园林绿化局教授级高工高大伟提出，北京旧城中轴线向北连接仰山、天寿山、燕山，这一条正南正北的文脉也要考虑。北京市文物局信息中心主任陈晓苏提出，研究北京城市文脉不仅要讲中轴线，还要讲与其有密切关系的城市格局，北京旧城棋盘式街区与中轴线共同构成了北京城市历史文脉。这些思想火花和学术观点，打开了我研究北京城市历史文脉的思路，开阔了视野，成为我深入研究的基础。

到2015年年底，又一个机遇来临，北京联合大学北京学研究基地张宝秀教授邀请我参加"北京学学术文库"的研究团队，希望我在《魅力北京中轴线》的基础上再写一本书，于是我选择了"北京文脉"这个选题。

我编写《北京文脉》出于两个动机：一是完成"北京学学术文库"的编写任务；二是在完成北京市社科联决策咨询课题过程中，由于时间紧，也就是半年左右时

间，而且研究重点要求放在当代，要有问题意识，要提出明确对策和建议，因而对北京城市历史文脉知识点的系统梳理和学理研究就显得明显不足，写这样一本专著正好能弥补决策咨询项目研究的不足与缺憾。

编写《北京文脉》得到了专家学者、领导、好友的大力支持。首先得到北京学研究基地同仁们的大力支持，经过研究基地几次组织召开的"北京学学术文库编写专家学者座谈会"，我从中受益很多，首先是进一步明确了写作方向和要求。经过北京出版集团领导、编辑的指导，我进一步明确了书稿写作的规范。在编写过程中，我有两个重要收获：一是研究北京问题，不能只谈古，还要论今。也就是说讲述北京的故事，要结合今日北京城市的发展建设。在聆听北京出版集团专家的意见时，我明显感觉到他们有这方面的要求，于是有了本书的后两章，即"第九章 名城保护 利在千秋""第十章 迈向未来 绿色发展"。二是对北京新文脉的关注。这是一次意外的启迪。在北京史与北京学研究成果展陈过程中，我和张宝秀教授负责接待北京市政协主席吉林参观，在交谈过程中，吉林主席提出怎样看待门头沟区修建的定都阁，以及沿着长安街一直到通州，也就是民间常说的"百里长街"，文化如何传承。通过这次谈话，我意识到，在关注北京城市历史文脉的同时，还必须关注北京城市发展中形成的新文脉，特别是在北京市总体规划中提出的"两轴、两带、多中心"的规划理念，其中"两轴"既包括北京旧城传统的南北城市中轴线，还有新中国成立后北京打通长安街所形成的东西向的新轴线。因此，本书增加了从门头沟区定都阁、石景山、天安门到通州燃灯佛舍利塔线性文化现象的研究。在研究过程中，中国社科院当代中国研究所郑珺编写《长安街》一书时请我参加讨论，增加了我对长安街研究的认识。北京市人民政府地方志办公室副主任谭烈飞还提出"朝阜文脉"的问题，正好他有两个硕士研究生的毕业论文是研究这方面的问题，请我审读。于是，这也增加了我对北京新文脉研究的内容。2015年年初，我受北京学研究所委托，参加了在韩国首尔举办的"19世纪末20世纪初东亚地区社会政治经济变迁"国际学术研讨会，我做了大会发言，发言题目是"北京城的持续与变动——以20世纪初北京城中轴线上建筑为例"。为准备发言，我专门对1860—1919年北京的历史变迁做了文献梳理，因为有一定的研究与积累，于是有了本书"第八章 百年变迁 回归民权"，是从近代以来

北京城市历史发展脉络来考察北京文脉。在研究期间，我还得到北京大学王一川教授的指点。他是学文学的，他认为研究北京文脉应该用几个字把北京城市特点归纳出来。这是富有挑战的研究工作，是有很大难度的。但是，他提得有道理，于是在本书第四章做了尝试，提出"中正和谐"是北京城市的灵魂。

《北京文脉》书稿于2016年10月初完成，想到出版社希望图文并茂，我又开始进行照片的文献梳理，系统寻找以往拍摄过的照片。在梳理过程中，我发现以前拍摄的照片不仅陈旧，而且清晰度也差，开始使用数码相机时拍的照片像素很低。于是，又天天盼着晴天，以便进行实地拍照。好在需要插配的大部分照片在北京旧城内拍摄即可，乘坐地铁和公交都很方便。只有一部分涉及远郊区县的照片，需要专门请夫人开车去拍照，最远一次去古北口金山岭长城，来回300多千米，非常辛苦。在此，也特别要感谢夫人李梅的大力支持。还有一些历史文化遗迹，不是被有关单位占据，不对外开放，就是以各种理由不让拍照，于是还要找朋友们帮忙，疏通关系，才能进入实地拍照。在此，感谢各界朋友的帮忙和支持。同时，有些大尺度时空景观靠照相是不行的，我只好自己动手绘制示意图，有利于读者阅读时的直观感觉。

本书就要出版了，忽然感觉要做的工作还有很多，只能算是一个阶段性成果。由于是心血来潮，将一些不成熟的观点、想法集合在一起，难免有挂一漏万的现象，敬请读者多提意见，以便在今后修订中加以改正、完善。

李建平

2016年12月28日